U0529104

本书为四川大学 2035 先导计划．文明互鉴．中华续道藏编纂与儒释道融通研究方向（项目编号：2035xd-03）的研究成果

蜀学文库·巴蜀学案

费密学案

杜春雷 著

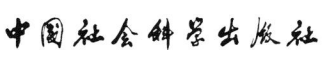
中国社会科学出版社

图书在版编目（CIP）数据

费密学案 / 杜春雷著 . —北京：中国社会科学出版社，2023.12

（蜀学文库·巴蜀学案）

ISBN 978-7-5227-2995-4

Ⅰ.①费⋯ Ⅱ.①杜⋯ Ⅲ.①费密—思想评论 Ⅳ.①B248.99

中国国家版本馆 CIP 数据核字（2024）第 034451 号

出 版 人	赵剑英
责任编辑	郝玉明
责任校对	谢　静
责任印制	王　超

出　　版	中国社会科学出版社
社　　址	北京鼓楼西大街甲 158 号
邮　　编	100720
网　　址	http：//www.csspw.cn
发 行 部	010-84083685
门 市 部	010-84029450
经　　销	新华书店及其他书店

印刷装订	北京君升印刷有限公司
版　　次	2023 年 12 月第 1 版
印　　次	2023 年 12 月第 1 次印刷

开　　本	710×1000　1/16
印　　张	17
字　　数	269 千字
定　　价	88.00 元

凡购买中国社会科学出版社图书，如有质量问题请与本社营销中心联系调换
电话：010-84083683
版权所有　侵权必究

《蜀学文库》编委会

学术顾问（按姓氏笔画排序）：

　　　　王中江　朱汉民　刘学智　杜泽逊　李存山　李晨阳
　　　　李景林　吴　光　张新民　陈　来　陈祖武　陈　静
　　　　单　纯　郭齐勇　景海峰　廖名春

编 委 会（按姓氏笔画排序）：

　　　　王小红　王智勇　王瑞来　尹　波　刘复生　杨世文
　　　　吴洪泽　张茂泽　郭　齐　黄开国　彭　华　粟品孝
　　　　舒大刚　蔡方鹿

主　　编：舒大刚

总　序

岷山巍巍，上应井络；蜀学绵绵，下亲坤维。

蚕丛与鱼凫，开国何茫然？《山经》及《禹记》，叙事多奇幻。往事渺渺，缙绅先生难言；先哲谭谭，青衿后学乐道。班孟坚谓："巴蜀文章，冠于天下。"谢啬庵言："蜀之有学，先于中原。"言似夸诞，必有由焉。若乎三皇开运，神妙契乎天地人；五主继轨，悠久毗于夏商周。天皇地皇人皇，是谓三皇；青赤白黑黄帝，兹为五帝。三才合一，上契广都神坛；五行生克，下符《洪范》八政。

禹兴西羌，生于广柔，卑彼宫室，而尽力于沟洫；菲吾饮食，而致孝乎鬼神。顺天因地以定农本，报恩重始而兴孝道。复得河图演《连山》，三易因之肇始；又因洛书著《洪范》，九畴于焉成列。夏后世室，以奠明堂之制；禹会涂山，乃创一统之规。是故箕子陈治，首著崇伯；孔子述孝，无间大禹。

若乎三星神树，明寓十日秘历；金沙赤乌，已兆四时大法。苌弘碧珠，曾膺仲尼乐问；尸佼流放，尝启商君利源。及乎文翁化蜀，首立学校，建国君民，教学为先；治郡牧民，德礼莫后。蜀士鳞比，学于京藩；儒风浩荡，齐鲁比肩。七经律令，首先畅行蜀滇；六艺诗骚，同化播于巴黔。相如、子云，辉映汉家赋坛；车官、锦官，衣食住行居半。君平市隐，《老子指归》遂书；儒道兼融，道德仁义礼备。往圣述作，孔裁六艺经传；后贤续撰，雄制《太玄》《法言》。"伏牺之易，老子之无，孔子之元"，偕"扬雄之玄"以成四教；"志道据德，依仁由义，冠礼佩乐"，兼"形上形下"而铸五德。落下主《太初》之历，庄遵衍浑天之说。六略四部，不乏蜀人之文；八士四义，半膺国士之选。涣涣乎，文章冠冕天下；济济焉，人材充盈河汉。

自是厥后，蜀学统序不断，文脉渊源赓连。两汉鼎盛，可谓灵光鲁殿；魏晋弘宣，堪比稷下学园。隋唐五代，异军突起；天下诗人，胥皆入蜀。两宋呈高峰之状，三学数蜀洛及闽。蒙元兵燹，啼血西川；巴蜀学脉，续衍东南。明有升庵，足以振耻；清得张（问陶）李（调元），可堪不觍。洎乎晚清民国，文风丕振，教泽广宣。玉垒浮云，变幻古今星汉；锦江风雨，再续中西学缘。尊经存古，领袖群伦；中体西用，导引桅帆。于是乎诵经之声盈耳，文章之美绍先。蜀学七期三峰，无愧华章；蜀勒六经七传，播名国典。

蜀之人才不愧于殊方，蜀之文献称雄于震旦。言经艺则有"易学在蜀"之誉，言史册而有"莫隆于蜀"之称，言文章则赞其"冠于天下"，言术数则号曰"天数在蜀"。人才不世出，而曰"出则杰出"；名媛不常有，犹称"蜀出才妇"。至若文有相如、子瞻，诗有太白、船山，历有落下、思训，易有资中、梁山，史有承祚、心传，书有东坡、啬庵，画有文同、大千。博物君子，莫如李石、杨慎；义理哲思，当数子云、南轩。开新则有六译、槐轩，守文则如了翁、调元，宏通有若文通、君毅，讲学则如子休、正元。方技术数，必举慎微、九韶；道德文章，莫忘昌衡、张澜。才士尤数东坡、升庵，才女无愧文君、花蕊，世遂谓"无学不有蜀，无蜀不成学"矣！宋人所谓"蜀学之盛，冠天下而垂无穷"云云者，亦有以哉！

蜀之经籍无虑万千，蜀之成就充斥简编。石室、礼殿，立我精神家园；蜀刻石经，示彼经籍典范。三皇五帝，别中原自为一篇；道德仁义，合礼乐以裨五典。谈天究玄妙之道，淑世著实效之验。显微无间，体用一源。

至乎身毒偎人爱人，已见《山经》；佛法北道南道，并名《丹铅》。蜀士南航，求佛法于瀛寰；玄奘西来，受具足于慈殿。若夫蜀人一匹马，踏杀天下；禅门千家宗，于兹为大。开宝首雕，爰成大藏之经；圭峰破山，肇启独门之宗。菩萨在蜀，此说佛者不可不知也。

至若神农入川，本草于焉始备；黄帝问疾，岐伯推为医祖。涯涯水涘，云隐涪翁奇技；莽莽山峦，雾锁药王仙迹。经效产宝，首创始于昝殷；政和证类，卒收功乎时珍。峨眉女医，发明人工种痘；天回汉简，重见扁鹊遗篇。雷神火神，既各呈其神通；川药蜀医，遂称名乎海外矣。

又有客于此者，亦立不世之名，而得终身之缘。老子归隐青羊之肆，张陵学道鹤鸣之山；女皇降诞于广元，永叔复生乎左绵；司马砸缸以著少年之奇，濂溪识图而结先天之缘。横渠侍父于涪，少成民胞物与之性；蠋叟随亲诞蜀，得近尊道贵德之染。是皆学于蜀者大，入于蜀者远也。

系曰：巴山高兮蜀水远，蜀有学兮自渊源。肇开郡学兮启儒教，化育万世兮德音宣。我所思兮在古贤，欲往从之兮道阻艰。仰弥高兮钻弥坚，候人猗兮思绵绵。

舒大刚

目 录

绪 论 ……………………………………………………………（1）
  一 研究缘起 ……………………………………………（1）
  二 研究综述 ……………………………………………（2）

第一章 生平事迹 …………………………………………（10）

第二章 著述考录 …………………………………………（14）

第三章 学术源流 …………………………………………（39）
  第一节 家学 ………………………………………（39）
  第二节 师承 ………………………………………（43）
  第三节 交游 ………………………………………（45）
  第四节 门人 ………………………………………（78）

第四章 学术要旨 …………………………………………（86）
  第一节 新道统的构建 ……………………………（87）
  第二节 中实思想 …………………………………（89）
  第三节 尊古经与崇先儒 …………………………（92）
  第四节 其他 ………………………………………（94）

第五章 论著辑评 …………………………………………（97）
  第一节 论道与经 …………………………………（97）

· 1 ·

第二节	论道统与道脉	(102)
第三节	论中实	(104)
第四节	论人才与教化	(107)
第五节	论七十子与汉唐儒	(114)
第六节	论宋明儒	(118)

第六章 文献汇编 (127)

第一节	新繁费氏遗文辑考	(127)
第二节	新繁费氏传记资料汇编	(148)
第三节	新繁费氏著述序跋汇编	(185)
第四节	新繁费氏交往评论资料汇编	(215)

参考文献 (251)

后　记 (262)

绪　　论

一　研究缘起

家学是学术文化传承的重要途径。巴蜀地区，文化世家大族历代不绝，两宋时期尤其兴盛。蒙文通先生就曾说："中国之世族盛于晋唐，而蜀独盛于两宋。"① 如眉山苏氏、井研李氏、仁寿虞氏、浦江魏氏等，可谓绵绵瓜瓞，影响深远。及至明清时期，新都杨氏、新繁费氏、蓬溪张氏、罗江李氏等接踵而起，亦负盛名。其中的新繁费氏家族是明末清初四川新繁（今四川新都）最著名的文翰世家，这个家族的代表人物是费经虞、费密、费锡琮、费锡璜祖孙四人，后世称"四费"。今天新繁东湖公园还保留有"四费祠"，矗立着费氏四贤，供世人凭吊瞻仰。

"四费"中以费密最为知名。费密（1625—1701年），字此度，号燕峰，明末清初学者、诗人、思想家。他幼承父训，博学善文，后遭乱家毁，出入兵戈，辗转迁徙半天下。终寓扬州，以教授、卖文为生。晚年屡辞清廷征辟，守志穷理，阖户著书，学绩卓著。费密建道统、辟理学、尊古经、重训诂，开乾嘉学风之先声，于哲学、经学、史学、文学、书法、医学皆有精深造诣，村居数十年，著作宏富，清人张邦伸评云："蜀中著述之富，自杨升庵后，未有如密者。杨主综览旧闻，密则独摅己见，较杨更精。"②

费经虞（1599—1671年），费密之父，字仲若，号鲜民，曾任云南昆明知县，后迁桂林太守，时值战乱，未到任即引疾归。后随子密流寓扬

---

① 蒙文通：《古地甄微》，《蒙文通文集》第4卷，巴蜀书社1998年版，第108页。
② （清）张邦伸：《锦里新编》，巴蜀书社1984年版，第308页。

州，讲学著书以终，门人私谥孝贞先生。经虞遂于经学，雅擅诗文，费密为学多受到费经虞影响。

费锡琮（1661—1725年），费密长子，字厚蕃，号树栖，人称直敏先生，又称青箱先生。少承家学，绝意仕途，与弟锡璜日相歌吟不辍。长而以诗古文词名。

费锡璜（1664—?），字滋衡，人称孝节先生。费密次子。博学多才，甚有诗名。康熙三十五年（1696）游京师，与黄叔成、刘静伯倡立古诗社，为时所称。今存《掣鲸堂诗集》《掣鲸堂诗钞》《贯道堂文集》《汉诗总说》。章学诚曾作《书〈贯道堂文集〉后》，于费氏家学颇致钦赞。

费氏家族奕叶为儒，志行高迈，文采斐蔚，在当时即享有盛誉。作为文献故家，他们为后世留下了数量丰富的历史文献遗产，其学术思想在明清巴蜀文化中占有重要一席，即在明末清初中华学术文化大背景下，亦是亮丽一笔。至目前为止，新繁费氏文献尚未有系统标点整理，费氏学术也无系统全面的研究著作。有鉴于此，本书拟在系统的文献整理基础上，编撰《费密学案》，以完成对四川新繁费氏较全面的研究。之所以选择用传统"学案"体方式研究费密与新繁费氏学术，是因为学案体以人为纲，荟萃文献，更能体现辨章学术、考镜源流的优势。

二 研究综述

（一）生平

新繁"四费"，传记资料较为丰富，生平梗概已不难查知，然而具体到人际交游与事迹编年，则还有较多可以补白的空间。"四费"中，费密传记文献最为全备，尤其是费锡璜撰《费中文先生家传》（下文简称《家传》）、费天修撰《费燕峰先生年谱》（下文简称《年谱》），出自乃子乃孙之手，叙述详赅，非他传可比，是了解费密的绝佳资料。但质诸清初其他史料记述，年谱所载还有缺漏和错讹之处，可以补正。

即如《家传》，也有关于费密生卒年重要记载的失误出现。其言"考生于明天启六年乙丑七月二十三日子时，卒于康熙三十八年辛巳九月初七日未时，年七十有七"[1]。天启六年（1626）岁次丙寅，乙丑则为天启

---

[1] （清）费锡璜：《贯道堂文集》卷二，清康熙年间刻本。

五年（1625），康熙三十八年（1699）岁次己卯，而辛巳实为康熙四十年（1701），其中必有误。如以费密享年七十有七，则应以生于天启五年乙丑，卒于康熙四十年辛巳为是，核诸《年谱》，正是如此。《家传》的误记导致后人在记录费密生卒年时，出现了大量错误。清人章学诚《书〈贯道堂文集〉后》、戴望《费舍人别传》已如此，近人姜亮夫《历代人物年里碑传综表》、《辞海》、冯契《哲学大辞典》、张岱年《中国哲学大辞典》、邱树森《中国历代人名辞典》也分别把费密生卒年定为了"1623—1699"。对于此误，胡适、陈祖武皆曾考辨过。胡适言：

> 戴望作《费舍人别传》，说费密卒于康熙三十八年，年七十七。章学诚《书〈贯道堂文集〉后》也说费密"生天启六年（丙寅，一六二六），卒康熙三十八年"。而《族谱》与《新繁志》传皆作卒于四十年辛巳。章、戴虽然同根据于费密之子锡璜的书，其实不足凭信。费密若生于天启六年，至康熙三十八年只有七十四岁，其误可见。况《弘道书》首有康熙乙亥（三十四年，一六九五）张含章的序，有"吾师……今七十一矣"之语。足证费密生于天启五年之不误。[①]

陈祖武先生则言：

> 《家传》称，费密"生于明天启六年乙丑，卒于康熙三十八年辛巳，年七十有七"。天启六年为1626年，康熙三十八为1699年，则密终年仅74岁，非《家传》所记"七十有七"。又乙丑应为天启五年（1625），辛巳应为康熙四十年（1701），而此正与《家传》所记得年相合。咸同间，戴望撰《费舍人别传》，疏于检核，撇开费密生年不考，遂据《家传》纪年误，定密卒年为"康熙三十八年，年七十七"。已故姜亮夫先生编《历代人物年里碑传综表》，偶有疏失，误信望说，又据以上推密生年，定为天启三年。此说经今本《辞海》

[①] 胡适：《费经虞与费密——清学的两个先驱者》，《胡适全集》第2卷，安徽教育出版社2003年版，第53页。

沿用，遂流行于世。①

经二位先生考辨，费密生卒年误说已揭示明晰。可惜近年来出版的有关著述，在涉及这个问题时仍沿误不改，殊为不妥。

总的来看，费氏传记资料较为丰富，在已有基础上，尚有补充订正的学术空间。

（二）著述

新繁"四费"，著述丰厚。费密九世孙朝辅于费密年谱跋语中说："费氏著书，由孝贞以来，将及千卷，梓者半，稿者半。"所言虽有夸饰，然足以说明费氏著述之多。尤其是费密，笔力雄健，"著书纵横列，成书讶等身"（黄鹭来《挽费燕峰》），广受关注。其著述目录在相关史传方志中皆有著录，然而所记详略不尽相同，有必要做全面的参核考订。刘锋晋《费密父子的生平及著述》、李朝正《费密著作散佚考核》、刘智鹏《费密著述考》三文通过考订，初步厘定了"四费"的著述目录。②可惜这些著作大多数存于乡里之间、子孙之手，未经刊刻，遭水渍兵燹之灾，已经不复存在于天壤之间。据徐以进《费密事略》记载，费密手稿，总共有一大竹箱，被世居在今江都野田庄的费氏后人视作传家之宝，妥为保管，不肯轻示外人。抗日战争时期，日伪在当地频频扫荡纵火。为保护竹箱，费氏后裔托人将其转移至一户农家的小阁子上，不料草屋漏雨，竹箱中的手稿霉烂结块，毁坏无遗，让人痛惜不已。③

流传至今的费氏著述，有费经虞（费密）《剑阁芳华集》《蜀诗》《雅伦》，费密《弘道书》《荒书》《燕峰诗钞》，费锡琮《阶庭偕咏集》，费锡璜《汉诗说》《掣鲸堂诗集》《贯道堂文集》。《雅伦》为诗话，今存

---

① 陈祖武：《清儒学术拾零》，湖南人民出版社1999年版，第121页。
② 参见刘锋晋《费密父子的生平及著述》，《成都师专学报》1988年第1期；李朝正《费密著作散佚考核》，《四川图书馆学报》1994年第4期；刘智鹏《费密著述考》，《四川师范大学学报》（社会科学版）2004年第6期。
③ 参见徐以进《费密事略》，《扬州文史资料》2003年第23辑。

二十四卷本，周维德《全明诗话》、吴文治《明诗话全编》皆点校收录。①《弘道书》是集中反映费密思想主张的学术名著，刘锋晋点校本以唐鸿学怡兰堂本为底本，参校泰县韩国钧刻本，并据引文原著校订之。②《荒书》记录张献忠乱蜀始末，"明末清初史料选刊"本收录谢伏琛点校本③，迟乃鹏《〈荒书〉校勘补》对此本补校35条④；《张献忠剿四川实录》也收录了此书的点校本⑤。《燕峰诗钞》是费密的诗集，今传两种版本，一种为民国九年（1920）唐鸿学刻本，收诗55首；一种为乾隆二自山房抄本（泰州古旧书店1964年传抄），收诗314首，辑录最多。陆学松《费密诗集考》对两种版本做了简要介绍。⑥

总的来看，费氏著述目录，清理较完备，但也还有需要辨析和补正之处；费氏相关著述已有一定的整理，对已有整理本者，需广搜博采，补苴罅漏，对未整理者，尚需做全面系统的点校。

（三）学术思想

新繁费氏家学渊渊，独树一帜，无论是儒学还是文学，在当时皆颇具名望。在巴蜀，费密与成都邱履程、雅州傅光昭以诗文雄西南，称"三子"，与吕潜、唐甄合称"清初蜀中三杰"。因为蜀乱，费经虞、费密父子辗转于川、滇、陕等地。后出沔汉，游历吴越，终定居扬州，其间流离之苦，立命之忧，于费氏来说实为不幸；但出川之后，居于人文荟萃的江淮地区，也为费氏父子提供了风云际会的机遇。费密与当时名流钱谦益、孙枝蔚、魏禧、屈大均、唐甄、万斯同、陈维崧、王士禛、孔尚任、吕留良、李塨、石涛、朱彝尊等皆有交往，并拜北方大儒孙奇逢为师，可谓转益多方；而众人也咸推服其经术文辞。不过，费密父子之学，在其身后并未引起足够的重视，尤其清代中后期的学术界，对费氏之学相当隔膜。究其原因，在于费氏著述学说的不显：其著述，因家贫

---

① 参见周维德《全明诗话》第6册，齐鲁书社2005年版，第4435—5092页；吴文治主编《明诗话全编》第9—10册，江苏古籍出版社1997年版，第9540—10276页。
② 参见（清）费密著，刘锋晋点校《弘道书》，《新都文史》2007年第20辑。
③ 参见（清）吴世济、费密《太和县御寇始末 荒书》，浙江人民出版社1983年版。
④ 参见迟乃鹏《〈荒书〉校勘补》，《西华大学学报》（哲学社会科学版）2006年第4期。
⑤ 参见何锐等校点《张献忠剿四川实录》，巴蜀书社2002年版。
⑥ 参见陆学松《费密诗集考》，《扬州大学学报》（人文社会科学版）2009年第4期。

无力刊刻而渐湮晦；其学说，因无得意弟子张大其军而渐沦没。费密身后的二百余年间，唯章学诚、戴望曾表彰其学术，① 可谓识者寥寥。

民国初年，《费氏遗书》刊刻出版，费密的学说才渐为人所关注。胡适首先发声，阐发费氏之学，推赞其功绩。胡适《记费密的学说：读费氏〈弘道书〉的笔记》《费经虞与费密——清学的两个先驱者》，一简一繁，先后发表，结合方志家乘等资料，深入探讨了费氏父子对清代学术的贡献。② 称许费经虞、费密是时代精神的先驱者，并把《费氏遗书》列入了《一个最低限度的国学书目》之中。除了胡适的专论，梁启超、徐世昌、钱穆对费密之学也作了评介。梁启超在《中国近三百年学术史》中将费密列入《清初学海波澜余录》，称他是"反宋学的健将"，"精悍的思想家"，对其学术要点进行了归纳，并将其与顾炎武、颜元等人做了对比。③ 在《近代学风之地理的分布》中，梁启超将费密作为四川学者的代表，称他是"思想界革命急先锋"④。徐世昌、钱穆皆曾作《清儒学案》，徐世昌于"诸儒学案"中收入费密，首列传记，次选《弘道书》中《统典论》《道脉谱论》《古经旨论》《原教》四篇原文，后置"附录"，从《家传》中选录了三则费密为学的事迹。⑤ 钱穆所著《清儒学案》未及出版即亡失了手稿。由所存《清儒学案序》可知，他在此书中开专章"燕峰学案"，介绍费密的学术。⑥

值得一提的是，在胡适看到刊刻不久的《费氏遗书》，开始努力表彰费密的同时，吴虞向日本学者青木正儿也郑重推荐了《费氏遗书》，并请他在《支那学》上予以介绍。青木正儿颇重视吴虞的推荐，将《费氏遗

---

① 参见（清）章学诚《书〈贯道堂文集〉后》（载仓修良编注《文史通义新编新注》，浙江古籍出版社 2005 年版，第 561—568 页）、（清）戴望《费舍人别传》[载《谪麐堂遗集》文一，清宣统三年（1911）邓氏风雨楼丛书本]。章学诚虽称费密父子为豪杰士，然其发论仅就费锡璜文集而生，未及见费密著述，故已是隔了一层。

② 参见胡适《记费密的学说：读费氏〈弘道书〉的笔记》，载《晨报副镌》1921 年 10 月 12 日至 15、17 日。《费经虞与费密——清学的两个先驱者》，《胡适文存》二集，亚东图书馆 1924 年版。

③ 参见梁启超《中国近三百年学术史》，中华书局 1937 年版。

④ 梁启超：《近代学风之地理的分布》，《清华学报》1924 年第 1 期。

⑤ 参见徐世昌《清儒学案》，人民出版社 2010 年版。该书原刊于民国二十七年（1938）。

⑥ 参见钱穆《清儒学案序》，《四川省立图书馆集刊》1942 年第 3 期。

书》推荐给友人,并在《支那学》上发表了小岛祐马的文章《费密の遗书》,向日本汉学界介绍了费密的学说。①

中华人民共和国成立后的三十多年时间里,有关费氏学术思想的研究成果并不多。谢国桢将费密与顾炎武并列为批判宋儒程朱之学客观唯心论的代表人物,并认为"新繁"是明末清初学派中的主流之一。② 唐君毅把费密和唐甄的学术并列为清学的"第一型态"③。余英时则认为费密在清初最先提出了以"高明""沉潜"划分朱陆,并指出这种说法直接影响了章学诚。④

20 世纪 80 年代以来,费氏学术的研究呈现多元发展、重点突出的特点。所谓"多元发展",指费氏的研究不仅局限于传统儒学和思想史方面,而且关注到文学、文献学、教育学、蜀学等领域。费密诗名早著,历来清诗论者,如沈德潜《清诗别裁》、邓之诚《清诗纪事初编》、徐世昌《晚晴簃诗汇》等都对其评价颇高。其"大江流汉水,孤艇接残春"一联为王士禛所激赏,有"十字须千古"之目。李调元也称赞费氏父子振兴明蜀诗,以汉魏为宗,为"西蜀巨灵手"。钱仲联指出:"清代西川诗派,费密为开山,《国朝全蜀诗钞》奉为宗祖。"⑤ 陆学松《费密诗歌研究》对费密诗歌有较全面的探讨。⑥ 曹方林《费锡璜及其诗》⑦、郑家治《费锡璜诗学思想初探》⑧,介绍了费锡璜的诗歌创作情况,并总结了其诗学思想。杨世明《巴蜀文学史》⑨,傅德岷主编《巴蜀散文史稿》⑩,

---

① 参见[日]小岛祐马《费密の遗书》,《支那学》1922 年 2 卷 6 号。吴虞向青木正儿推荐《费氏遗书》事,参见唐振常《吴虞与青木正儿》,《中华文史论丛》1981 年第 3 辑。

② 参见谢国桢《略论明末清初学风的特点》,《四川大学学报》(哲学社会科学版)1963 年第 2 期。

③ 参见唐君毅《中国哲学原论——原教篇》,《唐君毅先生全集》第 19 卷,台北:台湾学生书局 1984 年版,第 710 页。

④ 参见余英时《清代学术思想史重要观念通释》,《史学评论》1983 年第 5 辑。对余氏的观点,何冠彪、刘智鹏都表达了异议,参见何氏《晚明理学家三考》(载《明清人物与著述》,香港:香港教育图书公司 1996 年版)、刘氏《费密思想述评》(硕士学位论文,香港大学,1987 年)。

⑤ 钱仲联:《顺康雍诗坛点将录》,《苏州大学学报》(哲学社会科学版)1991 年第 1 期。

⑥ 参见陆学松《费密诗歌研究》,硕士学位论文,扬州大学,2007 年。

⑦ 参见曹方林《费锡璜及其诗》,《成都师专学报》1992 年第 1 期。

⑧ 参见郑家治《费锡璜诗学思想初探》,《蜀学》第 6 辑,巴蜀书社 2011 年版。

⑨ 参见杨世明《巴蜀文学史》,巴蜀书社 2003 年版。

⑩ 参见傅德岷主编《巴蜀散文史稿》,重庆出版社 2001 年版。

郑家治、李咏梅《明清巴蜀诗学研究》①等文学史著对费氏诗文及诗学成就都做了阐述。教育学方面，李义让、贺锡玉《费密的教育思想》②介绍了费密"教成治定"的教育理念。蜀学方面，费密作为蜀学一大家的认识被普遍接受，何崇文等《巴蜀文苑英华》③、贾顺先、戴大禄主编《四川思想家》④，何俊华、李殿元《巴蜀百贤》⑤等著作都为费密立传，介绍其成就。

所谓"重点突出"，指费氏的研究仍集中在对费密思想史贡献的探讨上。围绕《弘道书》，学界重点研究的是费密的反理学、实学、道统论等思想主题，代表论文有蔡方鹿《费密的反理学思想初探》⑥、陈祖武《费密的〈弘道书〉》⑦、余光贵《费密的反理学思想和哲学思想》⑧、肖钢《论费密的反理学思想》⑨、肖钢《费密的"中实之道"与明清之际的反理学思潮》⑩、肖钢《费密对理学"道统"论的批判》⑪、李纪祥《费密及其"王统论"》⑫、潘光哲《费密的"发现"与胡适对近代中国"反理学"思想系谱的建构》⑬、刘锋晋《谈费密的〈弘道书〉》⑭、刘智鹏《费密与

---

① 参见郑家治、李咏梅《明清巴蜀诗学研究》，巴蜀书社2008年版。
② 参见李义让、贺锡玉《费密的教育思想》，《四川师范大学学报》（哲学社会科学版）1989年第4期。
③ 参见何崇文等《巴蜀文苑英华》，四川人民出版社1984年版。
④ 参见贾顺先、戴大禄主编《四川思想家》，巴蜀书社1988年版。
⑤ 参见何俊华、李殿元《巴蜀百贤》，四川人民出版社2010年版。
⑥ 参见蔡方鹿《费密的反理学思想初探》，《四川师院学报》（社会科学版）1984年第1期。
⑦ 参见陈祖武《费密的〈弘道书〉》，《文史知识》1993年第1期。
⑧ 参见余光贵《费密的反理学思想和哲学思想》，《四川大学学报》（哲学社会科学版）1985年第4期。
⑨ 参见肖钢《论费密的反理学思想》，《湘潭大学学报》（社会科学版）1988年第1期。
⑩ 参见肖钢《费密的"中实之道"与明清之际的反理学思潮》，《华南师范大学学报》（社会科学版）1989年第2期。
⑪ 参见肖钢《费密对理学"道统"论的批判》，《湘潭大学学报》（社会科学版）1990年第1期。
⑫ 参见李纪祥《费密及其"王统论"》，《史学集刊》1990年第16期。
⑬ 参见潘光哲《费密的"发现"与胡适对近代中国"反理学"思想系谱的建构》，载《胡适与近代中国的追寻：纪念"五四"九十周年学术研讨会》，"中央研究院"近代史研究所，2009年。
⑭ 参见刘锋晋《谈费密的〈弘道书〉》，《蜀学》第2辑，巴蜀书社2007年版。

清代经典诠释的论争》①、谷宝成《费密的经学和道统论研究》（硕士学位论文）②、郑雅平《费密〈弘道书〉的道统论及其影响》（硕士学位论文）③ 等。陈鼓应、辛冠洁、葛荣晋主编《明清实学思潮史》④（蔡方鹿先生撰章）、李纪祥《明末清初儒学之发展》⑤、郑宗义《明清儒学转型探析：从刘蕺山到戴东原》⑥、汪学群《明代遗民思想研究》⑦、潘志锋《清初道统观研究》⑧ 等著作中亦有研究费密的专门章节。对费密思想做较全面介绍的是港台的两篇硕士学位论文：刘智鹏《费密思想述评》（香港大学，1987 年）、申国福《费密思想研究》（国立中山大学，2000 年）。

费氏学案的辑纂，继徐世昌、钱穆之后，杨向奎《清儒学案新编》特设《新繁学案》。学案分两部分。第一部分以杨氏所撰《论费密》为基础⑨，介绍费密生平事迹与思想主张。第二部分为"学术思想史料选编"，选录《清国史馆儒林传》、张含章《弘道书序》、《弼辅录论》、《道脉谱论》、《弘道书（卷上）·古经旨论》、《弘道书（卷上）·原教》、《弘道书（中）·先王传道述》、《弘道书（中）·吾道述》、《弘道书（下）·圣贤事业图》等原篇文字。⑩

总的来看，费氏学术经历了清初卓有影响，清中后期湮没寡闻，民国重新发现，新时期研究渐多的接受过程。学者对费密思想的价值和地位已有较充分的体认，相关思想主题研究也较为全面，但在学术思想关联性和全面性上仍有较大研究空间。相关学案著述，限于内容体例，较为简略，仍有极大扩充余地。

---

① 参见刘智鹏《费密与清代经典诠释的论争》，载郑吉雄编《东亚视域中的近世儒学文献与思想》，华东师范大学出版社 2008 年版。
② 参见谷宝成《费密的经学和道统论研究》，硕士学位论文，中国人民大学，2008 年。
③ 参见郑雅平《费密〈弘道书〉的道统论及其影响》，硕士学位论文，台湾世新大学，2008 年。
④ 参见陈鼓应、辛冠洁、葛荣晋《明清实学思潮史》，齐鲁书社 1989 年版。
⑤ 参见李纪祥《明末清初儒学之发展》，文津出版社 1992 年版。
⑥ 参见郑宗义《明清儒学转型探析：从刘蕺山到戴东原》，中文大学出版社 2000 年版。
⑦ 参见汪学群《明代遗民思想研究》，中国社会科学出版社 2012 年版。
⑧ 参见潘志锋《费密的"道统、道脉"说》，《广州大学学报》（社会科学版）2003 年第 11 期。
⑨ 参见杨向奎《论费密》，《清史论丛》第 6 辑，中华书局 1985 年版。
⑩ 参见杨向奎《清儒学案新编》第 2 卷，齐鲁书社 1988 年版。

第一章

生平事迹

  费密"少遭离乱，经历兵戈。中年迁播，足迹半天下。晚岁穷困，冥躬著述，笃守古经，倡明实学，以教及门诸子"①，一生跌宕起伏，历经坎坷，现将其生平事迹撮述如下。

  费密，生于明天启五年（1625），字此度，号燕峰，四川新繁（今属四川省成都市新都区）人。费密出生时，母王氏梦得巨桃，故为其取小字曰"琪桃"。费密自幼聪慧，六岁从师，被视为大器之才。十岁时，父亲费经虞为其讲《通鉴》，说及"盘古氏，相传首出御世之君"，密问"盘古氏以前"，父言"洪荒未辟"，又问"洪荒以前"，令经虞颇惊奇。费密事亲至孝，九岁丧母，哀毁如成人。十四岁时父病，密奉侍汤药，日夕不懈，医言尝粪甘苦，可知生死，密尝而苦，父病果起。

  明末张献忠乱蜀，费密二十岁时上书巡按御史刘之勃，提出练兵、守险、蜀王出军饷、停征十六十七两年钱粮四条建议，可惜未及施行，成都已陷落。顺治二年（1645），费密至彭县，与杨云鹏女完婚，年二十一。时战乱频仍，贼势汹汹，费密带领家人多次隐匿山林，躲避战火。顺治三年（1646），至什邡高定关八角庙，组织地方武装，设寨拒贼。都督松潘镇朱化龙给札，署衔团练，号"飞来营"。贼乘间劫营，费密设计退之，一方赖以安。

  费经虞崇祯十七年（1644）任云南昆明县令，知家中遭大乱，屡次乞休归蜀而不得。费密闻之痛哭，于是只身一人从兵戈蛮峒中入滇省亲迎父，当时称为孝子。顺治四年（1647），由滇还蜀，至黎州（今四川汉

---

① 民国《新繁县志》卷八，民国三十六年（1947）铅印本。

源）省母，复归建昌（今四川西昌）迎父，过相岭时，遭凹者（地名，在大梁山外）蛮瞥牛劫掳，后被费经虞赎归。顺治五年（1648），明总兵杨展镇守嘉定（今四川乐山），聘费密为幕僚，密进献两策，一为屯田，言："贼乱数年，民无食，今不屯田，无以救全蜀之民，且我兵亦不能自立。"[（清）费锡璜《费中文先生家传》]杨展采纳，命人屯田于雅州龙门（今四川雅安）。费密则与杨展之子璟新屯田于荥经瓦屋山之杨村。二为捞金。张献忠曾弃金于青神江口，费密命人沉水取金，得赀甚富，给民间买牛种，剩余的则散给诸镇，因为有这笔财富，西南民生得以少苏。后来，费密至叙府（今四川宜宾），督师阁部吕大器任命其为中书舍人，密推辞未就。都御史内江范文芠见到费密所作文辞，惊曰："始以为吾此度有经济才，不知吾此度辞客也。"[（清）费锡璜《费中文先生家传》]当时，费密与成都邱履程、雅州傅光昭以诗词雄西南，称三子。

顺治六年（1649）七月，杨展为降将武大定、袁韬等所害。费密闻变，急至嘉定，与璟新整师复仇，亲自擐甲上阵杀敌，左手为刃所伤。当时军营驻扎在峨眉，杨璟新的一位裨将与花溪民殴争，诈称花溪居民投石击营，势欲谋反，企图激怒璟新，璟新大怒，欲起兵讨之。费密力争道："花溪，吾民也，方与贼战而杀吾民，彼将变而从贼，是益贼也。"[（清）费锡璜《费中文先生家传》]杨璟新才收回成命，密一言而活数百家。顺治七年（1650）七月，费密回成都省墓，为武大定贼兵所劫，因曾在杨氏父子军中筹划而几乎被害，后乘机逃走才幸免于难。屡经艰险，费密颇心灰意冷，认为："既不能报国，又不能庇亲及身，不如舍而他去。"①

顺治九年（1652），费密奉父母还新繁，旧宅已变为灰烬榛莽，无法居住。于是举家北行，经绵阳、梓潼、南充，至汉中沔县，权以为栖身之所。费密则于顺治十年（1653）四月南行，至扬州、福建上杭等地访伯外父杨云鹤。七月，复由湖广归沔。从顺治十年至十四年，费密客居陕西沔县共五年，在此期间，他曾跟随刘苏寰学医，与朋侣结诗社，与高僧论禅，以执教授徒为生，以读书著述为乐，度过了一段颇为闲适的时光。顺治十四年（1657）四月，费密长女生。伯外父杨公遣人来邀费

---

① （清）赵尔巽等：《清史稿》，中华书局1977年版，第13857页。

氏全家至扬州定居，费密携老挈幼，出沔县，赴东南。

顺治十五年（1658）二月，费密一家至扬州，住伯外父杨公宅中。次月，费密写信给东南文坛领袖钱谦益，后来二人论诗于芙蓉庄，钱氏赞叹费密《北征诗》为必传之作。在扬州人文荟萃之地，费密与当时海内名流如王士禛、李长祥、曹溶、吕潜、孙枝蔚、魏禧、吴嘉纪、陈维崧、屈大均、唐大陶、冒襄、万斯同、阎若璩、朱彝尊、孔尚任等为经史文字之交，世人盛推服其经术文辞。尤其费密与王士禛，因诗结缘，互成知己，一时传为艺林佳话。居淮扬后，费密一方面读书著述，一方面则应聘执教，游幕为生，常年奔波于大江南北，足迹远及广东、江西、湖北、浙江、福建、北京、河北、山西、山东等十余省市。数年间，费密子女相继降世，顺治十八年（1661）五月，长子费锡琮生。康熙三年（1664）十月，次子锡璜生。康熙六年（1667）十一月，次女生。在此期间，因时事变化，费密数次迁家，居地有扬州、桥墅樊汊宜陵间、苏州、泰州、戈家庄等。

康熙十年（1671）正月，费经虞逝，费密居丧，悉遵古礼，冠衰皆仿古自制，与市间样式不同。一年后，仍麻衰如故，人以真秉礼君子目之。康熙十二年（1673）正月，费密遵父遗命，至河南辉县苏门山拜孙奇逢为师，相与考论朱、陆异同及历代礼制之变。逾月辞归，孙奇逢题"吾道其南"四字相赠。康熙十三年（1674），吴三桂等三藩作乱，江左震惊，纷纷迁避。费密至交于大仪有宅在野田（今江苏省扬州市江都区丁沟镇野田村），邀密村居。自此之后，费密定居野田三十载，未再移家。

康熙十五年（1676），孙奇逢卒，费密闻之涕泣，于泰州圆通庵设主受客吊，二十一日焚主出庵后，仍哀思不已。次年，客山东提督柯永蓁幕，相得甚欢。康熙十八年（1679）开博学鸿词科，柯永蓁屡欲举荐费密，密力辞乃止。后清廷修《明史》，费密泥涂入都，奉费经虞《行状》入史馆，下拜涕泣，馆内诸公皆为感动。费密村居后，虽仍时有游幕，却以闭户著书、授徒课子为主。康熙二十八年（1689），费密妻杨孺人卒，密亦大病。病愈后，乃自定平生所著诸书。康熙四十年（1701）六月，费密病下痢，遂不能起。九月初七日未时，卒于正寝，年七十七，门人私谥中文先生。

费密一生行谊，其门人蔡廷治曾在《中文先生私谥议》中有"盖棺论定"式的论述，今附录于下：

> 先生少丁祸乱，首聚义徒，保障乡邑。参赞大帅，克定高勋。微言解纷，遂全百室。寻亲绝域，陷身蛮峒，九死一生。及避乱汉中，辞辟雄藩，千金不顾，终成父志，輂逋江乡。中年负笈百泉，缵承坠绪，著书累尺，定议千秋，羽翼圣经，光复旧注，倡明实学，蔚为儒宗。

第 二 章

著述考录

　　费密才力雄放，著述宏富，清人张邦伸曾云："蜀中著述之富，自杨升庵后，未有如密者。杨主综览旧闻，密则独摅己见，较杨更精。"① 所言不虚。可惜这些著述大都亡佚，存者只有寥寥数种。费密之子锡璜曾著录费密著述目次②，可惜这个目录现在也已无从查知。不过，尽管资料较少，我们仍可根据《家传》、《年谱》、嘉庆《四川通志》卷一八三至一八八《经籍志》（以下简称《嘉庆四川志》）、民国《新繁县志》卷三〇《艺文》（以下简称《新繁志》）及其他史传、方志文献记载，略见费密著述概貌。下文即按经史子集顺序，条录费密著述信息，以费经虞、费锡琮、费锡璜著述附后。

费密

经部：

《河洛古文》一卷　佚

　　《家传》《嘉庆四川志》《新繁志》著录。《家传》《新繁志》作一卷，《嘉庆四川志》作二卷。书名"河洛"，当源于"河图洛书"，《新繁志》系该书于"易类"。据《年谱》，费密在康熙十二年（1673）三月"著《河洛古文》二卷毕"，时年四十九岁。不过，《年谱》在康熙三十八年（1699）六月又记载"作《河洛古文》一卷毕"，费密时年已七十五岁，则该书具体创作时间及卷帙有相互矛盾的记载，实情如何，尚难

---

　　① （清）张邦伸：《锦里新编》，巴蜀书社1984年版，第308页。
　　② （清）费锡璜《书先人文集后》云："谨录其目次如右，以布告于世之志古学者。"（《贯道堂文集》卷一）

确定。

《尚书说》一卷　佚

《家传》《嘉庆四川志》《新繁志》著录该书，称一卷。据《年谱》，费密于康熙二十一年（1682）九月"作《尚书说》二卷毕"，时年五十八岁，二者著录卷帙不同。

《二南偶说》一卷　佚

《家传》《嘉庆四川志》《新繁志》著录。《家传》《新繁志》作"一卷"，《嘉庆四川志》作"无卷数"。"二南"指《周南》《召南》，此书为《诗经》学著作。据《年谱》，费密于康熙二十五年（1686）正月"著《二南偶说》一卷"，时年六十二岁。

《周礼注论》一卷　佚

《家传》《嘉庆四川志》著录该书。《家传》作"一卷"，《嘉庆四川志》作"无卷数"。据《年谱》，费密于康熙二十二年（1683）九月"作《周礼注论》二卷毕"，时年五十九岁。三者著录卷帙不同。此外，戴望《费舍人别传》《清史稿》著录书名作《周官注论》①，《丛书书目汇编·费此度所著书》著录为《周官著论》②。另据《年谱》，费密在康熙六年（1667）七月还曾与李长祥论《周礼》，康熙三十一年（1692）七月曾跋《周礼》，作《礼不下庶人论》。

《四礼补录》十卷　佚

《祀先仪礼》一卷　佚

《礼备录》十卷　佚

《家传》《嘉庆四川志》《新繁志》著录《四礼补录》十卷，戴望《费舍人别传》《清史列传》《清史稿》作"四礼补篇"。所谓"四礼"，应指冠、婚、丧、祭。据《年谱》，费密于康熙十二年（1673）六月"著《四礼补录》十卷毕"，时年四十九岁。《新繁志》"三礼总义"中除著录《四礼补录》十卷，还著录有《祀先仪礼》一卷、《礼备录》十卷。《年谱》记载，费密于康熙六年（1667）七月"定《祀先礼仪》"，题名

---

① 参见（清）戴望《谪麐堂遗集》文一，清宣统三年（1911）邓氏风雨楼丛书本。
② 参见沈乾一编《丛书书目汇编》，台北：文海出版社1970年版，第401页。

与《新繁志》所录不同，此书或为《弘道书》中一部分，非独立成书。①《礼备录》则未见他书记载。《年谱》中记载费密论礼之事数条，如他曾在康熙十一年（1672）正月，与王筑夫论丧礼；康熙十二年（1673）三月，"考四礼"，四月，"定婚礼"；康熙十八年（1679）九月，"答蔡公燮问丧礼，寄《四礼纪要》"；康熙三十六年（1697）十月，与张子昭、彭子觐论丧礼。另，王大经《独善堂文集》中有《复费此度问丧礼书》一文，可知费密还曾与王大经问丧礼。

《春秋虎谈》二卷　佚

《家传》《新繁志》著录。《家传》言："外有《春秋虎谈》二卷，以授陈君于耕、于稼，锡璜至蜀始知之。"所谓"虎谈"，当取典于"白虎谈经"。据《年谱》，康熙二年（1663）二月，徐州管河同知陈大常迎费密至署，遣子于耕、于稼执贽受业。费密时年三十九岁。《春秋虎谈》当作于收陈于耕、陈于稼为徒前后。

《中庸大学古文》一卷　佚

《中庸大学驳论》一卷　佚

《家传》《嘉庆四川志》著录此二书，皆称一卷。《中庸大学驳论》，《清史稿》、戴望《费舍人别传》、《新繁志》作《中庸大学驳议》。据《年谱》，费密于康熙二十六年（1687）七月"定《中庸本旨》，定《中庸录》凡例"，时年六十三岁，于康熙三十八年（1699）三月"定《大学中庸说》"，时年七十五岁。所谓"中庸本旨、中庸录凡例、大学中庸说"，或许就是《中庸大学古文》《中庸大学驳论》相关内容。

史部：

《史记补笺》十卷　佚

《家传》《嘉庆四川志》《新繁志》著录。据《家传》记载，费密精于古注疏，"次则尤熟《史记》，枕藉于中者八年"。并云："甲辰（康熙三年，1664），往高邮州同知张公士羲署，与老儒夏公洪基论经史，为《史记补笺》。"另，《年谱》中于顺治十五年（1658）三月、康熙元年（1662）七月、康熙四年（1665）二月数次提及费密"读《史记》"。另据记载，费密康熙十六年（1677）二月"笺《史记》"，康熙二年（1663）

---

① 因《弘道书》卷中有《祀先圣礼乐旧制议》。

二月"重笺《史记》",康熙四年(1665)十月"笺《史记》毕,日夜读之,盖八年矣"。康熙五年(1666)十二月"著《史记补笺》四卷毕"。《年谱》将费密撰著《史记补笺》的时间线索,展现得颇为详细。

该书在民国初年尚存于世,可惜后来毁于战火,《新繁志》对此有记载:"案此书稿本藏于邑人杨氏家有年矣。民国六年(1917),成都唐鸿学百川欲以二百金购刻之,杨氏以价贱不肯售。既而刘存厚、戴戡之役成都巷战,此书竟毁于火,闻者莫不惜之。惟是费先生一生精力所萃之书,蕴薶三百年之久而终不能彰显于世,乃遭此阨,岂非命与!"钟炳灵《校刻弘道书序》也记载了此事:"又闻杨氏有先生《史记补笺》钞本,凡八厚册,唐君亲见其书,拟以重金购之,旋遭兵祸,遽毁于火,惜哉!"①

《历代纪年》四卷 佚

《家传》《嘉庆四川志》《新繁志》著录。据《年谱》,费密曾于康熙六年(1667)三月录《历代编年录》,时年四十三岁;康熙二十一年(1682)六月"作《历代纪年》四卷毕",时年五十八岁。

《荒书》一卷 存

《家传》《嘉庆四川志》《新繁志》著录,皆作四卷。今传本仅一卷,但内容相对完整,或乃归并所致。胡适《费氏的书目》书名作"费氏荒书"②。

此书是一部记述明末张献忠乱蜀始末的编年体史书,记事起于崇祯三年(1630)庚午,终于康熙三年(1664)甲辰。在此期间,费密身丁离乱,参赞戎行,亲冒矢石,捍寇御侮,所记人事"亲历者多,或闻于同时亲友,间得之老兵余贼",堪称实录。如费锡琮所言,"虽草野之遗闻,亦史册之掌故也"③,正可借以了解彼时彼地之史实。

据费锡琮《荒书跋》记载,该书开始撰著时,正值庄廷鑨《明史》案爆发,未及完稿即中辍。康熙八年(1669),费密为《荒书》撰序。康

---

① 民国《新繁县志》附《新繁文征》卷五,民国三十六年(1947)铅印本。
② 《费氏的书目》,见胡适《费经虞与费密——清学的两个先驱者》,《胡适全集》第2卷,第57页。
③ (清)费锡琮:《荒书跋》,大关唐氏怡兰堂《费氏遗书三种》本。

熙十八年（1679）修《明史》，通行征书，费密裒辑旧稿，重为修订。康熙二十四年（1685）又修《明史》，费密以《荒书》削稿未成，只将其父费经虞行状呈送史馆，此年费密六十一岁，而据费锡琮说，费密正是在"年近六十"时，才"始成此书"，可见《荒书》最终成书应在康熙二十四年（1685）之后。

《荒书》成编之后，费密颇为珍藏，不轻易示人，以至于该书"藏于茆栏风雨之下、败匮蔽笥之中"，"名虽传播，闻者甚众，见者绝少"①，甚至名士徐乾学以费氏亲友请托，费密也只是别以"纪奢寅乱蜀事"与之。如此慎重其事，或许是出于避祸的考虑。及至雍正五年（1727），《荒书》"原本久贮敝笥，多朽蠹"，费密之孙费藻才又钞缮成帙。② 此后至于清末，该书一直以抄本流传。

光绪三十四年（1908），大关唐鸿学之弟唐鸿昌从新繁严渭春处得到《荒书》抄本，唐鸿学因其"久无传刻"，乃"遽付梓人"，刻成后籀读，嫌有脱误，因此未马上印行。宣统三年（1911），唐鸿学以重金购得新繁杨氏藏《荒书》旧抄本，民国九年（1920）春，乃取新得抄本校已刊旧刻，撰成校记，纳入《费氏遗书三种》刊行。此后，唐氏《费氏遗书三种》版片流转至渭南严式诲手中，民国十六年（1927）刊印入《孝义家塾丛书》。近来又有谢伏琛点校《明末清初史料选刊》本（浙江人民出版社1983年版）、何锐等标点《张献忠剿四川实录》（巴蜀书社2002年版）等数种整理本。

《奢乱纪略》一卷　佚

《家传》《新繁志》著录。"奢乱"指明末四川奢寅的叛乱。费密在《荒书》中曾提及："自天启元年辛酉土司奢寅叛乱，寅乱不满半岁，王师克捷，毒未远也。当时惟重庆、成都两府州县受害，亦无屠剿，父老以为大痛。由后献逆观之，则寅害极小别有《奢寅纪乱》一卷。"费锡琮《荒书跋》亦曾言："先君既不欲以《荒书》示人，而亦不拒人之请，别以'纪奢寅乱蜀事'与之。"其中所言及的"《奢寅纪乱》一卷""纪奢寅乱蜀事"，当即《奢乱纪略》。据《年谱》，费密于康熙二十七年（1688）十二月"著

---

① （清）费锡琮：《荒书跋》，大关唐氏怡兰堂《费氏遗书三种》本。
② 参见（清）费藻《荒书跋》，大关唐氏怡兰堂《费氏遗书三种》本。

《奢乱纪略》一卷毕",时年六十四岁。《新繁志》著录该书为"四卷"。

《老农岁事》一卷　佚

《年谱》《新繁志》著录。据《年谱》,费密于康熙二十三年(1684)十月"定《老农岁事》一卷",时年六十岁。康熙三十八年(1699)八月"定《老农岁岁事》",时年七十五岁。"老农岁岁事",疑衍一"岁"字。《新繁志》著录为"《老农记事》二卷"。

《蚕此遗录》二卷　佚

《家传》《嘉庆四川志》《新繁志》著录。蚕此,地名。郭允蹈《蜀鉴》卷七云:"蚕此,属新繁县。"① 雍正《四川通志》卷四云:"蚕此镇,在成都县北威凤山下。"据《年谱》,费密于康熙三十七年(1698)四月"著《蚕此遗录》二卷毕",时年七十四岁。该书书名,《锦里新编》、《清史列传》、嘉庆《江都县续志》作"蚕北遗录",《清儒学案》作"蚕丛遗录"。

《中传正纪》一百二十卷　佚

《家传》《新繁志》著录。《家传》云:"自宋人谓周、程接孔、孟,二千年儒者尽黜无一闻道者。考实为先儒悲痛,乃上考古经与历代正史,旁采群书,作《中传正纪》百二十卷,序儒者授受源流,为传八百余篇,儒林二千有奇,自子夏至于考,盖七十二传也。"② 从中可知费密撰著此书是为了探究儒学授受的源流,肯定汉唐诸儒的价值。此书的主体是儒学人物传记,多至八百余篇。费密门人蔡廷治于《弘道书题辞》中云:"吾师世其家学,直从古经旧注发明吾道定旨,谓三代而后,汉唐以下,贤主得良臣辅之,皆纲维伦纪,功在天下。序古今有道之君为《统典》,序古今文武忠义为《弼辅录》,序录七十子传人为《道脉谱》,而后汉唐诸儒不致荒弃。容城孙征君称为汉儒知己。三者备而后圣门之学始全,古经之旨始备,合为《中传正纪》,上宣王政,下厚风俗,深潜撰著,未常轻出示人。"所言《统典》《弼辅录》《道脉谱》是《弘道书》中新建构道统体系的核心内容,三者"合为《中传正纪》",正可说明《中传正

---

① (清)郭允蹈:《蜀鉴》,文渊阁《四库全书》本。
② 此据《燕峰诗钞》所载《家传》。《贯道堂文集》本《家传》无"儒林二千有奇,自子夏至于考,盖七十二传也"。

纪》中所列儒学人物传记是《弘道书》新道统体系的实际内容。《弘道书》似论点、提纲、主旨，《中传正纪》则似论据、正文和论证主旨的材料，二者关系紧密，互为表里。①

关于《中传正纪》成书，《年谱》于康熙七年（1668）九月记载"著《中传正纪》毕"，于康熙三十八（1699）年三月记载"定《中传正纪》一百二十卷毕"，颇相矛盾。据《家传》记载，费密于康熙七年（1668）戊申移居江都戈家庄，遂著《中传正纪》，"上自先圣，下迄近代，纪载儒林师传世序，自戊申始也"，明言康熙七年是开始撰著《中传正纪》的时间。另据《家传》，康熙十九年（1680）"吉安太守书来迎考，遂游吉安。太守命侍史为考钞《中传正纪》，自是始成初本"。综合以上，可知《中传正纪》开始编撰于康熙七年（1668），初本成型于康熙十九年（1680），定稿于康熙三十八年（1699）。

此外，《年谱》还记载有不少《中传正纪》成书过程中的编撰举动，如康熙十一年（1672）八月"定周濂溪、程明道、伊川、朱晦庵传，作《中传论》，定《中传宗系图》"，康熙十三年（1674）六月"定儒林诸传，考先圣年谱，考七十子列传"，康熙十六年（1677）二月"考诸儒传系"，康熙二十一年（1682）三月"补定《中传录》"，康熙二十三年（1684）七月"定《中传世系》"，康熙二十八年（1689）四月"作《中传录自序》"，五月"序儒林诸传"，康熙三十年（1691）八月"定《中传录》凡例，定《归熙甫传》，入《中传正纪》"，康熙三十八年（1699）二月中旬"录《七十子列传》"，等等。

《年谱》中还有费密编撰人物传记的有关记载，这些人物除上段提及的周敦颐、程颐、程颢、朱熹、归有光外，尚有祖逖、文中子、邵雍、赵古则、任瀚、王艮、祝允明、钱德洪、刘道开、郝敬、张伯起、李仙根、黄鹭来、韩昺等，其中应有部分传文是为《中传正纪》而作。

《天涯知己录》一卷　佚

胡适《费氏的书目》著录。据《年谱》，费密于康熙二十三年（1684）七月"序《天涯知己录》"。此书内容不详，其作者是否为费密，

---

① 《颜李师承记》即言："《宏（弘）道书》十卷，皆与《中传（正纪）》相表里。"参见徐世昌《颜李师承记》，载周骏富辑《清代传记丛刊》，台北：明文书局1985年版，第276页。

尚有疑问。

《历代贡举合议》二卷　佚

《历代贡举考》九十卷　佚

《家传》《嘉庆四川志》《新繁志》皆著录《历代贡举合议》二卷。据《年谱》，费密于康熙二十八年（1689）八月"作《历代贡举合议》二卷毕"。《新繁志》除著录"《历代贡举合议》二卷"外，尚著录费密著有"《历代贡举考》九十卷"[①]，不知何据。此外，费密孙、费锡琮子费冕著有《历代策士考》四卷，可谓善承家学。

《古史正》十卷　佚

《家传》《嘉庆四川志》《新繁志》著录。据《年谱》，费密于康熙三十二年（1693）十月"著《古史正》十卷毕"，时年六十九岁。

《八政勾稽》无卷数　佚

《年谱》著录。据《年谱》，费密于康熙二十五年（1686）四月"定《八政勾稽》"，时年六十二岁。

子部：

《弘道书》十卷　存　三卷

《家传》《嘉庆四川志》《新繁志》著录。《家传》介绍《弘道书》内容颇详：

> 又作《弘道书》十卷，《弘道书》者，所以广圣人之道也，曰《统典论》，曰《辅弼录论》，明大统必归帝王，不得以儒生参之也；曰《道脉谱论》，明先圣以来七十子传人具有，不可灭没其功也；曰《古经旨论》，曰《原教》，明圣人之道，古经具在，无所谓不传之秘也；曰《圣门育材论》，明圣人取人甚宽，不可举一废百也；曰《祀先圣礼乐旧制议》，曰《先师旧制议》，曰《七十子封爵旧制议》，曰《七十子为后议》，曰《从祀旧制议》，明汉唐以来，学校不可废，先儒不可黜，七十子、汉唐过薄，而宋儒过厚也；曰《先儒传道述》，曰《圣门传道述》，明帝王师儒有旧章，不可杂，不可改易也；曰《吾道述》，明圣教不同于二氏也。并附载诸图，为十卷，是谓

[①] 胡适《费氏的书目》作"《历代贡举》九十卷"。

《弘道书》。

可见《弘道书》十卷由《统典论》《辅弼录论》《道脉谱论》《古经旨论》《原教》《圣门育材论》《祀先圣礼乐旧制议》《先师旧制议》《七十子封爵旧制议》《七十子为后议》《从祀旧制议》《先儒传道述》《圣门传道述》《吾道述》及附载诸图组成。① 今传《弘道书》只三卷,但上述十卷本内容皆一一在列,可知今传三卷本与十卷本内容大体相同,只是卷目分合有异。

《弘道书》成书所历时间较长。据《年谱》记载,费密于康熙六年(1667)七月"定《祀先礼仪》",康熙八年(1669)四月"考儒林世系",康熙九年(1670)十月"作《道统论》",康熙十一年(1672)正月"定《诸儒传道世系》",康熙十二年(1673)三月"考道统世系",康熙十六年(1677)六月"录《道脉谱》",七月"作《道统支本论》",康熙十七年(1678)二月"定《道脉谱》",四月"著《弘道书》",康熙二十年(1681)正月"作《原教》",康熙二十六年(1687)九月"作《圣门道脉》序,作《七十子授受传略》",十二月"撰《道脉序》",到康熙三十一年(1692)六月才"定《弘道书》"。结合费密弟子蔡廷治为《弘道书》所作《题辞》作于康熙三十年(1691)春,可见《弘道书》基本成书时间在康熙三十一年左右,费密时年已六十八岁。《弘道书》定稿后,费密仍续有所作,如康熙三十一年十一月"作《统典序》,作《辅弼录序》"。及至康熙三十四年(1695),费密门人张含章还曾为《弘道书》作序。

《弘道书》成书后,"以贫不能缮有宗本"②,更遑论刊刻。民国年间,唐鸿学从新繁杨氏手中得到《弘道书》抄本,并断定其为"晚岁定本,百年外旧钞"。鉴于该书颇蠹坏,且脱讹较多。唐鸿学乃与友朋商榷改订,精心校勘,改正五百多字,并撰校记附后。民国九年(1920),

---

① 《年谱》中记载费密所画图甚多,如《太极生五行图》《乾男坤女图》《五行生成图》《絜矩图》《性教二图》《道统授受图》《中传宗系图》《中行狂狷图》《元气图》《上下经卦图》《河图洛书象》《弘道中旨图》等。

② (清)张含章:《弘道书序》,《弘道书》卷首,大关唐氏怡兰堂《费氏遗书三种》本。

《弘道书》与《荒书》《燕峰诗钞》合为《费氏遗书》，收入《怡兰堂丛书》刊刻出版。后渭南严氏得到《费氏遗书》版片，予以重刊，是为《孝义家塾丛书》本。以上二本出自蜀地，在费密后大半生居住的扬州，尚有民国十三年（1924）江苏泰县韩国钧木刻本。此本有五篇据洪揖侯藏抄本刊刻，其余则翻刻自《怡兰堂丛书》本。此外，据《年谱》卷前孙树馨作于民国十四年（1925）的识语记载，《弘道书》及费密手绘诸图，当时尚散见于江都北乡一带，可惜今已不知下落。

《圣门旧章》二十四卷　佚

《家传》《嘉庆四川志》《新繁志》著录。《家传》云："《圣门旧章》六种：曰《古今笃论》四卷，曰《朝野诤论》四卷，曰《中旨定录》四卷，曰《中旨辨录》四卷，曰《中旨申惑》四卷，共二十四卷。"所言仅五种二十卷，阙列一种四卷。《新繁志》同著录"六种二十四卷"，所列书目、卷帙为"《中旨统论》二卷、《中旨正录》二卷、《中旨定录》四卷、《中旨辨录》四卷、《中旨申惑》四卷、《古今笃论》四卷、《朝野诤论》四卷"，比之《家传》，增加"《中旨统论》二卷、《中旨正录》二卷"，卷数合二十四卷，但共七种书，比之所言"六种"多一种。

据《年谱》，费密于康熙十六年（1677）二月"定《中旨定录》二卷毕"，康熙十七年（1678）二月"著《中旨辨录》二卷毕"。康熙十八年（1679）九月"著《中旨正录》二卷毕"，康熙二十七年（1688）正月"著《中旨统录》二卷毕"，康熙三十四年（1695）五月"著《朝野诤论》二卷毕"，康熙三十六年（1697）四月"著《中旨辨录》二卷毕"，七月"著《中旨申惑》二卷毕"。其中未涉及《古今笃论》。《中旨统录》，《新繁志》作"中旨统论"。上引《朝野诤论》《中旨定录》《中旨辨录》《中旨申惑》皆作二卷，与《家传》言四卷不同①；《年谱》于康熙十七年（1678）、康熙三十六年（1697）皆记载著《中旨辨录》毕，未知孰是。

费锡璜曾述及其父费密一生的学术追求"所明者圣门之旧章、古经之本文，所序者七十子之支绪、千五百年之儒林，所辨者七百年之过

---

① 《中旨定录》，胡适《费氏的书目》作一卷。

论"，费密门人蔡廷治《弘道书题辞》曾言："《弘道书》，尊圣门旧章之论也。"《圣门旧章》是费密矢志阐发、极力宣扬的志业所在，《弘道书》与《圣门旧章》内涵相通，应无疑义。因此，戴望《费舍人别传》《清史稿》《清史列传》《清儒学案》费密小传都记载道：《圣门旧章》诸书"皆申明《弘道书》之旨"。

《太极图纪》八卷　佚

《家传》《嘉庆四川志》《新繁志》著录此书，作八卷。据《年谱》，费密于康熙三十六年（1697）二月"著《太极图纪》八卷毕"，时年七十三岁。《年谱》中涉及费密《太极图》相关撰著颇多，如康熙五年（1666）十一月"画《太极生五行图》《乾男坤女图》"；康熙十二年（1673）五月"作《易有太极论》，作《八卦生论》《八卦性论》，作《八卦化生万物论》"；康熙十三年（1674）九月"作《易有太极图说》"；康熙二十三年（1684）十月"录《类纂太极河图》"；康熙二十四年（1685）四月"作《易有太极说》"；康熙二十五年（1686）四月"注《太极图》"；康熙二十八年（1689）七月"作《太极生两仪说》"；康熙三十四年（1695）五月"作《太极图说》"，十一月"作《太极图纪序》"。《太极图纪》或许即由以上相关撰著构成。

《圣门学脉中旨录》一卷　佚

《家传》《嘉庆四川志》《新繁志》著录此书，作一卷。《年谱》著录为二卷。据《年谱》，费密于康熙三十九年（1700）九月"作《圣门学脉中旨》二卷"，时年七十六岁。

《二氏论》一卷　佚

《家传》《新繁志》著录。"二氏"指佛、道。据《年谱》，费密于康熙五年（1666）八月"与紫芝论二氏"。康熙二十四年（1685）九月"与达司业、沈雷臣论二氏宗旨，著《二氏论》一卷"。康熙二十八年（1689）五月"定《二氏论》"，时年已六十五岁。

《瓮录》一卷　佚

《家传》《嘉庆四川志》《新繁志》著录。据《年谱》，费密于康熙三十九年（1700）四月"著《瓮录》一卷毕"，时年七十六岁。该书内容不详，李朝正《费密著作散佚考核》将其归为"评论选本类"，不知何据。

《笭箵归来晚暇记》四卷　佚

《家传》《嘉庆四川志》《新繁志》著录。"笭箵"指渔具，唐陆龟蒙有《笭箵》诗云："朝空笭箵去，暮实笭箵归。归来倒却鱼，挂在幽窗扉。"由费密所拟书名，可以猜测，《笭箵归来晚暇记》或为杂录笔记类著述。据《年谱》，费密于康熙二十六年（1687）正月"著《笭箵归来晚暇记》四卷毕"，时年六十三岁。

《费氏家训》四卷　佚

《家传》《新繁志》著录。据《年谱》，费密于康熙三十五年（1696）九月"著《费氏家训》四卷毕"，时年七十二岁。

《长沙发挥》二卷

《家传》《嘉庆四川志》《新繁志》著录。"长沙"指张仲景，张仲景曾官长沙太守，人称"张长沙"。由书名"长沙发挥"可知此书是对张仲景《伤寒论》《金匮要略》的阐释发挥之作。据《年谱》记载，费密于顺治十一年（1654）四月从刘苏寰学医，后究心于《内经》《伤寒论》《金匮》诸书，为《长沙发挥》必先以刘先生名，以示不忘所学。康熙二十八年（1689）五月"定《长沙金匮方》"，《长沙金匮方》或即《长沙发挥》。《丛书书目汇编·费此度所著书》著录该书，作"长沙发撝"。

《王氏疹论》一卷　佚

《家传》《嘉庆四川志》《新繁志》著录。《丛书书目汇编·费此度所著书》著录该书，作"王氏痊论"。此书内容不详。明末有《王氏痘疹诀疑》传世［成书于明天启三年（1623），撰者不详］，《王氏疹论》或即针对该书所作。

《伤寒口义》二卷　佚

胡适《费氏的书目》著录。据《年谱》，费密于康熙三十九年（1700）五月"著《伤寒口义》二卷毕"。

《金匮本草》六卷　佚

《家传》《嘉庆四川志》《新繁志》著录。据《年谱》，费密曾于康熙二十一年（1682）三月"与团伟长论《金匮》"，康熙三十年（1691）十一月"与胡羽鹏谈《金匮》"，康熙三十九年（1700）九月"装订《本草纲目》"。《丛书书目汇编·费此度所著书》也著录该书，作"一卷"。

费密学案

集部

《文集》二十卷　佚

《诗钞》二十卷　佚

《燕峰文钞》一卷　佚

《燕峰诗钞》一卷　不分卷　存

附《燕峰集》《鹿峰集》　佚

《家传》《嘉庆四川志》《新繁志》著录,后二者著录作"《燕峰文钞》二十卷,《诗钞》二十卷"。据《年谱》,费密于康熙二十八年(1689)十二月"定自著《诗集》"(时年六十五岁),康熙三十六年(1697)十一月"定自著《文集》二十卷"(时年七十三岁),二集久佚。乾隆年间纂修《四库全书》,江苏巡抚进呈《燕峰文钞》一卷,入存目。道光年间,泰州人夏荃(1793—1842年)尚及见到该书①,后下落不明。《年谱》并记费密于康熙十三年(1674)九月"答周屺公书,寄《燕峰文钞》一册",此一册《燕峰文钞》,或即四库、夏荃所言一卷本。

费密文集虽已不存,其所撰文章的信息尚可通过相关文献窥知一二。如四库《燕峰文钞》提要提及费密著有《春秋论》《明堂配上帝论》《鲁用天子礼乐辨》并做了简要点评,《年谱》中多有费密为他人撰作序跋、祝文、寿文、塔铭、书信、墓志、诔文、游记、草书的相关信息,并记载其著有《荔支记》《五经论》《还蜀葬亲序》《史论》《世系略》《孝贞先生行状》《易有太极论》《八卦生论》《八卦性论》《八卦化生万物论》《服制说》《易有太极图说》《天地絪缊说》《河图洛书辨》《遗经旨论》《留侯论》《原教》《上古论》《性图说》《易有太极说》《仪礼制度考文说》《太极生两仪说》《礼不下庶人论》《治平论》《御边论》《太极图说》《四科申论》《吕尚书讳维祺论赞》《宗祀论》《大事次第记》《修身前后宗旨》等。

费密以诗名于时,其《诗钞》二十卷久佚,今幸有《燕峰诗钞》存世。《燕峰诗钞》今存主要有两种版本。其一为民国年间唐鸿学《怡兰堂

---

① (清)夏荃《退庵笔记》卷五"费燕峰"条云:"[费密]生平著述极富,余所见《燕峰文钞》一卷而已。"(沈云龙主编:《近代中国史料丛刊》第97辑第965册影印《海陵丛刻》本,台北:文海出版社1973年版,第154页)

丛书》辑刊《费氏遗书三种》本。该本一卷，书首有沈中择识语云："壬戌孟夏游新繁，寻费氏明季先墓于丛莽中，凭吊欷歔。既旋成都，为百川世丈题此刻。"壬戌为民国十一年（1922），百川为唐鸿学之字，可知此本刊刻时间；书首并有"大关唐氏怡兰堂用旧钞本雕"牌记，知此本所据为旧抄本。此本收费密诗55首，后有附录，录孙奇逢《送费生南还》、王士禛《读费密诗》二诗。

另有一九六四年泰州古旧书店据乾隆二自山房抄本传抄本，此本卷首有泰州古旧书店一九六四年附记，卷前首列"荷衣诗钞"，录费经虞诗8首，后有黎士弘康熙三十二年（1693）所作《燕峰集序》。正文不分卷，以主题分为"游览""题咏""题画""赠答""宴集""乐府"六类，录诗290首，所收诗作与怡兰堂本互为有无。书后附录"天下名家赠此度先生诗"、《家传》、费锡琮诗、费锡璜诗、赠言，并据怡兰堂本《燕峰诗钞》校补诗作24首。

王士禛编选《感旧集》卷七言费密有《燕峰集》，费密号燕峰，其别集被称为"燕峰集"，或是笼统称谓。此外尚有"鹿峰集"之说，首见于王士禛《池北偶谈》，李调元《蜀雅》、彭遵泗《蜀故》、陈田《明诗纪事》、张维屏《国朝诗人征略》等相继言之，甚至有《燕峰集》《鹿峰集》并列著录者。"鹿峰"不见他书载录，其或为"燕峰"之误，或是费密部分诗文结集的命名。据《家传》，王士禛是在林古度处见费密一诗，惊叹之余才向费密请全诗，费密于是"考录百篇赠之"。结合"鹿峰集"之说昉自王士禛，或许费密呈赠王士禛的诗作"百篇"，即以"鹿峰集"命名，也未可知。

《题跋》六卷　佚

《家传》《新繁志》著录。据《年谱》，费密于康熙三十一年（1692）七月"定《题跋》六卷毕"，时年六十八岁。

《尺牍》六卷　佚

《家传》《新繁志》著录。据《年谱》，费密于康熙二十九年（1690）十二月"定《尺牍》六卷"，时年六十六岁。

《诗余》二卷　佚

《家传》《嘉庆四川志》《新繁志》著录。据《年谱》，费密于康熙三十四年（1695）五月"定自著《诗余》二卷"，时年七十一岁。

《杂著》二卷　佚

《家传》《新繁志》著录。具体内容不详。

《集外杂存》八卷　佚

《家传》《嘉庆四川志》《新繁志》著录。据《年谱》，费密于康熙四十年（1701）二月"定《外集杂存》八卷毕"，时年七十七岁。"外集杂存"应为"集外杂存"之误。

《古文旨要》一卷　佚

《家传》《嘉庆四川志》著录，皆作一卷。据《年谱》，费密于康熙十五年（1676）六月"作《古文旨要》二卷毕"，于康熙十九年（1680）十一月"作《古文旨要序》"，于康熙二十年（1681）正月"定《古文旨要》毕"，可见撰著此书的历程。《年谱》所记卷数与《家传》所记有异。费锡璜门人汪文著在《贯道堂文集序》中曾提及该书："著尝读中文先生《古文旨要》一书，文章之法大备，是夫子之家学有源也。"①

《雅伦》二十六卷　存

《家传》《嘉庆四川志》《新繁志》著录。康熙《扬州府志》卷二六、康熙《江都县志》卷九、乾隆《江南通志》卷一九二、同治《新繁县志》卷十、光绪《增修甘泉县志》卷一五、温睿临《南疆逸史》卷四一等所载费经虞小传皆作"三十卷"，胡适《费氏的书目》作"一卷"。

据今传《雅伦》诸本序跋及《年谱》记载，《雅伦》成于费经虞、费密父子避乱流寓汉中时，费密自言："《雅伦》一书，先子孝贞先生客沔县时乡塾中编次以训密者也。"据费经虞自序，费密曾经设馆于褒城张氏家，张氏富藏书，费密持胡文焕《诗法统宗》归，经虞阅后认为尚有"未惬"之处，主张"合而次之，更定义例，部分州聚，除削芜猥，收存精要，博稽旁证，使理事昭灿，开卷爽豁"，才能成为"风雅巨观"②，费密秉承此义，趁养病期间，搜辑文献，开始编纂《雅伦》，最终由费经虞点定，历时八月才脱稿，成书时间在顺治十二年（1655）春。

书成之后，并未刊刻。后费氏举族南迁，居于江都，姻戚杨研涟藏书甚富，费经虞得以遍观。费密也时时假于亲友，父子对《雅伦》初稿

---

① （清）费锡璜：《贯道堂文集》卷首，清康熙年间刻本。
② （清）费经虞：《雅伦自序》，《雅伦》卷首，清雍正五年（1727）汪玉球重修本。

再加补葺，"更七八载，比前颇备"①。《年谱》记载，费密于康熙二年（1663）二月"定《雅伦》孝贞先生手著，共□卷，先生补定续成"（时年三十九岁），此时距成书已有八年，正与序文中续为补葺"七八载"相合。康熙十年（1671）正月，费经虞卒，费密于此年抄录《雅伦》副本。② 此后，据《年谱》记载，费密于康熙二十七年（1688）正月"定《雅伦》目录"。康熙二十九年（1690）二月"刻《雅伦》"，但未能成事。③ 康熙三十四年（1695）二月请许承家编修"作《雅伦序》"。康熙三十八年（1699）九月，费密故人子、江都后学于王枨允诺刻《雅伦》，不果。及至康熙四十九年（1710），于王枨始出百金，刊成《雅伦》。雍正四年（1726），费密孙费轩与汪玉球聚会，言及《雅伦》版片脱落损坏，汪玉球遂命工补缀，并于雍正五年（1727）重刊《雅伦》。④ 今两种版本皆存。

《雅伦》是一部内容丰富的诗学著作。全书分为源本、体调、格式、制作、合论、工力、时代、针砭、品衡、琐语、题引、盛事、音韵十三类⑤，每类广辑前人旧说，并出以己意，其综括、汇集之功，良不可没。该书现存版本有二十六卷、二十四卷两种分卷模式，两相比较，二十六卷本中的卷九（格式七）、卷一〇（格式八）合并为二十四卷本中的卷九，二十六卷本中的卷一一（格式九）、卷一二（格式十）合并为二十四卷本中的卷一〇，二十六卷本中的卷一三（格式十一）、卷一四（格式十二）合并为二十四卷本中的卷一一，二十六卷本中的卷一六（合论）、卷一七（工力）合并为二十四卷本中的卷一三，二十六卷本中的卷二一（品衡中、品衡下）被分为二十四卷本中的卷一七、一八，二十六卷本中的卷二三（题引上、题引下）被分为二十四卷本中的卷二〇、二一。两

---

① 费经虞又叙，载《雅伦》书后，清康熙年间刻本。
② 费密跋《雅伦》云："辛亥钞副本。"辛亥应指康熙十年（1671）。
③ 《年谱》只言此时刻《雅伦》，未明言是否刻成。据于王枨《雅伦序》，康熙四十八年（1709）春，费密子锡琮、锡璜过访留耕草堂，于王枨问及《雅伦》，二人"言尚未就梓"。《年谱》于康熙三十八年（1699）"恭武许为先生刻《雅伦》"后注云："孝贞先生著《雅伦》□卷，付梓未竣，后于康熙四十□年，恭武出百金刊成。"可知无论是康熙二十九年的"刻"还是三十八年的"许刻"，《雅伦》皆未刊成。
④ 参见（清）竹庐《重修〈雅伦〉跋》。竹庐，初不知何人。跋后有二印，一为白文"汪玉球印"，一为朱文"竹庐"，可知竹庐即汪玉球。
⑤ 费经虞自序言《雅伦》分为十四类，其中第十四类"诗余"，不见于今本。

者文本内容全同，只是卷次分合有异而已。

《雅伦》书名取自《尚书》"无相夺伦，神人以和"句，《四库全书总目》、乾隆《江都县志》、乾隆《江南通志》、温睿临《南疆逸史》、《清史稿》、《清史列传》、《清儒学案》等，皆误"伦"为"论"。嘉庆《新繁县志》则误书名为《雅伦集》。

《剑阁芳华集》二十卷　存

《蜀诗》十五卷　存

《剑阁芳华集》二十卷，《家传》《嘉庆四川志》《新繁志》著录。

此书由费经虞初编，费密增补成书，是一部辑收明代蜀中之诗的总集。孙澍《蜀诗序》曾云："明季桂林太守新繁费经虞仲若辑蜀诗，权舆太祖，迄于思陵，厥子密此度续纂，历国朝顺治、康熙初元，题曰《剑阁芳华集》。"费经虞、费密父子热心于蜀中诗歌的搜集，仅据《年谱》记载，费密就曾于康熙四年（1665）四月"选蜀人诗"，康熙二十四年（1685）正月"录蜀中先辈诗"，康熙二十八年（1689）正月"录蜀人诗"，并最终于康熙三十三年（1694）八月"续补孝贞先生《剑阁芳华集》二十卷毕"，时年七十岁。

《剑阁芳华集》在后世的流传与题为"明费经虞辑，清费密、李调元续辑"的明蜀人诗总集《蜀诗》关系密切。《蜀诗》在《家传》《年谱》及有关费氏的方志史传中均未见著录，其是否为费氏父子所编颇启人疑窦。该书仅存道光十四年（1834）鹅溪孙氏《古棠书屋丛书》本，卷首有孙澍道光十三年（1833）八月序、孙鍹同年小除夕序、汪玉玑康熙二十年（1681）序。① 前引孙澍序只提及了《剑阁芳华集》，孙鍹序则对《蜀诗》成书介绍更详：

> 今费君仲若抉渊云之才，丁板伤之日，逋秦寇，遁烽火，仳离沔汉，羁栖江左，乃浩然发奋，肇初洪武，攸卒崇祯，提椠怀铅，不遗耳目。盖自乱离以来，大惧岷峨玉垒间文献将坠，不得已远搜

---

① 国家图书馆、日本早稻田大学藏本，三序有错版。另，察汪玉玑序内容，是为费锡璜诗集所作序文，该序同见于《掣鲸堂诗选》卷首，弁于《蜀诗》卷首，应属误刊。此外，汪序署时有误，详见后文费锡璜《掣鲸堂诗集》考证。

幽索，寓恭敬桑梓之深情。后暨厥子此度，又从而肯构焉，补苴焉，或得诸片纸，全豹未窥；或列鼎当前，一胾自足，去取不尽详审，而井络肤敏，剑阁芳华，显则因诗见事，微亦托事存诗。……曩未尝付梓，蜀中人士鲜闻知。道光十二年岁次壬辰，雒张玉泉孝廉以其尊人云谷所钞藏副本见贻。錤近治学，声律益疏，病弗能校，舍弟子皋时司铎渝南，因转寄勷补并错简是正。明年春，子皋告养，回鹅溪村舍，杜门却轨，晨昏余力，东西老屋，风雨一编，相与联床讨论，又历半载而书始成，肆俾梓人聿攻坚木。

序文中言及费氏父子所编蜀人诗总集也应是《剑阁芳华集》。据序文，道光十二年（1832），孙錤从张怀洵处得到其父张邦伸所藏《剑阁芳华集》抄本①，转寄给孙澍校订勷补，次年完成，遂雕版刊印。可见所谓《蜀诗》，是孙澍根据费经虞、费密父子《剑阁芳华集》修订编印的，并非费氏原编有此书。

《蜀诗》封面牌记题："《蜀诗》权舆有明洪武迄崇祯，计共得蜀人二百六十四家，选诗一千一百七十六首，旧编二十五卷，今合为十五卷。鹅溪孙氏藏板。"所称旧编，应指《剑阁芳华集》，则张邦伸藏抄本《剑阁芳华集》有二十五卷。梁启超《中国近三百年学术史》也记载《剑阁芳华集》作二十五卷，或即本此。可惜此二十五卷本已不可见。今天所见文献记载，大都言《剑阁芳华集》有二十卷，此种抄本流传甚鲜，今只知北京大学图书馆藏残本（存卷一至卷五、卷一一至卷一五），四川大学图书馆藏全帙。② 北京大学藏本在"秘籍琳琅——北京大学数字图书馆古文献资源库"中无法检索到，该馆古籍馆员称无法检索到可视同无此书，更已无法查阅，不知何故。四川大学图书馆藏清抄本，无边栏，每半叶十行，行二十一字，小字双行同。全书共十册，第一册为"剑阁芳华集原目录"，与第二册前全书目录不同；第二册至第九册为卷一至卷二

---

① 张怀洵，字玉泉，邦伸长子。寄籍德阳，嘉庆六年（1801）举人。张邦伸（1737—1803字），字石臣，号云谷，汉州（今属四川广汉）人。乾隆二十四年（1759）举人，曾任河南辉县、襄城知县。著有《全蜀诗汇》《云栈纪程》《云谷文钞》《锦里新编》等。
② 参见《中国古籍善本总目》《中国古籍总目》。

○正文,其中卷一九为"方外",卷二○为"闺秀",每卷首行题"剑阁芳华集卷第几",次行题"成都费经虞撰,男密补";第十册多补录当时蜀贤与费密父子交往之诗,书末为熊过《杨廷和墓表》校记。《蜀诗》则书前有《总目录》,每卷注明诗体及篇数,其中卷一收蜀献王、惠王、成王三人诗,卷二至卷一三收蜀贤诗,卷一四收释、道二氏诗,卷一五收闺秀诗。每卷卷首题署不同,卷一至卷一○题"新繁费经虞仲若辑,岷阳孙澍子皋校订",卷一一、一二题"新繁费密此度选辑,岷阳孙澍子皋校订",卷一三题"绵州李调元雨村选,岷阳孙澍子皋校订",卷一四、一五复题"新繁费经虞仲若辑,岷阳孙澍子皋校订"。其中,卷一三全卷收录费密诗,所谓"绵州李调元雨村选",只是将李调元《蜀雅》卷三费密诗全部移录而成,李调元实未参与《蜀诗》编纂。

比较现存抄本《剑阁芳华集》与孙氏刊本《蜀诗》,从编选范围、文本内容等方面的大量相同,可以明显看出二书的承袭关系,但细加考察,二书在所收诗人、收诗数量、诗人小传、诗歌文本等方面都有明显差异。如果孙澍当时所据《剑阁芳华集》与今传本出入不大的话,通过今传本《剑阁芳华集》与《蜀诗》的比较,可以看出孙澍对《剑阁芳华集》并非只做了简单的修订,而是做了大量的删改重编工作。即以收录诗人数量来说,《蜀诗》收录诗人264位,《剑阁芳华集》收录诗人远超此数,达到365位。以删改诗文与诗人小传为例,如《剑阁芳华集》卷一收蜀成王《拟古宫词》三十首,《蜀诗》只节选了五首。《剑阁芳华集》卷一蹇义小传有1200字,《蜀诗》仅有122字。《剑阁芳华集》中诗人小传在六百字以上的长传即有近三十篇,保存有不少珍贵传记资料,而《蜀诗》诗人小传皆仅百余字,其删削改编可见一斑。

孙氏兄弟是郫县鹅村人,兄孙鋗(1787—1849年),名澈,字野史,号草桥,又号瘦石,自称岷阳大布衣、独学生,著有文三十卷、诗三十二卷、《郫书》十卷、《蜀破镜》十六卷、《方言》二卷等。弟孙澍,号雨皋,又号子皋。兄弟二人雅好文雅,究心乡邦文献,曾辑刊《古棠书屋丛书》以表彰蜀中著述,为后世所称。

《雅箸》二卷　佚

《年谱》提及,未见他书著录。据《年谱》,费密于康熙二十九年(1690)四月"定《雅箸》二卷毕",时年六十六岁。

《全唐诗选》十卷　佚

此书只见于胡适《费氏的书目》，或出自费氏族谱记载。费密曾用力于唐诗，据《年谱》载，其曾在康熙二年（1663）二月"选《全唐诗》"，康熙十三年（1674）四月"批《全唐诗》毕"。

《唐宫闺诗》二卷　存　误题费密编

《四库全书总目》于集部总集类收录此书，并云"国朝费密编"，《嘉庆四川志》《新繁志》亦归于费密名下，实误。此书乃费密之友刘云份编，费密只是为该书作过序，且序中明言："吾友淮南刘子云份总唐一代妇人之诗为书。"刘云份，字平胜，一字青夕，江苏淮安人。生平不详，编刊唐诗选本甚多，今传《十三唐人诗》《八刘唐人诗》《中晚唐诗存》《唐宫闺诗》等皆是。《唐宫闺诗》共二卷，录唐女诗人115家400余首诗。据《年谱》记载，康熙四年（1665）五月，刘云份曾送给费密"《史记率隐注》二卷、《薛洪度诗》一卷"，康熙五年（1666）正月，曾送"陈白云诗板一百二片"，则刘云份或从事书业。又康熙十年（1671）四月，费密曾"吊刘平胜尊人"，则刘云份应卒于此年。

按，费密早年颠沛流离，中年定居江都野田庄后，"三十余年中，惟闭户著书为事"（《家传》），一生著述可谓宏富。对于他究竟撰写了多少种著作，说法众多，莫衷一是。费锡璜《家传》提及的有35种300余卷，张邦伸《锦里新编》卷五言有36种，《嘉庆四川志》著录31种，《新繁志》著录40种。近代学者李朝正列录44部476卷，刘智鹏考列50种300多卷。本书则在参考已有研究成果的基础上，去伪存真，考辨源流，终得51种400余卷。[①]

附

费经虞

《毛诗广义》二十卷　佚

《嘉庆四川志》《新繁志》著录。胡适《费氏的书目》作三十卷。张

[①] 未含《唐宫闺诗》。

寿林《清代诗经著述考略》著录有《费此度所刻书》附刊本,并评曰:"此书以毛传为归,而家法不严。"①《费此度所刻书》仅见目录,未见传本,张氏所言不知何据。

《临池懿训》二卷　佚

《嘉庆四川志》著录。康熙《扬州府志》、乾隆《江都县志》、胡适《费氏的书目》等皆作三卷。

《四书广训》一卷　佚

胡适《费氏的书目》著录。

《四书懿训》一卷　佚

《嘉庆四川志》《新繁志》著录。

《四书字义》一卷　佚

《新繁志》著录。康熙《扬州府志》卷二六、乾隆《江南通志》卷一七二、乾隆《江都县志》卷二六费经虞小传中亦提及。

《字学》十卷　佚

《嘉庆四川志》《新繁志》著录。

《古韵拾遗》一卷　佚

《嘉庆四川志》《新繁志》著录。

《蜀乱纪略》无卷数　佚

杨凤苞《南疆逸史跋五》云:"三藩之野记,余嫌逸史采掇未备,既一一撮其目羼入第一跋,中年来浏览群书,核诸见闻所及,又以知前跋之挂漏犹多也。今续为胪列以补之。"② 其中著录费经虞《蜀乱纪略》。

《周易参同契合注》三卷　佚

《嘉庆四川志》《新繁志》著录。前者未著录卷数,《新繁志》作三卷。此书书名或作"周易参同契""注周易参同契"。

《荷衣集》无卷数　佚

《嘉庆四川志》《新繁志》著录,卷数未详。据《年谱》,费密曾于康熙六年(1667)六月"录孝贞先生《荷衣集》"。汪玉球《重修雅伦跋》云:"费氏著书三十余种,其登诸梨枣者,如《荷衣集》《汉诗说》《掣鲸

---

① 《燕京大学图报》第 50 期,1933 年 5 月 15 日,第 2 版。
② (清)杨凤苞:《秋室集》卷二,清光绪十一年(1885)陆心源刻本。

堂集》《贯道堂集》诸书，已不胫而遍宇内矣。"可见此书曾刊刻过。

《剑阁芳华集》二十卷　存　已著录

《蜀诗》十五卷　存　已著录

《雅伦》二十六卷　存　已著录

费锡琮

《白雀楼集》无卷数　佚

《嘉庆四川志》《新繁志》著录。张玢《费直敏先生小传》、嘉庆《新繁县志》卷三〇（费密传）、胡适《费氏的书目》等皆记载费锡琮著有此书，书名或作《白雀楼稿》《白雀楼诗集》。李调元《蜀雅》卷四、夏荃《退庵笔记》卷五、嘉庆《新繁县志》卷三〇（费锡琮传）、《清儒学案》卷二〇七则著录作"白鹤楼稿""白鹤楼诗"。该书应为费锡琮别集，久佚，书名作"白雀"还是"白鹤"，已无法确知。

《阶庭偕咏》三卷　与费锡璜合著　存

《嘉庆四川志》《新繁志》著录，张玢《费直敏先生小传》、嘉庆《新繁县志》卷三〇、《清儒学案》卷二〇七、胡适《费氏的书目》等亦记载费锡琮著有此书，皆未注明卷数，书名或作"阶庭偕咏集"，嘉庆《新繁县志》误作"阶庭名偕咏"，胡适《费氏的书目》误作"家庭偕咏集"，《清儒学案》误为医书。

此书今存康熙年间刻三卷本，仅见藏于南京图书馆。无序跋、目录，每半叶九行，行二十一字，左右双边，单黑鱼尾。全书三册，分诗体编排，册一二收录费锡琮古体46首、近体92首、绝句31首，共169首，册三收录费锡璜五古13首、七古11首、乐府16首、五律5首，共45首，合计214首。

费锡璜

《贯道堂文集》四卷　存

《新繁志》著录。费锡璜早年以诗名，而文稍掩于诗。其门人汪文著言其"近十数年来，日肆力于古文，所以口不绝吟诵者，不啻如向日之于诗歌也"，费锡璜自谓"吾之学为文，年已衰迟，是以日夜戛戛而不能已也"[①]，

---

① （清）汪文著：《贯道堂文集序》，《贯道堂文集》卷首，清康熙年间刻本。

可见其晚年始肆力为文。此集由费锡璜门人汪文菁出资刊刻印行，闵奕佑《贯道堂文集序》序云："吾友费子滋衡诗集梓后三年，而其门人汪羲尚复出金钱，为刻其文百余首，其义最高。"汪文菁则谓："夫子年已近六十，去夏大病始愈……菁分在弟子之列，乃鸠工梓而传之。凡若干篇，三数月乃成。"费锡璜出生于康熙三年（1664），如以汪文菁所言在费锡璜年近六十时刊刻此集，则版刻时间在雍正元年（1723）之前。又《贯道堂文集》卷二收《马母朱孺人墓志铭》，言孺人"己亥九月三十日葬……"，己亥为康熙五十八年（1719），则《贯道堂文集》刊刻时间在康熙五十八年（1719）九月之后。

此集四卷，凡 130 篇。卷一主收书、序、论，卷二主收论、说、跋、赞、志、铭，卷三主收记、辨，卷四主收赋、序，另有"失编"3 篇。费锡璜《答程艺农书》曾自谓有文"二百篇"，此集得其大半。

《掣鲸堂诗集》十三卷　存

《嘉庆四川志》《新繁志》著录。前者言"无卷数"，后者作"九卷"。

费锡璜雅好诗歌，曾自谓生平"无他嗜好，独喜吟诗，二十年集成五千篇，虽无一佳，未始非勤于诗之人"[1]。据《诗集自序》，他曾于康熙三十一年（1692）"刻诗三百篇"（今无传），康熙五十二年（1713）秋"自定前后所撰诗""约四千五百余篇"。至晚年，乃编选心得之作千余首，刻梓印行，是为《掣鲸堂诗集》。[2]

《掣鲸堂诗集》今有十三卷、九卷、一卷等不同版本。十三卷本卷首题"成都费锡璜撰，同学郭恒参阅"，乃费锡璜自编本"全帙"。书前有全书目次：乐府三百三十六首，五言古诗二百二十四首，七言古诗七十首，五言律诗三百首，七言律诗八十四首，五言绝句五十五首，排律八首，七言绝句三百首，附旧刻二种共三百二十四首，通计一千七百零一首。今核全书，并无"旧刻二种共三百二十四首"。十三卷本《掣鲸堂诗集》今传世数种，一般皆题作康熙年间刊本，但有一种存素堂本，书前

---

[1] （清）费锡璜：《自咏十二章》之《诗人》，《掣鲸堂诗集》卷一二，清康熙年间存素堂刻本。费锡璜在《答程艺农书》中亦曾言"有诗五千首"。

[2] （清）汪玉玑《掣鲸堂诗集序》云："晚年自定心得如千首，同人请梓以公好，此《掣鲸堂诗》所由不胫而走海内也。"（清）费锡璜：《掣鲸堂诗集》卷首，清康熙年间存素堂刻本。

有汪玉玑序文,署作时为"辛酉"。汪玉玑为雍乾间人,其在序文中言及《掣鲸堂诗集》已经刊刻流布,费锡璜子费轩将归蜀,汪玉玑"爰请梓本,留贮广陵",则此"辛酉"当为乾隆六年(1741)辛酉,此本应该是据康熙年间版片重加印制而成。

九卷本或题为"掣鲸堂诗选",今有道光间鹅溪孙氏《古棠书屋丛书》本、光绪九年(1883)汪青簃刊本,前者收诗525首,后者收诗518首,二本内容基本相同,只部分诗作有差异:相比古棠书屋本,汪青簃刊本在卷一少一首《四思》,卷二多一首《悲落叶》,卷六多《韩蕲王墓》《赠周轩三》二首,而少《辛盘和何通侯》以下九首,卷八多一首《江寺》。① 汪青簃刊本书前也有汪玉玑序文,其与存素堂十三卷本书前序文含义相同而文字用语差异较大,序末署作时为"康熙辛酉十月",明显有误(前文已言此辛酉当为乾隆六年),疑好事者在原文"辛酉"前妄加"康熙"年号。此外,九卷本虽为选集,但收诗与十三卷本并不完全相同,整理费锡璜诗作时应充分参考。

一卷本有两种,一载沈宗畸编《别本晨风阁丛书》甲集第14册,清光绪宣统间沈氏晨风阁铅印本,书名题《掣鲸堂集》,由江都吴仲梦兰校刊,江都童闰补萝同校。该集收费锡璜诗27首。另一种题《掣鲸诗稿》,藏于上海图书馆,封面署"癸未旦夕录于雪楼居,世伯雷氏题签",内有冯雄民国二十九年(1940)题识云:"此成都樊氏抄本,乃据康熙时扬州刻本誊写。"中缝下题"成都樊氏藏书"。此稿所收诗极少,皆见于十三卷本《掣鲸堂诗集》。

此外,中国社会科学院文学研究所图书馆藏有《费滋衡诗》五卷《词》一卷,著录为清稿本。② 因借阅封闭,此本尚未寓目,有待将来续作考录。

《汉诗说》十卷　与沈用济合撰　存

《汉诗总说》一卷　存

---

① 参见林新萍《清初诗人费锡璜研究》,硕士学位论文,福建师范大学,2016年。
② 参见《中国古籍善本书目》集部,上海古籍出版社1989年版,第1118页。《中国社会科学院文学研究所藏古籍善本书目》,内部出版,1993年版,第263—264页。柯愈春《清人诗文集总目提要》,北京古籍出版社2001年版,第405页。

费密学案

　　《四库全书总目》《嘉庆四川志》《新繁志》皆著录《汉诗说》十卷。
　　《汉诗说》由沈用济与费锡璜合编。沈用济，字方舟，浙江钱塘人，工吟咏，毛先舒叹为"后生领袖"，与费锡璜交好。《汉诗说》性质在总集与诗文评之间，《四库全书总目》将其列入集部总集类存目，是因为该书根据"冯惟讷《诗纪》、梅鼎祚《诗乘》所录汉诗，略为评释"，近于总集。《汉诗说》卷前有总论汉诗之语四十五则，题《汉诗总说》，清人杨复吉将其辑入《昭代丛书》，成为单行本。
　　沈用济曾自述成书经过云："己丑夏，归自京师，访滋衡于邗江。见时流竞趋新异，六朝暨唐概置不讲，何论于汉，相与叹息。夫诗不深入汉魏乐府，破其阃奥，而徒寻摘宋元字句之间，是犹溯水而不穷其源，登山而不极其巅，宜乎去雅而就郑，见伪而不见真也。正今之失，非汉诗不可，因各抒所见，名《汉诗说》。"① 费锡璜也说："酷暑入方舟寓楼，网窗尘壁间共成此书。"则该书之撰著在康熙四十八年（1709）己丑。
　　《汉诗说》今存康熙年间刻本，卷首题"汉诗说卷几"，次题"钱塘沈用济方舟、成都费锡璜滋衡同述，萧山毛奇龄大可、会稽姚陶次耕论正"，《汉诗总说》则有《昭代丛书》本。

　　《诗坛破的》　无卷数　佚
　　费锡璜《汉诗说序》云："余乃取冯惟讷、梅禹金、李因笃诸前辈旧本，稍加增益，论次而传之，要皆发吾心思，告学者从入之路，不务诠释，往往不同旧说，知我罪我，听之天下也。其所未备，别见所著《诗坛破的》中。"可知《诗坛破的》与《汉诗说》类似，也是一部诗歌评论类著作。此书仅见此序提及，别无著录，是否最终成书亦不可知。

---

① 沈用济：《汉诗说序》，《汉诗说》书前，清康熙年间刻本。

第 三 章

学术源流

第一节 家学

费密的思想学术并非横空出世,而有深厚的家学渊源。新繁费氏以儒传家,民国《新繁县志》载:"明时,费氏与雷氏、陈氏称鼎族,号费雷陈。费氏以儒学显,雷陈无闻。"① 费密之父经虞邃于经学,见识卓绝,费密尽传父学,并能张大其军,终成一代名儒。费密子锡琮、锡璜,以诗名世,亦通经术,其议论大体,亦能传父统绪。故以家学弁首。

费彦

费密曾祖

万历中年九十余,为寿官。生平事迹见《家传》。

费嘉诰

费密祖父

字良辅,生于明嘉靖三十一年(1552),万历二十三年(1595)明经,三十九年(1611)选授大竹县训导,训士有法,四十二年(1614)卒于官,年六十三。性诚恕,善诗词。里居时,尝随众出迎督学使者。道旁群丐以杯茗进,众皆唾避,独嘉诰饮而谢之。诸生马毓峨归语其子曰:"费公盛德,后必兴矣。"妻邓氏,有淑德,能以义方训子。子四,长经国,副榜,官训导。次经世,次经济,皆庠生。献贼陷川,贼将与经世有旧,欲官之,不从,与经国、经济俱遇害。次经虞,举人,官云

---

① 民国《新繁县志》卷五《氏族》,民国三十六年(1947)铅印本。

南同知。生平事迹见《家传》、陈鼎《孝贞先生传》、李调元《蜀雅》卷二、民国《新繁县志》卷七。

费经虞

费密父

初名经野，入学改经纬，中式改经虞，字仲若，号鲜民。生于明万历二十七年（1599），幼性孝，好读书。年十九，补诸生，以文鸣巴蜀。母卒，哀毁骨立，每遇二亲忌辰，辄痛哭，至老如初丧也。崇祯十二年（1639），举孝廉，居乡端方不苟，人皆重之。十四年（1641）邑民变，杀胥吏，集众围城。令慰之，不听。乃曰："若言不足信，须费仲若一诺足矣。"于是先生出与众约，众乃散。十七年（1644），谒选吏部，时昆明缺出，客曰："中原多残破，惟滇南尚无恙，且昆明附郭上郡，素称富庶，如以千金约吏，可得也。"先生曰："吾生平儒者，食禄有方，岂贿赂得官哉？"勿听。既选司秉公，竟得昆明，客惭服。及之任，至半道，京师陷矣。乃哭临野寺，极哀。抵任，尽革病民政，兴学校，除豪强，植良善，数月四境大治，民皆讴颂。明年土司吾必奎叛，沐黔国帅师往征，覆其巢，俘数百人还。抚按檄令治之，先生虚公研讯，所俘多村民为必奎掠以樵采者，尽释之。令居庑下，急命胥备爨具，自起尝食，众毕餐，蓐草使寝，然后退。客曰："何自苦耶？"先生曰："有司举事多具文，若委胥为之，爨必不速，粥必不善，食必不遍，卧具必不完，困苦而复饥寒。迟数日，壮者殆，弱者死矣。"客善之，夜即具文达抚按，言众无辜，唯十二人当论死。旦日入谒，复力言之，檄凡数下，每下辄具上辞，以是三百余人皆得活，复给引及道路费使还。未几，土司沙定洲又叛，黔国奔楚雄。定洲拥众入省，要巡抚署都司印，枭杰亢倨，甚无状，当事皆畏之。独先生待以都司，不少屈。定洲素服先生，亦不敢忤。事平，抚按奇其才，请补广西知府，固辞不就。既而力请乞休，章数上，当事皆不许。至丁亥（顺治四年，1647）四月，遂截发纳盘中，为诗以献曰："八次乞休归不得，衰颜病骨礼瞿昙。黄冠返故今无望，添个人间小雪庵。"当事知不可留，始听去。及去，攀辕卧辙，留者以万计。及归蜀，四方扰攘，益不可问，遂自称道士，闭户独居，不见宾客者五年。蜀又乱，乃入秦，隐居沔县，授徒定军山中。乱定，遂浮襄汉，达扬州，侨寓焉。常屏人独坐，或喃喃私语，或咄咄书空，若有一事系心不能遽去者。朝夕必东向再拜，如是十余岁，卒于康熙十年（1671），年七十三，门人私谥曰孝贞。所著有《毛诗广义》《四书懿训》《字学》《荷衣集》《剑阁芳华集》《雅伦》等。生平事迹见陈鼎《孝贞先生传》、胡适《费经虞家传》、民国《新繁县志》卷七。

费密曾言其父"位虽卑，然经术著于锦江，惠政播于滇海，晚年弃官入道，高谢郑之节"（《年谱》）。费经虞邃于经学，以汉儒注说为宗，其经学著述颇多，惜皆不传，然其学说为费密所继承，则无疑义。费密学术思想代表作《弘道书》中，处处可见费经虞的观点，其以"费经虞曰""先子言""先子尝言""先子孝贞先生云""吾先子尝训密""密闻之先子孝贞先生云"来讲述费经虞的"平日所论""谆谆诲密者"，这是父子二人共同秉持的思想理念，很多已经难以厘清哪些是费密的继承因袭，哪些是自出机杼，因此费密门人张含章说《弘道书》是"吾师费夫子父子相承著书救弊之大旨也"[①]。不单是《弘道书》，《剑阁芳华集》《雅伦》等也是"鲜民先生创为之于前，燕峰先生广益之于后"，是费氏父子共同经营的结晶。

费锡琮

费密长子

生于清顺治十八年（1661），字厚蕃，号树栖。工诗古文辞，有父风。为人慷慨磊落，方正不阿。少承家学，绝意仕进，长而出游四方，诗益劲朗。平日研讨子史，旁及百家，尤精长沙《金匮》之旨。每与人辨难今古，盱衡时务，高见卓识，人莫能及。在广众中，言方行榘，才气磨霍，无嗫嚅趦趄态。亲友有事，辄来咨询，锡琮为之决疑定计，策画周详，事每有功。其于后辈言动，必教以礼，见之者皆敬而畏焉。顾以言直，往往不谐于俗，锡琮终独行其志，不稍变。雍正三年（1725）卒于汴梁，年六十五。著有《白雀楼集》。长子冕，字延举（一作言榘），中四川癸酉科副榜。次子盉、孙天修，皆能世其学。生平事迹见张玠《费直敏先生小传》、民国《新繁县志》卷八。

[①]（清）张含章：《弘道书序》，《弘道书》卷首，大关唐氏怡兰堂《费氏遗书三种》本。

费锡琮与其弟锡璜学诗于费密，克传家学，可惜《白雀楼集》已佚，今仅存诗160余首，文数篇。李调元谓其"五言亦有'大江流汉水，孤艇接残春'之概，新城王尚书惜未见其诗。《白鹤楼稿》才气略下滋衡，而声调独绝，品格在皇甫曾上"①，颇多肯定。

费锡璜

费密次子

生于清康熙三年（1664），字滋衡，一字滋蘅，后因眼疾，自号督漫子。幼与兄锡琮学诗于费密，诗才早露，名显一时。长而周游，遍交大江南北诸名士，诗名益著。于京城倡古诗社，为时人所称。生平倜傥自喜，矫矫不群，淡泊名利，饶有父风。李天馥目之为李白，以博学鸿词科举荐，辞不受。康熙五十五年（1716），遵父命，自扬州还乡省祖墓，间关万里，不殚艰险，与密同以孝称。尝入幕为客，入塾为师，晚年隐居江都野田村，著书力学，与兄锡琮终日呕吟不绝，时人重其诗。某年，因疾殁于河南祥符县某公署，年七十余。②著有《掣鲸堂诗集》《贯道堂文集》，与沈用济合著《汉诗说》。长子轩，后还蜀，新繁县学庠生。次子藻，入新繁学，雍正十年（1732）举人。皆能世家学。生平事迹见李宗孔《费孝节先生小传》，王豫、阮亨辑《淮海英灵续集》卷二，嘉庆《新繁县志》卷三〇。

费锡璜"平生无他嗜好，独喜吟诗"③，攻诗力学，孜孜不倦，"二十年集成五千篇"，诗名甚著。李调元评云："本朝蜀诗自此度后，滋衡当推为一大宗。生平豪放不羁……其诗有至情，而根柢亦极深厚，古乐府直接汉魏，五七律绝亦在李颀、崔颢之间。"④屈大均赠诗云："开元大历十余公，尽在高才变化中。谁复光芒真万丈，谪仙犹让浣花翁。"⑤备

---

① （清）李调元：《蜀雅》卷四，《丛书集成初编》本。
② 费锡璜卒年不详，林新萍考证其卒于雍正元年（1723），年六十，恐有误。费锡璜亲家李宗孔所作《费孝节先生小传》中记载"去年秋，先生以疾殁于……"，可知此传作于费锡璜去世次年，而文中还记载有费锡璜子费藻中"四川壬子科举人"事，壬子为雍正十年（1732），可知该传撰写时间在雍正十年（1732）之后数年，则费锡璜卒时已七十余岁。
③ （清）费锡璜：《自咏十二章·诗人》，《掣鲸堂诗集》卷一二，清康熙年间存素堂刻本。
④ （清）李调元：《蜀雅》卷五，《丛书集成初编》本。
⑤ （清）屈大均：《西蜀费锡璜数枉书来自称私淑弟子赋以答之》，《屈翁山诗集》卷八，清康熙年间李肇元等刻本。

加推许。王培荀评价其为"蜀诗家巨擘"①。费经虞、费密、费锡琮、费锡璜祖父子三代皆能诗,尤以费密、费锡璜诗名最盛。

费锡璜之经学亦能继承家学,有所树立。其曾自谓:"少受中文之学,又传蔡瞻岷先生口义,年近五十,始博考诸经。"② 蔡瞻岷即蔡廷治,为费密门人,以经学著称。从费锡璜《儒术》《非同》《答人书》《与月槎道士论经学书》《与朱赞皇论古经书》等文所述"崇古""尚实"的追求,可见其学术观念与费密一脉相承。章学诚也正是在阅读费锡璜《贯道堂文集》(未见费密著述)之后,才对费氏家学推赞有加。

费氏家学以经学、诗学为主。经学则尊古经,重汉儒,尚中实,兴道统;诗学则宗风雅,本汉唐,寄深情,谨法度。祖父子四人,费经虞道夫先路,费密集其大成,费锡琮、费锡璜沿其波澜。

第二节 师承

费密学术,绍承费经虞,多得自家学,然而亦有师承可循。

孙奇逢

孙奇逢,生于明万历十二年(1584),字启泰,号钟元,晚年号岁寒老人,河北容城人。万历二十八年(1600)举人,明亡后,清廷屡召不仕,人称孙征君。晚年于河南辉县夏峰躬耕讲学二十余年,从者甚众,学者称夏峰先生。孙奇逢为明末清初理学大家,与李颙、黄宗羲齐名,合称明末清初三大儒。卒于康熙十四年(1675),年九十二。著有《读易大旨》《四书近指》《理学宗传》《圣学录》《北学编》《洛学编》《中州人物考》《夏峰集》等。生平事迹见魏裔介《孙征君先生奇逢传》、魏象枢《征君孙钟元先生墓表》、汤斌等编《征君孙先生年谱》。

费密游燕赵间,偶得孙奇逢《岁寒集》,携归其父经虞。经虞阅之,心服其学之纯,有合于己,于是命费密前往师事。康熙十二年(1673)一月,费密跋涉千里,至辉县苏门山,受学于孙奇逢。当时孙奇逢已九

---

① (清)王培荀:《听雨楼随笔》卷八,清道光二十五年(1845)刻本。
② (清)费锡璜:《自咏十二章·腐生》,《掣鲸堂诗集》卷一二,清康熙年间存素堂刻本。

十高龄,"因艰于听",费密"尝以手代口"请教。① 其间读孙氏书,与论朱陆异同,"进言汉唐诸儒有功后世,不可泯灭",孙奇逢"大以为然"。又考证历代礼制之变,逾月乃辞。孙奇逢赠诗云:"若翁遗命令从游,地北天南喜应求。闻所闻兮见所见,携将何物慰冥幽。"② 并题"吾道其南"四字为赠。费密有《谒孙征君》云:"千里孤征谒闭关,荒台寂寞古村间。远从夫子期闻道,老作征君不愧山。隐几久忘蕉叶梦,开门时见鹿群斑。巴人久失文翁化,自喜田何受易还。"③ 费密师事孙奇逢时间虽然不长,却对其甚为敬重,孙奇逢去世后,费密"闻之涕泣,于泰州圆通庵设主受客吊,二十一日始焚所设主。出庵,心丧未去怀也"[(清)费锡璜《费中文先生家传》]。

从孙奇逢写给费密的四封书信及《题费此度中传论》一文来看,二人持论多有契合,孙奇逢对费密颇为赞许。如他在看过费密所著书,听闻费密所持观点之后,感觉费密就像跟随自己很长时间的学生一样("若久在江村侍讲席者")。他认为费密论朱陆异同、王阳明,皆"确有所见,不随人口吻"。论汉唐诸儒有功于圣人,且有功于宋人,"可谓汉儒知己"。进而认为费密"既能世其家学,自能光大师说",对费密颇寄厚望。④ 此外,孙奇逢还为费密手书过三纸,"一序授道嫡脉,一先子孝贞先生传,一诲密语道脉",惜皆已不见。

刘时雨

刘时雨,字苏寰,彭县人。业医。张献忠乱蜀,妻黄氏携子避兵,为贼所获,欲胁之,不从,贼并杀之。生平事迹见《年谱》、雍正《四川通志》卷一一。

据《年谱》,费密于顺治十年(1653)三月,至汉中府沔县圆山寨古米仓山,时刘时雨寓此山,费密遂奉父母主其家。顺治十一年(1654)四月,费密从刘时雨学医。后究心于《内经》《伤寒论》《金匮》诸书,撰

---

① (清)汤斌:《征君孙先生年谱》卷下,清康熙间刻道光、光绪间增刻《孙夏峰全集》本。
② 《孙征君日谱录存》卷三三,清光绪十一年(1885)刻本。
③ (清)费密:《燕峰诗钞》赠答,1964年泰州古旧书店据乾隆二自山房抄本传抄本。诗题,《费燕峰先生年谱》作"奉别孙夫子苏门山下"。
④ 参见《孙征君手书》,《弘道书》附录,《怡兰堂丛书》本。

写《长沙发挥》以刘先生名居先，以示不忘所学。康熙六年（1667）六月、八年（1669）八月，费密两次寄书给刘时雨。康熙九年（1670）二月，得刘时雨回书。

费密精通中医，《家传》曾记载其治愈山东提督柯永蓁痼疾。相关著述有《长沙发挥》二卷、《王氏疹论》一卷、《伤寒口义》二卷、《金匮本草》六卷，皆佚。子锡琮亦通《金匮》之旨，能世其学。

第三节　交游

费密少遭离乱，迁徙多地，"足迹所至十有四省"，晚年定居淮扬，常访宿儒，交名士，一生经历坎坷，交游甚广。其为学，尽传父业，此外则博征诸学士大夫，所得益深。费密交游情况多见于《年谱》《家传》《剑阁芳华集》诸书记载，尤其《年谱》，网罗最广，难以一一勾稽，谨择其要者，分为巴蜀乡贤、东南名士、方帅幕主三类，列述如下。

一　巴蜀乡贤

费密三十岁前多居于蜀地，前辈耆宿，同辈友侣，相接甚多。徙居淮扬后，他乡遇故音，过从欢洽者亦复不少。谨择录共三十八人。

范文茨

范文茨，字仲闇，号两石，四川内江人。明天启元年（1621）举人，除并州学正，尝署醴泉令，后为南京户部江西司主事，合刻钟惺、李梦阳诗，为党人所忌，以不谨罢官。著有《古今不谨人物考》，归蜀，移家峨眉。张献忠乱蜀，尝官佥都御史，后出家为僧。生平事迹见费经虞、费密《剑阁芳华集》卷一二小传。

范文茨为蜀中耆宿。据《家传》《年谱》，顺治六年（1649）二月，费密出大邑县山中，谒都御史范文茨于僧舍。范氏曰："始以为吾此度有经济才，不知吾此度词客也。"《剑阁芳华集》卷一二有范文茨小传，并收其送费密诗作《峨眉山万年寺送此度往荥经省觐》云："敝衣犹剩老莱斑，负米虽归不是还。世到乱时都作客，途当险处更间关。几年草檄伸孤愤，累月移家近百蛮。瓦屋峨眉俱历过，满头风雪当游山。"

李长祥

李长祥，字研斋，自号石井道人，四川达州人。明崇祯十六年（1643）进士，选庶吉士。在南明朝官至兵部侍郎，直节抗清。入清后，居常州，筑读易堂终老。著有《天问阁集》。生平事迹见全祖望《前侍郎达州李公研斋行状》等。

李长祥晚年与费密时有过从。据《年谱》记载，费密于康熙四年（1665）八月作《五经论》后，李长祥曾称赞："君文已成，可追踪古人矣。"费密《燕峰诗钞》存《文游台同李翰林长祥偕诸君登览》诗："从容胜地一追陪，荷叶娟娟向晚开。今日逢君聊把酒，古人何处不登台。风生老树月初出，霞散平湖鸟独来。望里中原淮水接，孤帆北去几时回。"费经虞、费密《剑阁芳华集》卷一四有李长祥小传，称其"文善序事，有班马遗意，而知者稀"。并收录李长祥《秋怀》《送陆无文归扬州》《池》诗三首。

吕潜

吕潜，生于明天启元年（1621），字孔昭，号半隐、石山、石山农、耘叟，四川遂宁人。南明永历朝兵部尚书、武英殿大学士吕大器长子。明崇祯十六年（1643）进士，授太常博士。明亡后不仕。卒于康熙四十五年（1706），年八十六。著有《怀归草堂集》《守闲堂集》《课耕楼集》等，弟吕泌合辑为《吕半隐诗集》。生平事迹见乾隆《遂宁县志》卷五。

吕潜工诗善书画，有"诗书画三绝"之誉。与费密、唐甄合称"清初蜀中三杰"。吕大器对费密颇为赏识，曾有意任命其为中书舍人。吕潜与费密素有交往，据《年谱》，康熙十二年（1673）十二月，吕潜过访费密。康熙十三年（1674）九月，费密为吕潜书册页，并为其父吕大器点木主。康熙十八年（1679）二月，费密得吕潜书。康熙二十年（1681）十月，费密曾为吕潜祝寿。康熙二十一年（1682）二月、二十四年（1685）二月，二人曾两次相会。康熙二十八年（1689）九月费密得吕潜书信。康熙二十九年（1690）九月费密曾致书吕潜。费密《燕峰诗钞》中存《吕太常潜自归安移家海陵》《题吕文肃公木主并序》二诗。吕潜《守闲堂诗集》存《寄费燕峰野田村居》四首。费经虞、费密《剑阁芳华集》，收吕潜诗五首。

唐甄

唐甄，生于明崇祯三年（1630），本名大陶，字铸万，后更名曰甄，别号圃亭，四川达州人。性至孝。顺治十四年（1657）举人，任山西长子县知县，有善政，方十月，因事去官。寓姑苏，以文章名天下。卒于康熙四十三年（1704），年七十五。著有《潜书》《潜文》《潜诗》《日记》等。生平事迹见杨滨《唐铸万传》、王闻远《西蜀唐圃亭先生行略》。

据《年谱》，康熙六年（1667）三月，费密至苏州，曾与唐甄相会。康熙二十三年（1684）十一月，费密曾寄书信给唐甄。唐甄思想大胆前卫，多有惊世骇俗之语，与费密思想亦有相通之处。二人同为明末清初巴蜀杰出的思想家，堪称"双璧"。费经虞、费密《剑阁芳华集》有唐甄小传，并收录其诗二十首。

张注庆

张注庆，字符辰，一字曲山，四川阆中人。清顺治十二年（1655）进士，为蜀获隽之首，授监察御史，巡按广东，以明察平允称。生平事迹见道光《保宁府志》卷四二。

据《年谱》，顺治十八年（1661）三月，张注庆巡按广东，邀费密同行。六月，至赣州府，二人纳凉，各赋诗。康熙二十九年（1690）六、十一月，费密曾两次致书张注庆。

李实

李实，生于明万历二十五年（1597），字如石，别号镜庵，四川遂宁人。崇祯十六年（1643）进士，授长洲县令，有政声。顺治二年（1645）辞官，居长洲。杜门著书，精研小学、经学及佛老杂学等。卒于康熙十三年（1674），年七十八，门人私谥贞文先生。著有《蜀语》等。生平事迹见张鹏翮《李实传》等。

据《年谱》，费密曾于康熙六年（1667）二月会李实及其子上。费经虞、费密《剑阁芳华集》卷一四有李实小传，并录其诗八首。

刘道开

刘道开，生于明万历二十九年（1601），一名远鹏，字非眼，别号了庵居士，四川巴县人。崇祯六年（1633）举人。入清不仕，闭门精修。

卒于康熙二十年（1681），年八十一。著有《自怡轩诗文集》《痛定录》《蜀中人物志》等，皆不传。生平事迹见费经虞、费密《剑阁芳华集》卷一三小传。

　　费密与刘道开时有书信往还。据《年谱》，费密分别于康熙五年（1666）八月、康熙八年（1669）十二月、康熙十二年（1673）四月收到过刘道开的书信，康熙八年（1669）八月给刘道开寄过书信。康熙九年（1670），二人曾会于京师。康熙十七年（1678）八月，费密"作《刘了庵先生传》"。康熙二十年（1681）六月，费密闻刘道开讣，次日晨起，向北拜吊，并作祭文。八月，寄《祭刘了庵先生文》。此外，《剑阁芳华集》卷一三有刘道开小传，并收录其诗三十首。《燕峰诗钞》有《奉寄刘先辈道开》诗一首，云："丈人七十步犹轻，闲过西郊适性情。村墅见花回马首，山中待月喜猿声。欲归烟雨思三峡，未尽流风并两生。远隔几时重进履，先贤遗事一纵横。"刘道开则曾作《和费此度杂诗》云："闻说吾生亦有涯，野人微尚在烟霞。墙东便是王君宅，谷口元宜郑子家。无事焚香常读易，有时汲水自烹茶。柴门昼掩容谁叩，只许风来扫落花。"

龚懋熙

　　龚懋熙，字孟章，号笋湄，四川江津人。明崇祯十三年（1640）进士。除太常寺博士，后改翰林院检讨，官至太仆寺卿。生平事迹见费经虞、费密《剑阁芳华集》卷一四小传。

　　据《年谱》，康熙三十四年（1695）二月，费密曾得龚懋熙书信。《剑阁芳华集》卷一四收龚懋熙《瑞麦诗》一首。

王璲

　　王璲，字佩公，初字子荆，四川广安人。王德完之子。少为诸生，以荫仕至监司。博奥精深，善真草书。年八十卒。生平事迹见费经虞、费密《剑阁芳华集》卷一五小传。

　　《剑阁芳华集》卷一五收录王璲诗七首，其中《赠费此度》云："莫惊大雅未能陈，自古文章信有神。忽遇成都费此度，眼前犹见读书人。"费密所拟小传云："后数年，密遇于扬州，闻其议论，实心任事之人，不徒工诗善书而已。六合孙汧如同数客过璲，汧如有时名，意颇轻璲，良久清言。出其所著手书经史成箧者满案，一座骇服。汧如向密言如此。"

余翯

余翯，字生生，号钝广，四川青神人。崇祯朝以荫官锦衣千户。张献忠据蜀，避乱江东，卖古文诗字自给。不喜入权贵门，平生一冠，破不复补，与赵民服、周蓼恤号"三顶折角巾"。卒年七十九。著有《增益轩集》若干卷。生平事迹见费经虞、费密《剑阁芳华集》卷十五小传。

《剑阁芳华集》卷一五收余翯诗十四首，并后附全祖望为余翯所作的《借鉴楼记》。据《年谱》，余翯曾于康熙九年（1670）七月过访费密。同年十月，费密为余翯题手卷。

郭奎先

郭奎先，字况文，四川罗江人。崇祯拔贡，官至松江府通判。著有《烟波草堂集》若干卷。生平事迹见费经虞、费密《剑阁芳华集》卷一五小传。

费密《燕峰诗钞》收录《兰溪县观唐贯休画罗汉同郭奎先吴鲲释志逊》《兰溪县重遇郭监军奎先》二诗，后者云："南越多年别，山城重遇公。灯前欢把酒，客况暂从容。烟起一江苇，风来半壑松。乘闲当过我，同上此亭东。"可见二人交谊。《剑阁芳华集》卷十五收录郭奎先诗十首，其中有《赠费此度》云："舟行同费密，一路苦高吟。精绘禽鱼理，清闻山水音。瘦腰怜沈约，妙橄压陈琳。岭外多形胜，探奇子独深。"

赵司铉　赵适

赵司铉，字翼仲，号退公，又号二隋山叟，四川彭县人，费密妻舅。性和易善让，闻人一善，极为称道。负经济才，善古文辞，尤工刀札。诗温润典雅，有王孟遗意。年五十九卒于重庆，门人私谥惠献先生。晚岁以俚调作警世语，名《淡淡篇》。赵适，字安叔，赵司铉季子。生平事迹见费经虞、费密《剑阁芳华集》卷一五、一八小传。

据费密所撰小传，明末蜀乱时，费密与赵司铉患难最久，相知极深。小传记载赵司铉常谓密云："先辈制艺有法，一章之中有详略，故其文简劲精深，其后渐变，以材力议论苍莽为之，古法遂亡，天下不知有先辈制义之法者三十余年矣。"并云："公常与密约，乱定还家，近山结屋，童仆数人，豢豕畜鸡，种秫酿酒，日相往还，狂歌夜饮，春夏山游，闻兰蕙冲人,樱桃苦,梅花满岩谷时,登高峰瞻望云物,以安乐余生。"《剑阁芳华集》收赵司铉诗三首。

费密与赵司铉季子赵适亦有交往。据《年谱》,康熙二十二年(1683)正月,二人曾相会。三月,费密为赵适作草书。康熙二十九年(1690)九月,费密曾寄书信给赵适。康熙三十年(1691)九月,费密曾收到赵适书信。《剑阁芳华集》收赵适诗十首。

冷时中

冷时中,字心芬,号梅庵,四川内江人。诸生。以诗与江浙名士上下议论,国变,依史可法。入清官衢州知府,迁副使,卒于汉中,年四十余。著有《雪椀诗集》《石鼓吟》《烂柯山志》等。生平事迹见费经虞、费密《剑阁芳华集》卷一五小传。

费密与冷时中相识较早,据《年谱》,顺治十一年(1654)八月费密三十岁时,即曾与冷时中结诗社。此外,费密《燕峰诗钞》收《观故人冷太守时中所著烂柯山志》一首,《剑阁芳华集》卷一五有冷时中小传,评价其"善填词,工草书,风流蕴藉,盖一时才人也",言其"与密善",并收录其诗九篇,其中有《汉中柬费此度》云:"偃仰他乡客,君无一草堂。青年甘隐逸,白雪见文章。归计贪难定,孤怀醉易伤。暇时须过我,暂得慰愁肠。"

邱履程 邱善庆

邱履程,本名广生,字鸿渐,四川成都人。年十六善制义,年十九成都陷,父死家亡。肆力典籍,尤喜沙门南宗之学。辛卯举乡试,年三十余病卒。有子一人,名善庆,字子瑜,诸生,亦才善诗赋。生平事迹见费经虞、费密《剑阁芳华集》卷一六小传。

据《家传》,费密与成都邱履程、雅州傅光昭以诗文雄西南,称三子。费密与邱履程有交往。《剑阁芳华集》卷一六有其小传,并收其《寄费二》诗一首云:"刀鋋初出骨空存,又曳轻裾上将门。才略自能追越石,旌旗谁复似桓温。芙蓉丽发新文藻,薜荔衣香旧梦魂。志士何妨聊袖手,不如归去听啼猿。"① 此外,费密与邱履程之子善庆亦有交往,《年

---

① 《燕峰诗钞》于《天下名家赠此度先生诗》中收录此诗,诗题作"寄费二参军此度嘉州"。

谱》记载，康熙三十年（1691）九月，费密曾得邱善庆书信。

傅光昭

傅光昭，字更生，四川雅州人。诸生。蜀乱时曾奉蜀王侄，后依范文芘，知崇庆州事，奏授中书舍人。文词秀逸，喜著书，著有《梦草》。生平事迹见费经虞、费密《剑阁芳华集》卷一六小传。

据《家传》，费密与成都邱履程、雅州傅光昭以诗文雄西南，称"三子"。据《年谱》，顺治六年（1649）正月，费密曾同傅光昭至大邑县山中，同住僧院。康熙九年（1670）六月，费密曾寄书信给傅光昭。《剑阁芳华集》卷一六有傅光昭小传，并收其诗九首。

袁澈

袁澈，字松岫，四川南江人。明经，所著有《湖居杂咏》，官福建晋江知县。生平事迹见费经虞、费密《剑阁芳华集》卷一六小传。

袁澈为费密前辈，据《年谱》，康熙五年（1666）十月，费密曾与袁澈相会。《剑阁芳华集》卷一六有袁澈小传，并收其诗二首。

王岳

王岳，字采山，四川广元人。诸生。生平事迹见费经虞、费密《剑阁芳华集》卷一六小传。

据《剑阁芳华集》小传，王岳长密十余岁，在汉中，常云密草书有绝类古人者，有不足观者。《剑阁芳华集》卷一六收其诗一首。《燕峰诗钞》收费密所作《送刘与生还广元兼呈王岳》诗。

雷珽

雷珽，字元方，号笏山，四川井研人。中清顺治八年（1651）乡试，除吴江令。生平事迹见费经虞、费密《剑阁芳华集》卷一六小传。

据《年谱》，康熙三十四年（1695）三月，费密曾与雷珽相会。《剑阁芳华集》卷一六有雷珽小传，并录其诗七首。

张吾瑾

张吾瑾，字石仙，四川金堂人。清顺治十二年（1655）进士，除夏津知县。入为行人，以蜀乱居武清二十载，年七十始还蜀。山西人名为白青天。迁礼部仪制司主事，卒于官。著有《鹊符斋诗》。生平事迹见费经虞、费密《剑阁芳华集》卷一六小传。

据《年谱》,康熙十六年(1677)五月,张吾瑾曾过访费密。康熙二十三年(1684)七月,费密曾作诗送张吾瑾还蜀。此外,费密《燕峰诗钞》收录《江都逢张吾瑾话旧》诗一首。《剑阁芳华集》卷一六有张吾瑾小传,并录其诗七首。

杨峤

杨峤,字嵘云,一字方次,四川新繁人。清康熙十一年(1672)举人,尝官江西吉水令。著有《嵘云诗集》。生平事迹见民国《新繁县志》卷三〇等。

杨峤为费密内弟,据《年谱》,费密曾于康熙五年(1666)三月作文送杨峤还蜀。康熙三十二年(1693)十二月上旬,费密至江西,时任吉水令的杨峤曾迎其至署中。费经虞、费密《剑阁芳华集》卷一七有杨峤小传,并收其诗二首。

李如泌

李如泌,字邺臣,四川井研人。清顺治中举乡试,为临城令。生平事迹见费经虞、费密《剑阁芳华集》卷一七小传。

据《年谱》,康熙八年(1669)正月六日,费密至扬州,与李如泌相会论诗。《剑阁芳华集》卷一七有李如泌小传,并收其诗三首。

罗为赓

罗为赓,字君贶,号西溪,四川南充人。举人,除孝丰知县,入为行人。晚年讲学,志存彻悟,著有《敦庵草》。生平事迹见费经虞、费密《剑阁芳华集》卷一七小传。

据《年谱》,康熙五年(1666)正月,费密还扬州,罗为赓过访。康熙二十五年(1686)四月,二人相会谈蜀事。康熙二十九年(1690)三月,费密曾寄书信给罗为赓。《剑阁芳华集》卷一七有罗为赓小传,并收其诗八首。

张羽皇

张羽皇,字菊水,四川营山人。清顺治中孝廉,宣城梅庚称其有干济才,著有《滇中诗》。生平事迹见费经虞、费密《剑阁芳华集》卷一七小传。

据《年谱》，康熙二十七年（1688）三月，张羽皇过访费密，二人谈蜀事。《剑阁芳华集》卷一七有张羽皇小传，并收其诗五首。

赵弼

赵弼，字子匡，号芙溪，四川彭县人。清顺治十四年（1657）举人，授平乡县令。善捕盗，有能令名。迁南康府同知，卒。生平事迹见费经虞、费密《剑阁芳华集》卷一七小传。

赵弼为费密妻舅赵司铉子。据《年谱》，费密于康熙六年（1667）六月、九年（1670）九月曾寄书信给赵弼，康熙八年（1669）六月、十二年（1673）二月，赵弼官平乡县令时，两次迎费密至平乡。《剑阁芳华集》卷一七有赵弼小传，并收其诗十首。费密《燕峰诗钞》收录《寄题赵弼新筑草堂望西山诸峰》诗一首。

瞿戴仁

瞿戴仁，字象一，四川达州人。清顺治十七年（1660）举人，曾官合肥县县令。才藻敏赡，性嗜吟咏，著有《东川诗集》。生平事迹见嘉庆《四川通志》卷一五四。

据《年谱》，康熙十七年（1678）闰三月，费密曾与瞿戴仁相会。费经虞、费密《剑阁芳华集》卷一七有瞿戴仁小传，并收其诗四首。

李先复

李先复，生于清顺治八年（1651），字子来，号曲江，四川南部人。清康熙十一年（1672）举人，官至工部尚书。卒于雍正六年（1728），年七十八。生平事迹见《国朝耆献类征初编》卷五七。

据《年谱》，费密曾于康熙三十四年（1695）十一月为李先复题册页。李先复作《赠费此度先生》云："大雅高名夺彩霞，凌云健笔自成家。故乡乱后遗音在，异国春来归梦赊。石室钟灵起八代，金声嗣响振三巴。邢襄别后亲綦履，培塿无能仰太华。"对费密颇推赞。费经虞、费密《剑阁芳华集》卷一七有李先复小传，并收其诗二首。

张以正

张以正，字孝直，四川南充人。生平事迹见费经虞、费密《剑阁芳华集》卷一八小传。

张以正与费密有交往，曾作《赠费此度生日》诗二首。《剑阁芳华集》卷一八有张以正小传，并收其诗二首。

曹嘉祚

曹嘉祚，字会常，四川黎州人。贡生。生平事迹见费经虞、费密《剑阁芳华集》卷一八小传。

据《年谱》，康熙十五年（1676）四月、二十七年（1688）二月，曹嘉祚曾与费密相会。康熙二十四年（1685）五月，费密得曹嘉祚书。《剑阁芳华集》卷一八有曹嘉祚小传，并收其诗一首。

傅作揖

傅作揖，字济庵，四川奉节人。清康熙中举人，曾官良乡令、副都御史。生平事迹见费经虞、费密《剑阁芳华集》卷一八小传。

据《年谱》，康熙三十六年（1697）三月，费密曾得时任良乡令的傅作揖的书信，"并寄其尊公诗一册"。《剑阁芳华集》卷一八有傅作揖小传，并收其诗三首。

吕柳文　吕溥

吕柳文，原名泌，字长在，号旗山，四川遂宁人，吕大器子。中清康熙二年（1663）乡试，曾官叶县令。吕溥，原名澈，字卿藻，诸生，吕大器子，吕柳文弟。生平事迹见费经虞、费密《剑阁芳华集》卷一八小传。

费密与吕柳文、吕澈兄弟皆有交往。据《年谱》，康熙五年（1666）三月，吕柳文[①]曾过访费密。康熙十一年（1672）八月，费密曾与吕澈相会。康熙十二年（1673）四月、二十八年（1689）九月，费密两次得吕柳文书信。费密《燕峰诗钞》有《赠柳文》诗一首。《剑阁芳华集》卷一八有吕柳文、吕溥小传，并收吕柳文诗二首、吕溥诗一首。

邓迪

邓迪，字惠吉，四川巴县人。举人。生平事迹见费经虞、费密《剑

[①] 《年谱》误作"柳长在"。

阁芳华集》卷一八小传。

邓迪与费密多有书信往来。据《年谱》，康熙十二年（1673）四月、二十年（1681）九月、三十年（1691）九月、三十四年（1695）二月、三十五年（1696）八月，费密皆曾得邓迪书。康熙二十九年（1690）十一月，费密曾寄书邓迪。《剑阁芳华集》卷一八有邓迪小传，并收其诗二首。

杨化贞

杨化贞，字申佩，四川内江人。清康熙中举人。少聪明，俊词翰绘事，骑射手搏无不称长。生平事迹见费经虞、费密《剑阁芳华集》卷一八小传。

据《年谱》，康熙二十七年（1688）六月，杨化贞还江宁，费密作诗相送云："南去孤舟上晚潮，鸡鹚乱落荻根遥。故乡人尽江东老，莫到长干立断桥。"另，康熙三十八年（1699）八月，费密曾为杨化贞作草书。《剑阁芳华集》卷一八有杨化贞小传，并收其诗七首。

张象翀

张象翀，字六飞，四川安岳人。清顺治十七年（1660）举人，康熙三年（1664）进士。后官饶阳令、胶州令等，以兵部职方司主事致仕。著有《处和堂集》等。生平事迹见道光《安岳县志》卷一〇。

张象翀为吕大器女婿，有能诗名，与兄张象枢、弟张象华称"安岳三张"。其与费密、费经虞皆有交往，费经虞有诗《喜张象翀至扬州话旧》。据《年谱》，康熙四年（1665）三月，费密曾作诗送张象翀还蜀。康熙十一年（1672）十月，费密同张象翀至平乡县署中。康熙十二年（1673）四月、十九年（1680）二月，张象翀曾致书费密，密为其作草书。康熙十八年（1679）二月、二十二年（1683）三月，费密曾致书张象翀。康熙十七年（1678）三月，时任饶阳令的张象翀曾派人迎费密至署。

陈大常　陈于耕　陈于稼

陈大常，生于明天启三年（1623），字时夏，四川汉州人。中清顺治乡试，曾任徐州管河同知、广州府推官。生平事迹见嘉庆《四川通志》卷一五三。

张献忠乱蜀时，费密与陈大常即曾相约聚义，定度地守险之策。据《年谱》，康熙二年（1663）二月，时任徐州管河同知的陈大常迎费密至署，遣子于耕、于稼执贽受业。费密曾作《春秋虎谈》二卷相授（《家传》）。康熙八年（1669）八月、十二年（1673）五月，费密曾致书陈大常。康熙九年（1670）二月，费密曾得陈大常书。

释通醉

释通醉，号丈雪，四川内江人。身长大，丰面弘声，言辞开爽，待下宽恕。在天童山久，后师从海明大师。曾重修昭觉寺。生平事迹见费经虞、费密《剑阁芳华集》卷一九小传。

据《家传》，顺治十三年（1656），费密曾与释通醉论禅。据《年谱》，康熙二十九年（1690）五、九月，费密曾致书释通醉。康熙三十六年（1697）六月，曾得释通醉书。《剑阁芳华集》卷一九有释通醉小传，并收其诗一首。小传记载："[释通醉]年八十五遣门人往天童山扫祖塔，犹作字寄密说故乡事云。"

释性藏

性藏，字紫芝，峨眉山高僧。尝增修《峨眉志》，未版行而殁于扬州。生平事迹见费经虞、费密《剑阁芳华集》卷一九小传。

据《年谱》，康熙五年（1666）八月，费密曾与释性藏论二氏。《剑阁芳华集》卷一九有释性藏小传，并收其诗二首。

释本晳

本晳，字山晓，四川长寿人。清顺治间尝从师入大内供奉，煤山诗为一时绝唱。殁于天童山，年七十许。著有《啸堂集》二卷。生平事迹见费经虞、费密《剑阁芳华集》卷一九小传。

据《年谱》，费密曾于康熙二十三年（1684）四月致书本晳。《剑阁芳华集》卷一九有释本晳小传，并收其诗十六首。

释元智

元智，字圣铎，四川宜宾人，嘉定周氏之子。受学于李之韠，通诗传，年三十许殁于蜀。生平事迹见费经虞、费密《剑阁芳华集》卷一九小传。

据《年谱》，费密曾于康熙六年（1667）二月为释元智作《还蜀葬亲序》，并为书手卷。《剑阁芳华集》卷一九有释元智小传，并收其诗一首。

二 东南名士

费密避蜀乱，迁居淮扬人文荟萃之地，结交东南名士甚夥。仅据费锡璜《家传》所列，就有钱谦益、林古度、曹溶、王岩、夏洪基、杜濬、纪映钟、孙枝蔚、王士禄、魏禧、范鄗鼎、刘芳喆、汪楫、许承家、吴嘉纪、吴绮、王有年、雷士俊、顾苓、方文、李蘅、郑掌和、陈维崧、邓汉仪、屈大均、冒襄、黄云、万斯同、李沂、宋曹、阎公若璩、朱彝尊、孔尚任、王仲儒、熹儒、龚贤、陆朝等，本节即循此线索，考述诸人与费密交往事迹，择录共三十九人。

钱谦益

钱谦益，生于明万历十年（1582），字受之，号牧斋，晚号绛云楼主人、蒙叟、东涧老人，江苏常熟人。明万历三十八年（1610）进士，任翰林院编修，崇祯初为礼部侍郎，罢归。明弘光帝时，官礼部尚书。后降清，授礼部侍郎，任职五月而归。卒于康熙三年（1664），年八十三。著有《初学集》《有学集》《国初群雄事略》等。生平事迹见《清史列传》卷七九、《清史稿》卷四八四、金鹤冲《钱牧斋先生年谱》等。

钱谦益以文学冠东南，为东林巨子，文坛领袖，声名藉甚。据《年谱》《家传》，费密在顺治十五年（1658）三十四岁时至扬州，四月曾致书钱谦益，钱谦益得书后"甚惊异"，后二人论诗于芙蓉庄，钱谦益指费密《北征》诗，"叹曰：此必传之作也"。二人交往不仅限于诗歌，钱谦益在《新刻十三经注疏序》中认为"圣人之经，即圣人之道"，宋之后讲经与讲道殊分二途，"离经而讲道"，以致"天下不知穷经学古，而冥行擿埴，以狂瞽相师"，最终"学术蛊坏，世道偏颇，而夷狄寇盗之祸亦相挺而起"。[①]《弘道书》引录文中六百余字作为论据，钱氏观点与费经虞、费密所主张的"经传则道传"，"圣人之道，惟经存之，舍经无所谓圣人

[①] （清）钱谦益：《牧斋初学集》，上海古籍出版社1985年版，第850—852页。

之道"正相合。①

王士禛

  王士禛,生于明崇祯七年(1634),字子真,一字贻上,号阮亭,又号渔洋山人,世称王渔洋,谥文简,山东新城人。顺治十五年(1658)进士,官至刑部尚书。卒于康熙五十年(1711),年七十八。著有《渔洋山人精华录》《带经堂集》《渔洋诗集》《池北偶谈》《古夫于亭杂录》《香祖笔记》《居易录》等。生平事迹见宋荦《资政大夫刑部尚书王公士禛暨配张宜人墓志铭》、孙星衍《刑部尚书王公传》、《渔洋山人自撰年谱》等。

  王士禛为清初诗坛领袖,主盟数十年,称一代诗宗。费密与王士禛以诗结缘,有知己之交。顺治十六年(1659),王士禛任扬州推官,"昼了公事,夜接词人"②,一时名辈皆往来座间。据《家传》记载,惟费密不往谒。后来王士禛在林古度处见费密一诗,为之惊叹,于是请阅全诗,费密录百篇赠之。王士禛对费密古诗,推崇备至,以为绝伦,并摘取近体诗中"白马岩中出,黄牛壁上耕","鸟声下杨柳,人语出菰蒲"等句,而尤爱"大江流汉水,孤艇接残春"一联,"当时咸以为知言"。王士禛对此也有记载:"余在广陵,偶见成都费密字此度诗,极击节。赋诗云:'成都跛道士,万里下峨岷。虎口身曾拔,蚕丛句有神。大江流汉水,孤艇接残春二句即密诗。十字须千古,胡为失此人。'密遂来定交,如平生欢。"③ 二人定交后,王士禛还曾写过《送杨东子孝廉归广陵兼寄费此度》《寄怀费此度》两首诗寄赠费密,并在所选编《感旧集》中,收录费密诗作二十六首。费密则曾为王阮亭题《金刚经》、题《天女散花图》,并因王士禛作诗寄赠,感其知己,赋诗酬答:"十字受君知,相逢何太迟。秋烟南浦上,寒雨北征时。文采传江左,风流播帝畿。高人不易见,从此日依依。"④ 王士禛论诗主神韵,有清新俊逸之风,费密诗作也有清

---

① (清)费密:《道脉谱论》,《弘道书》卷上,《怡兰堂丛书》本。
② (清)王士禛:《居易录》卷四,文渊阁《四库全书》本。
③ (清)王士禛:《渔洋诗话》卷上,文渊阁《四库全书》本。
④ 参见(清)费天修《费燕峰先生年谱》"四年乙巳八月",1984 年扬州古籍书店传抄本。

丽的特点，二人以诗相交，可谓风雅知己。

林古度

林古度，生于明万历八年（1580），字茂之，号那子，别号乳山道士，福建福清人。寓居南京，曾与曹学佺、钟惺、谭元游，以诗名世。明亡以遗民自居，时人称为"东南硕魁"。卒于康熙五年（1666），年八十七。现存《林茂之诗选》二卷等。生平事迹见《清史列传》卷七〇。

林古度晚年与王士禛及诸扬州名士唱和于红桥、平山堂间，相得甚欢。王士禛在林古度处见到费密诗，甚为惊叹，遂通过林古度与费密定交。

曹溶

曹溶，生于明万历四十一年（1613），字洁躬，号秋岳，倦圃，浙江秀水人。明崇祯十年（1637）进士。入清后，任广东布政使、山西按察副使等，后归老林泉。家富藏书，诗与龚鼎孳号"龚曹"，尤工词。卒于康熙二十四年（1685），年七十三。著有《静惕堂诗》《静惕堂词》等。生平事迹见《清史稿》卷四八四、《清史列传》卷七八等。

据《年谱》，康熙十三年（1674）九月，曹溶过访费密，二人"论逸事"。《燕峰诗钞》存《曹司农溶招饮》《曹司农溶枉驾草堂》二首，后者云："共传燕许重朝名，自树文章续二京。遂枉轩车临草泽，敢将野服对公卿。微言伉爽条条达，道气雍容冉冉清。更欲徙公渡江去，一楼书见古人情。"

王岩

王岩，字筑夫，一字平格，江苏宝应人（一说陕西西安人）。明诸生，入清后隐居治学。善古文辞，著有《白田布衣集》《白田集》《异香集》等。生平事迹见康熙《扬州府志》卷二五。

王岩与费密交往颇密切。据《年谱》，康熙五年（1666）八月、康熙九年（1670）十月，费密曾与王岩论文，康熙十一年（1672）正月，二人论丧礼。康熙十三年（1674）四月，二人"论东林越党是非"[①]。康熙十五年（1676）五月，费密曾得王岩书信。康熙十八年（1679）六月，

[①] "东林越党"不辞，疑有误。

费密曾致书王岩。另，费密《传心录题辞》曾言"昔常与筑夫、豹人过艾陵，出饼果茗□，谈文竟日"。可知王岩与孙枝蔚（字豹人）、费密曾多次过访雷士俊（号艾陵），谈文论艺。

夏洪基

夏洪基，字元开，江苏高邮人。明末贡生。精于篆隶六书之学，考订最详。家富藏书，著有《孔子年谱》《孔门弟子传略》《尚友堂偶笔》《尚友堂丛书》等。生平事迹见雍正《高邮州志》卷九。

费锡璜《家传》云："甲辰，往高邮州同知张公士羲署，与老儒夏公洪基论经史，为《史记补笺》。"《年谱》亦云康熙三年甲辰（1664）四月，费密"与前辈夏洪基论经史。"夏洪基殁后，费密作《挽高邮夏洪基先生》云："岁在龙蛇果验之，名贤忍见□荒时。未酬大用三公志，空有鸿文万古垂。夜月照残鸾凤羽，海风吹折珊瑚枝。伤予潦倒惭遗老，洒泪登堂慰弱儿。"

杜濬

杜濬，生于明万历三十九年（1611），原名绍先，字于皇，号茶村，湖北黄冈人。明亡后，寓居南京，卓有诗名。卒于康熙二十六年（1687），年七十七。著有《变雅堂集》等。生平事迹见康熙《上元县志》卷一一。

据《年谱》，康熙四年（1665）六月，杜濬曾过访费密。康熙二十三年（1684）四月，二人曾相会。

纪映钟

纪映钟，生于明万历三十七年（1609），字伯紫，又作伯子、檗子，号戆叟，自称钟山逸老，江苏南京人。明末诸生，崇祯时曾主金陵复社事，明亡后曾为僧，晚客于龚鼎孳处十年，后移家仪真。卒于康熙二十年（1681），年七十三。著有《戆叟诗钞》四卷。生平事迹见《清史列传》卷七〇、郑方坤《国朝名家诗钞小传·檗子诗钞小传》等。

费锡璜《家传》列举费密交往当时名贤，录"纪公映钟"之名，今未见二人交往事迹。

孙枝蔚

孙枝蔚，生于明泰昌元年（1620），字豹人，号溉堂，陕西三原人。

世为大贾，明末遭乱，流寓扬州。折节读书，以诗名世。康熙十八年（1679）应博学鸿儒科，赐中书舍人，隐逸终老。卒于康熙二十六年（1687），年六十八。著有《溉堂集》等。生平事迹见《清史列传》卷七一、《清史稿》卷四八四、郑方坤《孙枝蔚小传》等。

据《年谱》，康熙四年（1665）六月，孙枝蔚曾过访费密。据《家传》记载，康熙十年（1671）费经虞殁后，费密"居丧悉遵古礼，冠衰皆仿古自制，非同市间式……小祥后，去负版，始易衣麻之稍细者"，孙枝蔚自叹弗如。另据费密《传心录题辞》"昔常与筑夫、豹人过艾陵，出饼果茗□，谈文竟日"，可知孙枝蔚与王岩（字筑夫）、费密曾多次过访雷士俊（号艾陵），谈文论艺。

雷士俊

雷士俊，生于明万历三十九年（1611），字伯籲，江苏江都人。攻古文经史，精研理学。筑室艾陵湖上，闭户读书，学者称艾陵先生。卒于康熙七年（1668），年五十八。著有《艾陵诗文钞》等。生平事迹见《清史列传》卷六六、陈鼎《雷艾陵传》等。

雷士俊除著有《艾陵诗文钞》外，还有《传心录》传世，此书由雷士俊门人员秉乾等取雷氏言理之文九篇而成，康熙三十三年（1694）夏至，费密应邀为此集作序，序文有云："密昔常与筑夫、豹人过艾陵，出饼果茗□，谈文竟日。诸公皆十年以长，独密齿稍后，不觉遂三十余载，诸公物化，密亦年七十，衰颓而病，追忆平生故人，尤喜艾陵之子毅与同门诸子编辑遗书为可快也。"从中可见费密与雷士俊的交谊。

王士禄

王士禄，生于明天启六年（1626），字子底，号西樵山人，山东新城人。顺治九年（1652）进士，官至吏部考功员外郎，因事免官。与弟王士祜、王士禛皆有诗名，号为"三王"。卒于康熙十二年（1673），年四十八。著有《十笏草堂诗选》《辛甲集》《上浮集》等。生平事迹见叶方蔼撰墓志铭（《叶文敏公集》卷五）。

据《年谱》，康熙六年（1667）九月，王士禄曾过访费密，二人论诗。

魏禧

魏禧，生于明天启四年（1624），字冰叔，又称叔子，号裕斋，江西宁都人。与兄祥、弟礼俱以文名，世称"三魏"。明亡后隐居翠微峰，与兄弟及彭士望等九人讲易其中，世号"易堂九子"。康熙十八年（1679）举博学鸿儒，以病辞。卒于康熙二十年（1681），年五十八。著有《魏叔子文集》等。生平事迹见《清史列传》卷七〇、《清史稿》卷四八四等。

据《年谱》，康熙九年（1670）七月余榘过访时，费密曾送给他《魏叔子集》。另费密《燕峰诗钞》收有《喜魏禧至》诗云："相见怜辛苦，干戈自远投。文章谁氏受，乡井几家留。白气蟠霄汉，青华露斗牛。次宗多道德，恐有鹤书求。"

范鄗鼎

范鄗鼎，生于明天启六年（1626），字彪西，山西洪洞人。康熙六年（1667）进士，后养母不仕。卒于清康熙四十四年（1705），年八十。著有《五经堂文集》《明儒理学备考》《广明儒理学备考》《国朝理学备考》等。生平事迹见钱林《文献征存录》卷一。

范鄗鼎一生以表彰理学诸儒学行、光大理学为职志，相继编成《明儒理学备考》《广明儒理学备考》《国朝理学备考》。《国朝理学备考》录有二十六家，一家一编，所录诸儒，大体先为生平简历，并附范鄗鼎按语，随后则是学术资料汇编，所录资料分四类，一为语录，二为文集，三为诗词，四为诸儒评论。[①]《国朝理学备考》所录二十六家中包含费密，可见范鄗鼎对费密的理学成就颇为推许。

刘芳喆　刘兴聘　刘兴闻

刘芳喆，字宣人，河北涿州人。清顺治十八年（1661）进士，授编修，迁国子监司业。康熙二十四年（1685）解组归里。喜奖进善类，士论归之。为学主于庸。卒于康熙五十五年（1716）。著有《拙翁庸语》《拙翁集》等。生平事迹见《大清畿辅先哲传》卷一三。

[①] 参见陈祖武《范鄗鼎与〈理学备考〉》，《北京联合大学学报》（人文社会科学版）2008年第1期。

费密次女嫁予刘芳喆之侄刘兴聘（字德问），二人有姻亲之谊。据徐世昌《大清畿辅先哲传》记载，刘芳喆"生平与新城王士禛友善，所心许者，成都费密、蔡廷治，黄冈曹本荣三人而已"①。此外，刘芳喆曾向范鄗鼎论及费密为学云："燕峰先生潜心理学，著书甚富，家贫，大部通未付梓，其受业者又多寒素之士，心与力左，即转相钞写，亦非易言。"②可见，刘芳喆对费密为学甚为推重。康熙三十八年（1699）十月，刘芳喆子侄辈刘兴聘、刘兴闻（字德誉）拜费密为师。

汪楫

汪楫，生于明崇祯九年（1636），字舟次，号悔斋，安徽休宁人。性伉直，意气伟然。康熙十八年（1679）荐举博学鸿儒，授翰林院检讨，纂修明史。官至福建布政使。工诗，兼工书法。卒于康熙三十八年（1699），年六十四。著有《崇祯长编》《悔斋集》《使琉球录》《中州沿革志》等。生平事迹见《清史列传》卷七一、《清史稿》卷四八四。

据《年谱》记载，康熙四年（1665）五月，汪楫过访费密，送其所作《悔斋诗》。后来二人多有书信往来，费密寄书给汪楫的记载就有康熙二十年（1681）九月、康熙二十九年（1690）六、十月三次。汪楫曾充正使出使琉球，费密为作《送汪舟次太史出使琉球》诗云："赐衣捧诏出龙楼，使者乘风万里舟。陆贾本能持汉节，扶余原属外诸侯。珊瑚树老波光射，玳瑁群来海雾收。译字金函献天子，却将佳句和清流。"（费密《燕峰诗钞》）

许承家

许承家，生于清顺治四年（1647），字师六，江苏江都人。康熙二十四年（1685）进士，官编修。著有《猎微阁集》。生平事迹见《清诗纪事初编》卷四。

据《年谱》，康熙二十七年（1688）七月，费密曾托刘兴职，请其岳父许承家序《许氏河图说》。康熙二十九年（1690）三月，许承家过访费

---

① 徐世昌：《大清畿辅先哲传》，北京古籍出版社1993年版，第427页。
② （清）刘芳喆：《寄洪洞范彪西先生书》，参见（清）费天修《费燕峰先生年谱》"［康熙］二十五年（1686）"，1984年扬州古籍书店传抄本。

密。康熙三十四年（1695）二月，许承家为费经虞《雅伦》作序。① 序文称赞《雅伦》"议论精博"，为"艺苑之大观""风雅之渊薮"，"当与《昭明文选》《文苑英华》同不朽"。序文另言"先生没后，交长君此度，乃得见斯编"，费经虞卒于康熙十年（1671），则许承家与费密相交在此之后。康熙三十六年（1697）九月，费密为许承家作墓志。《清代人物生卒年表》曾据《康熙二十四乙丑科会试进士履历便览》著录许承家生于顺治四年（1647），其卒年则阙如。② 据费密撰写墓志的时间，基本可以推知，许承家卒于康熙三十六年（1697），年五十一。

吴绮

吴绮，生于明万历四十七年（1619），字园次，一字丰南，号绮园，又号听翁，江苏江都人。顺治十一年（1654）贡生，荐授弘文院中书舍人，官至湖州知府。以多风力，尚风节，饶风雅，时人称"三风太守"。后失官，再未出仕。卒于康熙三十三年（1694），年七十六。著有《林蕙堂全集》。生平事迹见《扬州足征录》卷一。

据《年谱》，康熙二十八年（1689）十月，费密曾与吴绮论填词。

方文

方文，生于明万历四十年（1612），字尔止，号嵞山，别号淮西山人、忍冬，安徽桐城人。明末诸生，游历南北，诗名颇著。早年与钱澄之齐名，后与方贞观、方世举并称"桐城三诗家"。卒于康熙八年（1669），年五十八。著有《嵞山集》。生平事迹见道光《续修桐城县志》卷一五。

据《年谱》，康熙四年（1665）六月，方文过访费密，二人相与"论诗、论字学"。

邓汉仪

邓汉仪，生于明万历四十五年（1617），字孝威，江苏泰州人。博洽通敏，贯穿经史百家之籍，尤工于诗，称骚雅领袖。吴伟业、龚鼎孳皆

---

① 今传《雅伦》前有此序，未署创作时间，据《年谱》可知此序作于康熙三十四年（1695）。

② 参见江庆柏《清代人物生卒年表》，人民文学出版社2005年版，第212页。

与唱和，登坛执牛耳者数十年。康熙十八年（1679），举博学鸿儒，授中书舍人，后辞归，笑傲山林以终。卒于康熙二十八年（1689），年七十三。著有编年诗、各体文若干卷。生平事迹见雍正《扬州府志》卷三一小传。

据《年谱》，康熙五年（1666）十月，邓汉仪曾过访费密。康熙七年（1668）七月，二人曾相与论诗。邓汉仪念其时诗学荒芜，曾品次近代名人之诗为《诗观》四集。"别裁伪体，力造雅音，海内言诗之家咸宗焉。"① 其中，二集卷四收录费经虞诗五首，初集收录费密诗六首。其评费密诗"矫岸自异，不食人间烟火，按之格律，无不谐合，是于波靡中屹然砥柱者"②。

屈大均

屈大均，生于明崇祯三年（1630），字介子，一字骚余，又字翁山，号泠君，广东番禺人。多次参与反清复明斗争，卓有诗名，与陈恭尹、梁佩兰诗号"岭南三大家"。著述宏富，有《道援堂集》《翁山诗外》《翁山文外》《道援堂词》《翁山文钞》《翁山诗略》《广东文选》等，卒于康熙三十五年（1696），年六十七。生平事迹见《清史列传》卷七〇、《清史稿》卷四八四、汪宗衍《屈翁山先生年谱》等。

据《年谱》，康熙十八年（1679）十一月，屈大均曾过访费密。康熙三十二年（1693）二月，费密曾致书屈大均。费密子锡璜与屈大均亦有交往。费锡璜曾言："屈翁山前辈，见余《掣鲸堂诗》，即寄余诗，末一首云：开元大历十余公，尽在高才变化中。谁复光芒真万丈，谪仙犹让浣花翁。见客时，称余诗不置。"③ 屈大均集中现存《西蜀费锡璜数枉书来自称私淑弟子赋以答之》诗四首，多言论诗大旨。费锡璜则有《戏题》诗，推称屈大均"南海今推第一人"。屈氏卒后，费锡璜曾作寄吊诗五首，以表崇敬与哀思之情。

黄云

黄云，字仙裳，江苏泰州人。穷研经籍，少即以诗文名家。慷慨尚

---

① 雍正《扬州府志》卷三一邓汉仪小传。
② （清）邓汉仪：《诗观》初集，清康熙年间慎墨堂刻本。
③ （清）费锡璜：《戏题九道》，《掣鲸堂诗集》卷一三，清康熙年间存素堂刻本。

义,志欲与东汉人相颉颃。晚年愈贫苦,屡辞聘召,益肆力于诗歌,东南言风雅者必宗焉。著有《桐引楼集》。生平事迹见雍正《扬州府志》卷三二。

据《年谱》,康熙七年（1668）六月,费密曾得黄云书信,并答之。七月,二人曾相与论诗。康熙十八年（1679）十一月、康熙三十三年（1694）五月,费密至泰州,曾与黄云及其子泰来相会。康熙三十九年（1700）三月,费密曾为黄云作草书。

陆朝　陆震

陆朝,字右臣,一字无文,号寄翁,江苏如皋人,客鄞。逸才旷致,笃于友谊,善吟咏。著有《醉梦草》。生平事迹见康熙《鄞县志》卷二〇。

费密与陆朝交谊颇厚,《家传》即言费密"与龚公贤、陆公朝尤交善"。据《年谱》,康熙五年（1666）八月,费密曾与陆朝及其子震论诗。二人多有书信往来,见于记载的即有:康熙六年（1667）五月,费密致书陆朝;康熙十五年（1676）五月,费密得陆朝书;康熙二十三年（1684）十月,陆朝寄书费密邀请来访。此外,据《年谱》记载,费密还曾于康熙七年（1668）七月为陆朝跋画,康熙十三年（1674）六月为书册页手卷,康熙十五年（1676）八月跋陆朝、张词臣丙戌倡和诗,康熙二十二年（1683）八月为题画龙卷,康熙二十九年（1690）十二月为书扇。费密《燕峰诗钞》存与陆朝交往诗最多,可见二人亲密程度。这些诗分别为《无文招饮凤山望梅隐君故宅》《送陆朝北游》《同王孙骢、丁日乾、于大仪、徐子懋、蔡琦、杨碧、李希泌重过陆朝鄂银草堂》《陆朝移家南村》《同陆朝、于大仪过如皋访周斯盛不值》《与陆朝过王孙骢》《闻陆朝远归却寄》《陆朝诸子同坐于大仪新楼逐止宿焉》《与卢生、于澣、张崟坐陆朝家》《上泰州升仙桥同马锈、陆朝、其子震、王雅饮于大仪家》。陆朝子震,字天声,康熙三十六年（1697）十月拜费密为师,费密曾为其作诗序。

李塨

李塨,生于清顺治十六年（1659）,字刚主,号恕谷,河北蠡县人。二十一岁始,即师事颜元,中年游历论学,晚年隐居讲学,是颜元学说最重要的继承者,颜李学派开创者、代表人物。雍正十一年(1733)卒,年七十五。著有《周易传注》《四书传注》《大学辨业》《圣经学规纂》《论学》《平书订》《恕谷后集》等。生平事迹见方苞《李刚主墓志铭》、冯辰《李恕谷先生年谱》等。

李塨小费密三十四岁,为费密后辈,二人在尊仰古经、倡导实学等方面学术观点颇相近。康熙二十六年(1687),李塨馆伊陈氏时,费密弟子徐澄源曾向其介绍费密的为人为学,李塨"羡之,急欲一晤",二人遂邀拜费密门人张含章,含章向其讲述了费密"宋儒不及汉儒,表章十三经"之论,李塨于是在康熙二十七年(1688)"寓书费燕峰论学",二十八年(1689)六月费密复书,批判朱王,推赞李塨"力追古学,拨正支离",并对其寄予厚望。据《年谱》,康熙二十九年(1690)三月,费密还曾致书李塨,内容不详。康熙三十三年(1694),李塨又收到费密所寄论学书,内容亦不详。康熙三十四年(1695),李塨过扬州,拜访蔡廷治,"与言习斋存学大旨,瞻岷击节称是",再欲拜访费密时,可惜费密"病不能会",只遣子费锡璜相见。《颜李师承记》记载费密去世时,正是李塨"再佐桐政北归之岁",二人"终未得一晤商学",认为费密与李塨一生皆未能见面①,所言可能过实。李塨拜访一事,《年谱》亦有记载,言二月"会李刚主",则二人当时是否见面,尚有疑义。此外,李塨撰著《大学辨业》,曾请费密、阎若璩、万斯同、孔尚任等人审阅校订,事见《大学辨业》凡例第四条。②

陈维崧

陈维崧,生于明天启五年(1625),字其年,号迦陵,江苏宜兴人。父贞慧,明末四公子之一。康熙十八年(1679),举博学鸿词科,授官翰林院检讨。以词、骈文著称,与吴兆骞、彭师度称"江左三凤",与吴绮、章藻功称"骈体三家"。卒于康熙二十一年(1682),年五十八。著有《湖海楼全集》等。生平事迹见徐乾学《陈检讨维崧志铭》、蒋永修《陈检讨迦陵先生传》等。

---

① 参见徐世昌《颜李师承记》,周骏富辑《清代传记丛刊》,台北:明文书局1985年版,第274页。(清)冯辰《李恕谷先生年谱》卷二,清道光年间刻本。
② 参见(清)李塨《大学辨业》,《畿辅丛书》本。

康熙四年（1665）六月底，陈维崧与费密相识于扬州，陈维崧《湖海楼诗集》卷二"乙巳"有《赠成都费密》长诗，叙述二人相识经过甚详：陈维崧居扬州三年，早闻费密之名，多方打听而不得见。后费密通刺来访，二人始定交。（句云："今秋我复来芜城，有客来刺通平生。乍见姓氏已相贺，复睹状貌还趣迎。七月已至六月破，扬州城中秋水大。"）费密对陈维崧痛叙蜀乱惨象，并抒发了思乡之情。（句云："为言锦城十万家，乱后巴童余几个。葭萌关上大杀伤，褒斜谷中多战场。笮间袅袅绝鸟雀，栈外杳杳无牛羊。公孙楼橹只衰草，丞相祠堂空夕阳。""木棉花发几回红，十度思归归不得。"）陈维崧则赞费密是"行步昂藏真丈夫"。二人此段交往，颇为紧密（句云："十日要当九见诣，出门疾若千里驹"）。陈维崧并选录费密《朝天峡》《沔县村居》二诗入所编诗选《箧衍集》中。

冒襄

冒襄，生于明万历三十九年（1611），字辟疆，自号巢民，江苏如皋人。明末，与方以智、陈贞慧、侯方域称"四公子"，声名颇盛。入清后不仕。著有《巢民诗集》《巢民文集》等。卒于康熙三十二年（1693），年八十三。生平事迹见韩炎《潜孝先生冒征君襄墓志铭》、冒广生《冒巢民先生年谱》等。

费密与冒襄有交往，据《年谱》记载，费密曾于康熙七年（1668）四月至如皋县，会冒襄，送《渝变录》，冒襄则招请费密聚饮于水绘园，费密所赋诗今存《燕峰诗钞》。《年谱》又于康熙十八年（1679）七八月间，记事云："为冒巢民作七十寿序"，此文今存。

孔尚任

孔尚任，生于清顺治五年（1648），字聘之，又字季重，号东塘，别号岸堂，自称云亭山人，山东曲阜人，孔子六十四代孙。历官国子监博士、户部主事、员外郎，卒于康熙五十七年（1718），年七十一。著有《桃花扇》《湖海集》等。生平事迹见乾隆《曲阜县志》卷八七、袁世硕《孔尚任年谱》等。

孔尚任于康熙二十五年（1686）随工部侍郎孙在丰赴淮扬一代治水，二十八年（1689）始北还，三年之中，与当地文人雅士诗酒流连，交游甚密。康熙二十六年（1687）十月，孔尚任过访费密，二人谈阙里六代之乐。同月，孔尚任招聚琼花观，文人雅集，赋诸体诗。康熙二十七年（1688）二月，费密为孔尚任作《汉铜尺歌》。三月三日，二人与诸名士红桥泛舟，各赋七言律。同月，费密为孔尚任作草书。① 此年春，费密曾屡次过访孔尚任论学。② 直至夏日，二人仍交往不辍。③ 七月，孔尚任送费密《湖海集》《全乐图》。康熙二十八年（1689）十月，二人相会，谈圣庙礼乐，费密为孔尚任书册页。同月，费密作诗送孔尚任还京师。④ 孔尚任《湖海集》收录《答费此度》《与费此度》两封书信，从其内容可以看出二人曾数次论学，孔尚任称赞费密"示学术指归，洞若观火"，"主于尊经，乃圣学之津梁"，但二人持论不同，孔尚任自言"主于格物"。⑤

王仲儒

王仲儒，生于明崇祯七年（1634），字景州，号西斋，江苏兴化人。明末诸生，入清不仕。卒于康熙三十七年（1698），年六十五。著有《西斋集》十八卷。生平事迹见雍正《扬州府志》卷三一。

据《年谱》，康熙二十九年（1690）三月，王仲儒曾过访费密。

龚贤

龚贤，约生于明万历二十七年（1599），字半千，又字野遗，号柴丈人，江苏昆山人，流寓金陵。早年曾参加复社活动，入清后隐居不出，以画著称于世，居"金陵八家"之首，与吕潜并称"天下二半"⑥。卒于康熙二十八年（1689），年七十二。著有《草香堂集》。生平事迹见《清史稿》卷五〇四、李桓《国朝耆献类征》卷四七七等。

据《家传》，费密"与龚公贤、陆公朝尤交善"。龚贤在扬州期间与费密多有交往。据《年谱》，顺治十八年（1661）七月，费密曾得龚贤书

---

① 参见（清）费天修《费燕峰先生年谱》"二十六年""二十七年"，1984年扬州古籍书店传抄本。
② 参见（清）孔尚任《成都费此度屡访问学》，《湖海集》卷四，清康熙间介安堂刻本。
③ 参见袁世硕《孔尚任年谱》，山东人民出版社1962年版，第71—72页。
④ 参见（清）费天修《费燕峰先生年谱》"二十七年""二十八年"，1984年扬州古籍书店传抄本。
⑤ 参见（清）孔尚任《湖海集》卷一二，清康熙间介安堂刻本。
⑥ 龚贤，字半千。吕潜，号半隐。

信。康熙五年（1666）三月，龚贤曾过访费密。康熙十五年（1676）二月，费密曾致书龚贤，康熙二十年（1681）十月，二人曾相会。龚贤卒后，费密于康熙二十九年（1690）三月问吊并会其子龚柱。二人互有诗歌赠答，费密《燕峰诗钞》中今存《赠龚贤》五律一首。[1] 龚贤《草香堂集》中亦有《与费密游》三首（分别为《与费密登清凉台》《登眺伤心处》《晚出燕子矶东下》）。[2] 民国年间，傅抱石还曾据龚贤三诗诗意作《龚半千与费密游诗意图》，名噪一时。

石涛

石涛，原名朱若极，小字阿长，号大涤子、清湘老人、苦瓜和尚、瞎尊者等，广西桂林人。明靖江王朱亨嘉之子，"清初四僧"之一，明末清初著名画家。生平事迹见陈鼎《留溪外传》卷一八。

费密客居扬州数十年，思念故乡四川新繁，以其心目所及，作《繁川春远图》，后以之为向导，向石涛祈画。画未就费密已逝，石涛于康熙四十一年（1702）初作成《费氏先茔图》，并题诗云："故家生世旧成都，丘墓新繁万里余。俎豆淹留徒往事，兵戈阻绝走鸿儒。传经奕叶心期切，削迹荒乡岁莫孤。何意野田便永诀，不堪吾老哭潜夫。"[3] 此后，石涛又曾以费锡璜《桃源》诗"灵山多奥秘，谷口人家藏。渔父偶然到，桃花流水香。迷途难借问，归路已随忘。不比天台上，还堪度石梁"诗

---

[1] 陈菁《从龚贤的绘画风格看〈山水通景屏〉之真伪》（《上海博物馆集刊》2002年）、《龚贤绘画传人述略》（《东方博物》2004年第12辑）、吴国宝《龚贤研究》（博士学位论文，中国艺术研究院，2013年）提及清抄本《燕峰诗抄》有《画纸行赠龚贤》《送龚贤还上元》两首诗，《从龚贤的绘画风格看〈山水通景屏〉之真伪》甚至录有《画纸行赠龚贤》诗句："龚子得纸十余尺，画出秋山秋月白。此画既足垂千古，此纸犹令人爱惜。"今查存世两种《燕峰诗钞》，皆不见此二诗，不知何故，俟再考。

[2] "《与费密游》五律三首"的说法出自傅抱石《我的作品题材》，但据刘海粟主编《龚贤研究集》载录《草香堂集》、卓尔堪《遗民诗》卷八，龚贤此三诗虽然前后相依，但是属独立成篇，并没有"与费密游"的总题，因此后两首是不是龚贤与费密一同游览所作，尚有疑问。

[3] 参见石涛《费氏先茔图》识语，民国《新繁县志》卷一，民国三十六年（1947）铅印本。据《费燕峰先生年谱》记载，费密于康熙二十八年（1689）五月"书《繁川春远图》后"，则《繁川春远图》应作于此时。《费氏先茔图》民国年间为张大千所得，今藏法国巴黎集美博物馆。

意，创作《桃源图》①。

杨宾

杨宾，生于清顺治七年（1650），字可师，号耕夫，别号大瓢，浙江山阴人。其父杨越，因清初魏耕通海案牵连，被流放宁古塔，宾谋救之，不果，亲赴省觐，并探采遗迹，拜访遗老，终撰成《柳边纪略》五卷，为世所称。另撰有《晞发堂诗集》《晞发堂文集》《力耕堂诗稿》《大瓢偶笔》《大瓢日记》等。卒于康熙五十九年（1720），年七十一。生平事迹见姜宸英《安城杨君墓志铭》等。

费密与杨宾交往颇深，杨宾《晞发堂诗集》卷四《所思二十九首》第一首即《燕峰》，卷七《亡友》亦有怀念费密的《费燕峰》一首。据《年谱》，康熙二十二年（1683）十二月，费密为杨宾《力耕堂诗稿》作序，此文今存。费密在文中称赞杨宾诗"格力高老""气势昌明"。② 此外，费密还曾为杨宾《柳边纪略》撰序，详尽地描述了杨宾艰辛跋涉关外省亲及撰著成书的经过，杨宾父杨越于康熙三十年（1691）卒于戍所，据文意（"经营二载"等语），此文作时当在1693年之后。③ 另据《年谱》，二人多有书信往来，记录在案的即有费密于康熙二十三年（1684）十一月、三十六年（1697）八月致书杨宾，康熙二十四年（1685）五月、二十六年（1687）七月、二十七年（1688）十月、三十年（1891）十一月得杨宾书。此外，康熙三十五年（1696）正月，二人曾相会，二月，曾共同参加集会赋咏。

姚曼

姚曼，字东只，江苏江都人。身长玉立，才略过人，当事咨以大事，辄筹划井井。好客忘贫，吴绮次序其集云："苟有意以相投，常倾肝胆问不平为何事，辄动须眉。"可想见其人。生平事迹见王豫、阮亨《淮海英灵续集》巳集卷二。

据《年谱》，姚曼曾于康熙五年（1666）三月过访费密，费密曾于康熙三十一年（1692）正月为姚曼作草书。《燕峰诗钞》存费密《送姚曼

---

① 《桃源图》今藏美国华盛顿弗利尔美术馆。
② 参见第六章《文献汇编》第一节"新繁费氏遗文辑考"。
③ 参见第六章《文献汇编》第一节"新繁费氏遗文辑考"。

之盐城》诗一首:"淮南旅舍暂相逢,便放扁舟过海东。未有男儿长袴下,不曾宾客处囊中。万山月色孤筇路,十载秋思一笛风。别后新诗应满箧,重来为我咏飞鸿。"

梅文鼎

梅文鼎,生于明崇祯六年(1633),字定九,号勿庵,安徽宣州人。以天文历算闻名于世,康熙帝亲赐"积学参微"四字以示褒奖,被称为清代"历算第一名家"。卒于康熙六十年(1721),年八十九。一生勤于著述,著作达八十余种,存世有《梅氏丛书辑要》六十卷等。生平事迹见杭世骏《梅文鼎传》、毛际可《宣城梅公传》等。

《年谱》记载:"[康熙二十九年九月]梁质人来访,时自都门来,言茹紫庭刘继庄、梅定九皆慕先生名,深致意焉。"可知此时梅文鼎与费密还未相识。康熙三十四年(1695)三月,费密至宣城,二人始相会。此行费密得观梅文鼎所著《浑盖通宪》,梅文鼎送给费密《小识》《忠节纪》二书。此外,费密还曾为梅文鼎《古今历法通考》作序,此序今未见。据梅文鼎《勿庵历算书目》自言:"《古今历法通考》,有魏叔子、费燕峰二序。"[1]然而相较书目中标明"已刻"者,《古今历法通考》似乎在编纂此书目时还未刊刻。朱书《送梅毋庵游武夷序》也说梅文鼎撰写《古今历法通考》,"宁都魏叔子禧、成都费此度密皆尝为作序"[2]。不过,《梅氏丛书辑要》卷四六《历学疑问》梅文鼎自序后双行小字言:"《历法通考》旧序二首附后",察所附二序,一序确为魏禧所作,另一序乃北平王源序,并非费密序。

万斯同

万斯同,生于明崇祯十六年(1643),字季野,号石园,门人私谥贞文先生,浙江鄞县人。曾师从黄宗羲,以明遗民自居。学主慎独,专意古学,以史学称世,尤精明史。曾入明史馆,萃力修史,手定《明史稿》。卒于康熙四十一年(1702),年六十。生平事迹见黄百家《万季野先生斯同墓志铭》、全祖望《万贞文先生传》等。

---

[1] (清)梅文鼎:《勿庵历算书目》,《知不足斋丛书》本。
[2] (清)朱书著,蔡昌荣、石钟扬校:《朱书集》,黄山书社1994年版,第97页。

据《年谱》，康熙三十六年（1697）二月，费密曾致书万斯同。清廷修《明史》时，费密曾泥涂入都，奉父亲费经虞《行状》入史馆，下拜涕泣，馆内诸公皆为感动。所谓"馆内诸公"，或即包括万斯同。

宋曹

宋曹，生于明万历四十八年（1620），字彬臣，号射陵，又号耕海潜夫，江苏盐城人，流寓扬州。以书法名世。卒于康熙四十年（1701），年八十二。著有《书法约言》《会秋堂诗文集》等。生平事迹见光绪《盐城县志》卷一〇。

宋曹为明末清初著名书家，费密亦善书法，二人多有书法往来。据《年谱》，康熙二十七年（1688）十月，二人论字学。同年十一月，费密为宋曹书手卷。康熙二十九年（1690）七月，费密请宋曹为题孝贞先生（费经虞）手卷。康熙三十年（1691）三月，二人论草书。此外，康熙二十七年（1688）十一月，二人皆参与拙政园集会赋诗。康熙二十九年（1690）六月，费密曾为宋曹跋《蔬枰图》。

黄虞稷

黄虞稷，生于明崇祯二年（1629），字俞邰，号楮园，江苏江宁人。顺治元年（1644），入江宁学籍，困诸生三十余载。康熙十七年（1678），举博学鸿儒，以母丧未与试。二十年（1681）召入明史馆，分纂《列传》《艺文志》。家富藏书，能诗。卒于康熙三十年（1691），年六十三。著有《千顷堂书目》等。生平事迹见《清史列传》卷七一、《清史稿》卷四八四。

据《年谱》，康熙二十五年（1686）二月，黄虞稷曾过访费密。康熙二十八年（1689）八月、二十九年（1690）三月，费密曾致书黄虞稷。

周斯盛

周斯盛，字屺公，号铁珊，学者称"证山先生"，浙江鄞县人。清顺治十八年（1661）进士，曾官即墨知县。著有《证山堂集》八卷。生平事迹见全祖望《周证山先生传略》。

据《年谱》，康熙十三年（1674）六月，周斯盛曾与费密相会。九月，费密得周斯盛书、书扇，答书并赠《燕峰文钞》一册。

顾嗣立

顾嗣立,生于清康熙四年（1665）,字侠君,江苏长洲人。康熙五十一年（1712）进士,改庶吉士。尝浪游南北,遍访名宿。卒于康熙六十一年（1722）,年五十八。编著《元诗选》《秀野堂诗集》等。生平事迹见《闾邱先生自订年谱》。

据《年谱》,康熙二十二年（1683）十月,顾嗣立曾过访费密。康熙二十三年（1684）正月,二人曾与诸贤集会依园赋诗。五月,费密曾赋《合欢曲送顾侠君山东就婚》。

汤燕生

汤燕生,字元翼,一字岩夫（或说为号）,安徽太平人。明末诸生。后居芜湖,闭户博览群书,尤长诗,求者甚多,率不轻予。晚年用心于易,七十余卒。生平事迹见乾隆《太平府志》卷二九、嘉庆《宁国府志》卷三一。

据《年谱》,费密与汤燕生多有书信往来,如康熙十二年（1673）十二月,费密曾致书汤燕生。康熙十四年（1675）九月、二十六年（1687）七月、二十七年（1688）三月、三十年（1691）九月,费密曾得汤燕生书。此外,康熙十九年（1680）十月,二人曾相会。费密《燕峰诗钞》存《寄汤燕生》诗一首云:"旅舍从容满座惊,往年恨未尽平生。荒山耆旧几人在,故里菑畬课子耕。衰去已甘长牧豕,春归何幸见巢莺。相逢欲问先民事,白社黄冠寄五更。"

于大仪

于大仪,字颖士,江苏扬州人。尝官襄阳令。生平事迹见《年谱》。

于大仪为费密至交。据《年谱》,康熙六年（1667）二月,于大仪曾过访费密。康熙九年（1670）八月,费密为于大仪志生圹、题诫子书。康熙十三年（1674）四月下旬,费密移家江都东野田村于大仪楼中。《年谱》记载云:"是时滇中变乱,震惊江左,州人皆迁避他徙。于公颖士为先生至交,有宅在野田,邀先生村居。自此遂居野田,虽出游四方,以野田为归,未尝他徙矣。"康熙十七年（1678）七月,在京候选的于大仪遣人迎费密。康熙十八年（1679）九月,费密致书于大仪。康熙二十一年（1682）六月,费密闻于大仪讣,"往哭之"。《燕峰诗钞》中存录有关于大仪诗篇数首：《上泰州升仙桥同马锈、陆朝、其子震、王雅饮于大仪家》《冬日坐于大仪山舍》《同王孙骢、丁日乾、于大仪、徐子懋、蔡琦、杨碧、李希泌重过陆朝鄂银草堂》《同陆朝、于大仪过如皋访周斯盛不值》《饮于大仪小楼》《陆朝诸子同坐于大仪新楼逐止宿焉》。

三 方帅幕主

费密生逢明末蜀乱，辗转于兵戈扰攘之间，曾结寨拒贼，身自擐甲，也曾任职于方帅麾下，赞画军事。"当时公卿将相闻密名，争相延致"（费锡璜《家传》）。后迁居扬州，屏居著述之余，也曾多方入幕。本节即考察与费密有交往的方帅幕主。择录共七人。

吕大器

吕大器，生于明万历二十六年（1598），字俨若，号东川，四川遂宁人。崇祯元年（1628）进士。尝官右佥都御史、南京兵部右侍郎、兵部尚书兼东阁大学士等职。永历四年（1650），病逝于征途，年五十三，谥文肃。著有《东川诗草》《次梅集》《塞上草》等。生平事迹见《明史》卷二七九。

据《年谱》记载，顺治五年（1648）十一月，吕大器督师西南时，曾拟任命费密为中书舍人，密推辞未允。费密与吕大器数子皆有交往，与其长子吕潜交谊最深。康熙十三年（1674）九月，应吕潜之请，费密为吕大器点木主并作诗记之。康熙十八年（1679）二月，费密得吕潜书，"定吕文肃公诗"，并作《吕文肃诗序》，推崇吕大器"大臣勋庸，志安社稷"，评其诗"修洁而庄"，"条达而多姿"，"严密详整"，"规模宏远，博大以深"，"思幽而多感，隐忍而泣下"。费经虞、费密《剑阁芳华集》卷一二有吕大器小传，并收其诗十二首。

杨展　杨璟新

杨展，字玉梁，四川嘉定人。明崇祯十二年（1639）武科进士，授游击，升参军。后官总兵，封华阳伯。曾于彭山大败张献忠，声明煊赫。后为部将袁韬、武大定所杀。生平事迹见彭遵泗《杨展传》。杨璟新，杨展之子。

费密曾依杨展、杨璟新父子，为之出谋划策。据《年谱》，永历二年

（1648）五月，费密至嘉定，杨展闻密名，遣人致聘。费密建议屯田，以救蜀民，以立兵伍，又命人于青神江口沉水中取张献忠弃金，"得赀甚富，给民间买牛种，余赀悉散给诸镇，西南民得以少苏"。后又与杨璟新屯田于荥经瓦屋山之杨村。杨展遇害后，费密曾襄助杨璟新整师复仇。费锡璜《家传》谓费密："留杨展父子幕最久，所至屯田为持久计，而天命人事已改，是以大功不就。"费密有《赠杨大将军》诗云："高悬玉节拜诸侯，报国丹心事已酬。绣甲入云秋射虎，宝刀含雪夜椎牛。军中气肃齐闻角，野外风清独上楼。自古分茅颂异姓，令公汤沐在汾州。"费经虞、费密《剑阁芳华集》卷一四有杨展小传，并收其诗二首。

程翔凤

程翔凤，字羽王，号石墨，四川芦山人。明崇祯三年（1630）举人，曾官监纪官、兵部职方司主事、太仆寺少卿，张象翀言其智术宏多，才略压众，言词开爽，慷慨任事。生平事迹见费经虞、费密《剑阁芳华集》卷一二小传。

据年谱，南明永历元年（1647）十一月，费密曾至雅州，谒程翔凤、曹勋。《剑阁芳华集》卷一二有程翔凤小传，并收其诗二首。

朱化龙

朱化龙，字庆云，湖南辰溪人。出身卒伍，以功累官至四川松潘镇总兵。明末力拒张献忠，后封为平蜀侯。顺治九年（1652）为清军所俘，遇害。生平事迹见道光《湖南通志》卷一七二。

据《年谱》，南明隆武二年（1646）五月，费密至茂州，时任松潘镇总兵的朱化龙给札，署衔团练，号"飞来营"。

张士羲　张涛

张士羲，字宛都，陕西褒城人。曾官高邮州同。生平事迹见《年谱》。张涛，字松銮，张士羲子。

据《年谱》，费密避乱，携家至汉中，张士羲迎其至家，遣子涛执贽受业。张氏为当地望族，多藏书，费密"得遍观"。康熙三年（1664）四月，张士羲授高邮州同，迎费密至署。另，康熙十五年（1676）九月，张士羲曾寄《萧杨合易》一本给费密。

柯永蓁

柯永蓁，清汉军镶红旗，辽宁辽阳人。曾官兵部郎中兼参政官、副都统兼户部侍郎、都统、山东提督等。生平事迹见《辽阳古今人物》小传。

据《家传》《年谱》，康熙十六年（1677）七月，时任山东提督将军的柯公永蓁遣人迎费密，密谢未往。十一月，复遣人迎，遂至山东。柯永蓁礼密甚恭，费密以药除其痼疾。"将军夫人王家女，体甚尊而无子。将军畜妾生子于外，年且十余岁，不敢闻于夫人，宾客亦无敢以此言闻者。先生乃谓夫人曰：将军年老未有子，为夫人忧，且恩荫无所承。今闻有子在江南，愿夫人取归。夫人素敬先生，闻此言惊喜，遂迎其子入署。将军衰年，父子欢聚一堂，因先生一言，将军甚德先生，欲致千金为寿，先生惟受其《十三经》一部。时国家方举博学鸿词，将军屡欲荐先生，力辞乃止。"康熙十七年（1678）三月，费密离开柯府，去往河北饶阳。后康熙十七年（1678）四月，费密曾致书柯永蓁。十九年（1680）闰八月，费密曾得柯永蓁书信。

于王臣　于璠　于瑛

于王臣，字及五，号柘溪，江苏扬州人。性孝友，慷慨多大节。精研宋儒之学，著《性理通解》《五子绪论》。塘头于氏起于明代中叶，于王臣为代表人物之一。于璠，字咸受，邃于汉学，诗文皆有家法；于瑛，字丹源，皆于王臣子。生平事迹见嘉庆《江都县续志》卷一二、《年谱》。①

据《年谱》，康熙七年（1668）七月，于王臣遣人迎费密，费密为之作草书。康熙二十三年（1684）九月，费密至塘头，宿于柘溪书屋。康熙二十四年（1685）正月中旬、二十八年（1689）四月、二十九年（1690）正月，于王臣遣人迎费密至其家。康熙二十八年（1689）八月，二人论《易》。十二月，于王臣送刻书资。康熙二十九年（1690）十月，费密为于王臣、于璠、于瑛作草书。康熙三十一年（1692）正月，二人与于氏诸贤会于塘头。《燕峰诗钞》收录费密有关于王臣诗数首：《于王臣草堂》《冬至后同王雅陆御过于王臣草堂看雪》《于王臣书屋假山》

---

① 《年谱》中同时出现于及五、于柘溪，言及五讳王臣，未言柘溪为名讳。据嘉庆《江都县续志》卷一二关于塘头于氏介绍，知于［国］璠字咸受者为于王臣之子，而《年谱》中载录于璠字咸受者为于柘溪之子，遂可确认于王臣即于柘溪，柘溪应为于王臣之号。

《读书僧院杨碧于今奇王庭王臣过访》《游仙诗和于王臣二首》《同王雅于今奇饮于王臣草堂》。于王臣有《怀燕峰先生》诗云:"蓟北天寒日,南中客思深。渐当花欲发,常对酒空吟。羁旅孤城夜,征途万里心。近闻传绝学,鸾啸有知音。"

此外,康熙二十七年(1688)三月,于王臣命于璠、于瑛拜费密为师。二人与费密及其二子锡琮、锡璜交往亦多,如费密曾为二人书扇、作草书,费锡璜曾赋诗相赠,于璠曾作诗送费锡琮之楚等。康熙四十年(1701)八月,费密病危之际,于璠、于瑛皆曾问疾。

第四节　门人

费密晚年穷困,颇以授徒课子为业。据《家传》,其"阖户著书,惟笃守古经,倡明实学,以教及门","晚年四方来学者颇众,高才宿学,一时称得人最盛"。据《年谱》,在康熙十三年(1674)五十岁之后,学者多诣居讲下,称费密"燕峰"夫子。志书中也记载,费密"居邑东南之野田庄,以诗文引掖后进,与其两子相磨切。离城颇远,乡里子弟多好学奋兴"(嘉庆《江都县续志》卷一二)。费密门人弟子,据康熙《江都县志·费密传》记载"从游之士几二百余人",据相关文献可考知者凡三十五人,现列述如下。①

蔡廷治　蔡廷升

蔡廷治,生于清顺治五年(1648),字瞻岷,一字润汝,祖籍安徽休宁,五世祖迁居扬州,遂为扬州人。十余岁,尽通六经百家之说。尝补府学生员,继弃去,授徒课子以终其身。间从骚人墨客游,或以医佐贫。长于治《易》,兼注《诗》《春秋》《仪礼》《论语》《大学》《中庸》《孟子》《荀子》数十卷藏于家。晚年则专治《庄子》,颇有独到心得。卒于康熙四十六年(1707),年六十②,门人私谥德文先生。著有《大易观

---

① 门人三十五人中,陈于耕、陈于稼、陆震、张涛、于璠、于瑛六人已见前文交游部分,此不赘述。

② 刘师培《蔡廷治传》言蔡廷治卒于"康熙□十□年,年六十八"(章太炎、刘师培等:《中国近三百年学术史论》,上海古籍出版社 2006 年版,第 280 页),误。

玩》《易玩室文》等。生平事迹见费锡璜《蔡德文先生墓志铭》、刘师培《蔡廷治传》。蔡廷升，字合公，蔡廷治弟。

蔡廷治、蔡廷升兄弟皆曾师事费密。徐世昌《颜李师承记》称费密弟子，以"瞻岷最知名"。蔡廷治正式拜师在康熙十六年（1677）十一月费密居鲁期间［蔡廷升则在康熙三十年（1691）六月］。《年谱》记载其与田金同时执贽受业，费密与二人论诗文，论汉唐及宋明诸儒学术，并游大明湖，登天心水面亭。十七年（1678）二月，三人同游鹊屏山，拜扁鹊墓。八月，至京师，同游西山。在此之前，康熙十三年（1674），蔡廷治即曾过访费密。十五年（1676）三月，蔡廷治寄《宣圣世纪》《医闾先生集》给费密。二人书信往来也较多，见于记载者，如康熙十六年（1677）七月，十八年（1679）七月，二十年（1681）正月，二十九年（1690）九、十二月，三十年（1691）十月，费密都曾收到蔡廷治书信。康熙十九年（1680）四月，费密遣锡琮、锡璜从蔡瞻岷学，蔡氏没后，其谥议、墓志铭皆出自费锡璜之手。康熙十九年（1680）九月、二十二年（1683）十月、二十四年（1685）正月下旬，费密与蔡廷治三次至苏州，分别游洞庭、灵岩、天平、圆墓诸山。康熙二十四年（1685）三月、二十七年（1688）九月，费密应邀为蔡廷治尊人作墓志。三十年（1691）三月，为蔡廷治作草书。康熙四十年（1701）八月，费密病危之际，蔡廷治及诸门徒俱来问疾。费密殁后，蔡廷治为作谥议。另蔡廷治有《野田省费燕峰夫子》诗云："隐逸存耆旧，东陵自力田。野花迷榻外，短竹拂阶前。细录遗经注，长留古史编。追随鸡黍洽，直似到斜川。"蔡氏治学，长于群经，尤邃易学，可惜著述失传，难窥究竟。刘师培尝作《蔡廷治传》发明之，颇有所得，然而却只注意到"廷治之学出于［程］云庄"，未知其曾从学于费密，应受费密学术影响。

田金

田金，字子相，一字雨公，四川保宁人。少为家难所困，十余岁即出游，至年将四十，乃卜居王屋山下。生平事迹见费经虞、费密《剑阁芳华集》卷一六小传、费密《田子相诗序》。

费密在山东济南时，田金曾跟随学诗。费密《田子相诗序》记载道："田金子相去吾讲下二十载，顷偕黄叔威、熊永侯、李棠思来野田……子相在济南，共蔡瞻岷习赋咏，日诵五言二首，课一首。满百日而后，吾之饶阳省故人。"在师徒百日相聚期间，二人曾一起游历山、西山、泰山等。费密《燕峰诗钞》中存录《同田金蔡治登济南历山望城郭》《泰山早起观日戏赠田金》《同蔡治田金游西山登秘魔崖望石壁》《平定后送田金游温台访友》等纪游诗。据《年谱》，费密还曾于康熙十九年（1680）十月为田金跋世系，康熙二十二年（1683）三月、三十六年（1697）八月曾致书田金。康熙二十三年（1684）十一月、二十七年（1688）十月曾得田金来书。康熙三十四年（1695）五月、三十九年（1700）三月，费密曾为田金作草书。康熙二十四年（1685）四月，田金还曾寄诗给费密求序。《剑阁芳华集》卷一六有田金小传，并录其诗三首。

杨岱　杨崐　杨岐

杨岱，字东子，四川新繁人。清康熙五年（1666）举人，曾官福建上杭知县。著有《村山诗集》。杨崐，字葛山，号中洲，岱三弟，著有《三树堂诗集》。杨岐，字周子，岱四弟，著有《碧萝亭稿》。生平事迹见嘉庆《四川通志》卷一五三、民国《新繁文征》目录等。

杨岱、杨崐、杨岐兄弟为费密内弟，皆有诗名，号"三杨"。三人分别于康熙十三年（1674）九月、康熙十四年（1675）七月、康熙二十四年（1685）六月拜在费密门下"执贽受业"（《年谱》）。在此前后，三杨与费密多有交往见诸记载。杨岱与费密，康熙四年（1665）七月，二人相与论文。康熙十二年（1673）四月，费密曾收到杨岱书信并寄《祝心谷诗》一本、《蜀事》一本。康熙二十年（1681）八月，费密送杨岱北上。康熙二十七年（1688）二月，杨岱、杨岐邀费密看梅花。同年三月三日，二人曾与扬州诸名贤红桥泛舟赋诗。康熙二十九年（1690）十二月，得杨岱济南书。康熙三十一年（1692）二月，杨岱除福建上杭令，邀费密及长子锡琮偕行。康熙三十二年（1693）正月三日，费密同杨岱至汀州府。杨岱作有《费燕峰姊丈五十生日》《费此度移家海陵》二诗。费经虞、费密《剑阁芳华集》卷一七有杨岱小传，并收其诗三十四首。

杨崐与费密，康熙二十年（1681）十一月，二人至周木公家拜亲，为费锡璜定聘。康熙二十二年（1683）三月、二十六年（1687）二月费密曾致书杨崐。康熙二十三年（1684）十二月、二十九年（1690）八月，费密曾得杨崐书信。康熙二十四年（1685）七月，杨崐致书邀费密至窦店。

杨岐与费密，康熙二十四年（1685）三月，费密曾为杨岐作草书。康熙二十七年（1688）六月，杨岐致书邀费密至扬州。康熙四十年（1701）八月，费密病下痢，杨岐问疾。《剑阁芳华集》卷一七有杨岐小传，并收其诗十七首。

张含章

张含章，字丰村，山西文水人。汉军镶红旗，贡士。曾官通山令、罗平州牧，康熙四十六年（1707）任嘉兴同知。生平事迹见光绪《嘉兴府志》卷四二。

康熙二十七年（1688）三月，张含章执贽受业。在此前后，费密与张含章交往频繁。二人初识于康熙二十四年（1685）七月窦店野寺。据张含章称，"乙丑秋，遇吾师于窦店野寺，此后时闻绪论。有显者馈章金，章怒挥之，吾师退曰：'子之行高矣，未免过峻，非圣人和平之道也。'章惕然于中，痛自贬抑，遂居讲下"[1]。据《年谱》[2]，同年九月，二人相与唱和各体诗。康熙二十五年（1686）四月，费密为张含章题手卷。康熙二十六年（1687）二月、二十九年（1690）三月，费密曾致书张含章。康熙二十六年（1687）七月、二十九年（1690）十二月、三十七年（1698）十月，费密曾得张含章书信。康熙三十年（1691）三月，张含章寄刻书资。康熙三十四年（1695）二月，时任通山令的张含章寄书邀费密至署，五月，费密至，与张含章论经学，为其评诗、作诗序。张含章则为费密《弘道书》作序。八月，张含章升罗平州牧，费密赋《哨遍词》送之。此外，据《家传》，张含章还曾为费密钞《中传正纪》。

吴启元

吴启元，生于清顺治十四年（1657），字青霞，号三十六峰老农，安徽休宁人。少孤贫，刻意为诗。及长，遍游秦蜀吴越，交诸名士。性狷

---

[1] （清）张含章：《弘道书序》，《弘道书》卷首，大关唐氏怡兰堂《费氏遗书三种》本。
[2] 《年谱》中，张含章之字"丰村"，有两处误作"雪村"。

介,喜谈论,不以声气干人。乾隆初卒,年八十余。著有《秀濯堂集》二十五卷、《万石山房词》一卷。生平事迹见道光《徽州府志》卷一二。

据《年谱》,康熙三十年(1691)二月,吴启元寄书寄贽仪受业。四月,费密为之作诗序。康熙三十六年(1697)三月,吴启元曾至野田拜访费密。

团鸿烈

团鸿烈,字伟长,江苏泰州人。生平事迹见《年谱》。

据《年谱》,康熙十六年(1677)八月,团鸿烈执贽受业。康熙二十一年(1682)三月,二人论《金匮》。康熙二十九年(1690)九月,二人论丧礼。十月,费密为团鸿烈作草书。康熙三十三年(1694)十二月,团鸿烈迎费密至其家。费密曾作《寄团鸿烈》诗云:"寒雨江城外,相从一里行。逢君少岁月,微处得平生。雏鹜肥宜炙,园菘晚入羹。归来下木榻,闲论过三更。"(《燕峰诗钞》)

王雅

王雅,字正子,浙江宁波人。先世多显达,奉母避乱居扬州,又迁泰州。母席晓经史,识大义,躬自课子,雅故博通群籍,工诗古文词。后游燕齐,复至粤东,遂卒于粤,母犹居泰。著有《闲居客游诗稿》,生平事迹见道光《泰州志》卷二七。

据《年谱》,康熙十二年(1673)八月,费密曾为王雅作草书。康熙十八年(1679)十一月,王雅拜费密为师。《燕峰诗钞》收录费密《上泰州升仙桥同马锈、陆朝、其子震、王雅饮于大仪家》《同王雅、于今奇饮于王臣草堂》《送王雅北游》《送王雅至襄阳》《同王雅、于今奇饮于王臣草堂》等诗。

周家齐

周家齐,字二南,湖北钟祥人。少补郧西庠生,清康熙二十四年(1685)选贡,筮仕定海令,后补乌程令。诗文俱能成家。生平事迹见乾隆《钟祥县志》卷一一。

据《年谱》,康熙二十五年(1686)四月,周家齐除定海令,邀费密同行。八月中旬,至定海县署后,周家齐即执贽受业。九月,费密为周家齐题手卷。康熙三十年(1691)四月,周家齐补乌程令,邀费密至署,密于五月至，与周家齐论《易》、论诗。六月，周家齐邀费密游西湖诸胜，"尽屏驺从，携童子樽俎，命小舟，同署中诸文人乘月入荷花深处，快饮赋诗，极欢而罢"。九月，费密为周家齐作学书。

张潜

张潜，字子昭，江苏江都人。幼服贾，年二十余始读书，为诸生，旋弃去，受经于费密，闭户孤吟，年九十余卒。著有《果园诗剩》《诗门法律》《淮海奇闻》。生平事迹见嘉庆《江都县续志》卷一二。

据《年谱》，张潜于康熙二十七年（1688）十二月拜费密为师。康熙三十一年（1692）正月，费密为张潜作诗序，评价其诗"依止于古，清婉秀洁"。康熙三十三年（1694）正月，张潜过访费密。康熙三十六年（1697）十月，二人论丧礼。康熙四十年（1701）八月，费密危殆，张潜与其他及门俱问疾。费密殁后，张潜为作挽诗，并作《哭费燕峰夫子》。

徐化庆

徐化庆，字喜宰，号竺村，江苏江都人。少嗜学，强记问，豪迈自喜。尤喜远游，康熙三十四年（1695）出游，十四年始归，尝西极甘肃，出塞外，北极幽燕，南极琼儋，东极瓯海。有能诗名，著有《南海集》，生平事迹见费锡璜《徐化庆传》。

据《年谱》，康熙二十七年（1688）十二月，徐化庆拜费密为师。康熙三十年（1691）十二月，徐化庆自宣城回，言梅喆慕费密名，托为致意。康熙三十三年（1694）正月，过访费密。费密卒后，徐化庆尝作挽诗。费锡璜为徐化庆作传，赞其诗有唐贤韶令之风，辞亦在晏欧秦周间。

张坦 施炳

张坦，字逸峰，天津人。性嗜学，自经史子集以及山经水志、浮屠老子、稗官百家之说，无不博览穷搜，叩之立应。中康熙三十二年（1693）举人，考授中书舍人。著有《唤鱼亭诗文集》。生平事迹见乾隆《天津府志》卷二八。施炳，字虎文，天津人。

据《年谱》，康熙三十年（1691）正月，张坦、施炳过访。张坦邀费密同往江宁，登孝陵，二人相与论诗。二月，张坦、施炳即同执贽拜师。

十二月，费密尝得张坦书信。康熙三十五年（1696）正月，费密至安庆，张坦时任观察，迎其至署中，施炳同在，费密为张坦作草书。二月出游，张坦出所藏书画鉴赏，费密、施炳等赋诗记之。张坦送刻书资，送《江南通志》。

李苃

李苃，字棠思，江苏江阴人。性方严端直，客游半天下，归以医自给。咏罗浮百一诗尤清豪。生平事迹见嘉庆《江都县续志》卷一二。

据《年谱》，康熙三十五年（1696）十二月，李苃拜费密为师。康熙三十九年（1700）三月，李苃同田金、黄鹜来等至野田谈旧事，费密为诸君作草书。

陆澍，字子宣，因杨崐、田金介绍，康熙二十三年（1684）寄贽仪受业。

李嗣父，康熙二十四年（1685）六月执贽受业。

朱埙，字宣时，四川遂宁人。康熙二十五年（1686）三月执贽受业。

胡羽鹏，康熙二十六年（1687）十月执贽受业。费密曾为其作草书、诗序，谈《金匮》。

汪鸣盛，字武勤，徽州人。康熙三十二年（1693）四月执贽受业。[①]

张自瀛，字梓声，江苏江都人。康熙三十三年（1694）十二月执贽受业。

张承仪，字羽可，江苏江都人。康熙三十三年（1694）十二月执贽受业。

彭维藩，字子觐，江苏江都人。康熙三十三年（1694）十二月执贽受业。曾与费密论丧礼。费密病危之际，亲问疾，费密卒后，作挽诗。

程邦宁，字佐衡，安徽怀宁人。康熙三十五年（1696）二月执贽受业。

董三台，字天位，康熙三十八年（1699）八月执贽受业。费密曾为其作草书。费密病危，董三台曾亲问疾。

[①]《年谱》于康熙三十三年九月下，亦著录汪鸣盛拜师事，二者应有一误。

周宗克，字唐卿，康熙三十八年（1699）八月执贽受业。

宋涧，字考槃，江苏江都人。康熙三十九年（1700）十二月执贽受业。费密曾为其作草书。费密病危之际，亲问疾。费密卒后，作挽诗。

郭振，字式庵，浙江兰溪人。康熙四十年（1701）三月执贽受业。费密病危，郭振曾亲问疾。

第四章

学术要旨

费密潜心学术,著述甚多,可惜多以稿抄本存世,流传不广,后期又大多数散佚无存,致使其学术思想很少被人注意,在当时及整个清代影响都不大。民国初年,费密唯一传世的思想论著《弘道书》刊刻问世,其思想学说才逐渐广为人所知。胡适得读《弘道书》后,"第一时间"表彰费氏之学,以为"明末清初的学术思想里,有两个很可代表时代的人物,而三百年来很少人知道或表章的:费经虞和他的儿子费密"①。并称赞费经虞、费密是清学的先驱者。梁启超称费密是"反宋学的健将""精悍的思想家",徐世昌、钱穆的《清儒学案》都将新繁费氏之学纳入其中。而从唐君毅、谢国桢、陈祖武、何冠彪等学者的论述中,可知费密作为清初学术思想代表人物之一的定位是得到公认的。②

费密的学术思想集中体现在《弘道书》中。该书的创作初衷,从书名"弘道"二字即可窥知,正如费锡璜所言:"《弘道书》者,所以广圣人之道也。"[(清)费锡璜《费中文先生家传》]费密的高徒蔡廷治则说:"《弘道书》,尊《圣门旧章》之论也。"③ 费密撰作《弘道书》,正是

---

① 胡适:《费经虞与费密——清学的两个先驱者》,《胡适全集》第2卷,第50页。
② 唐君毅将费密列为清学七型中的"第一型态"(《中国哲学原论——原教篇》,《唐君毅先生全集》第19卷,第710页);谢国桢以"新繁"同"亭林、梨洲、船山、颜李、二曲"等并列"为明末清初学派中的主流"(《明末清初的文风》,人民出版社1982年版,第17页);陈祖武认为清初诸儒对理学的批判与总结,取径不一,费密、颜李与顾炎武、王夫之,孙奇峰、李二曲,钱谦益、毛奇龄不同而独树一帜(《清初学术思辨录》,中国社会科学出版社1992年版,第292页);何冠彪则重视费密朴学,径将费经虞、费密视为明末清初学术思想的代表人物(《明末清初学术思想研究》,台北:台湾学生书局1991年版,第1—51页)。
③ (清)蔡廷治:《弘道书题辞》,《弘道书》卷首,大关唐氏怡兰堂《费氏遗书三种》本。

为了广圣人之道，尊圣门旧章。围绕着如何传承、守卫、发扬圣门旧章、圣人之道，费密提出了系列观念主张，构成了其独树一帜的学术思想特色。现就其中大要，撮述如下。

第一节　新道统的构建

道统是宋明理学十分重要的概念，是儒家的基本理论之一。"道统"一词的使用虽然晚至南宋朱熹，但以道统指称圣人之道相承传授的观念则由来已久。《论语》《孟子》中已有相关理念的记载，至唐代韩愈才正式提出。宋儒继承韩愈的道统说，又有所发展，至朱熹而集大成。朱熹的道统论主要是肯定二程，推崇周敦颐，确立道学的传授系统；阐发"十六字心传"，与《中庸》结合，作为道统核心思想；作《四书章句集注》，以四书重于六经，发明道统。其建立的道统传授谱系，是从伏羲、神农、黄帝开始，经尧、舜、禹相传，以汤、文、武为君，皋陶、伊尹、傅说、周公、召公为臣，接道统之传，孔子继往圣，亲传颜子、曾子，曾子传子思，子思传孟子，孟子亡而不传，至宋始由周敦颐、二程接续，至朱熹本人为集大成者。

朱熹的道统说随着程朱理学在元明时期的定于一尊而被广泛接受，其间有学者对此提出不同看法，如陆九渊、陈亮、叶适、吴澄等，但他们都是在朱熹原有的道统框架下进行改造的。即使王阳明引"致良知"说来代替圣人之道的传授系统说，把道统论改造为心学，也并不是对整个道统论的根本否定，而是对程朱道统流弊的否定。费密则不同，他对程朱理学的道统说持根本的否定态度，这主要体现在以下两方面。

一是认为道统乃宋儒"私创"。费经虞、费密认为，孔子、七十子、七十子门人、孟子、荀子、汉儒都未言道统，"魏晋而后，清谈言道，去实而就虚，陋平而喜高。岁迁月改，流传至南宋，遂私立道统"（《弘道书·统典论》），而宋儒"道统私创，违悖圣门，与经不合"，其所谓道统，不过是在借鉴佛、道二教谱系下"改乱古经，以就其曲说"（《弘道书·弼辅录论》）。费氏以为，所谓"统"，只有天子可以名之。二帝三王时期，"伦无弗叙"，"政无弗平"，"方隅无弗安"，"教化无弗行"，"其民淳质，以下从上，无所异趋，君师本于一人"，因此才称为"统"。及至孔子，"道具而统失"，孔子创六经，传圣人之道，只可以说是绵绵永存的"道脉",不可以称之为"统"(《弘道书·统典论》)。

二是认为宋儒并非独承孟子之传。朱熹的道统说,以宋儒直接孟子,排斥先秦、汉唐诸儒,费密深不以为然。他认为七十子亲炙圣人,观经最全,闻道最近,传道最真,"圣人之道著于一时,古经传之万世,七十子辅助之力为多"(《弘道书·七十子为后一例议》)。秦代焚书,经文尽失,壁藏口授,经典不坠,是秦儒之力。正定讹残,互述传义,立于学官,经学复彰,是汉儒之力;注解音释,得遗补亡,汇编经典,儒经普及,是魏晋隋唐诸儒之力。"道之定,遗经立其本,七十子传其绪,汉唐诸儒衍其脉。"(《弘道书·道脉谱论》)历代诸儒都有功于圣门,不可抹杀。表彰汉唐诸儒,是费氏父子一大学术追求,蔡廷治即记述费密一生致力于"非宋儒直接孟氏之阿说,正汉、唐未尝闻道之詹言"(《中文先生私谥议》)。费氏父子认为"古经之旨未尝不传,学未尝绝也,后儒自取私说,妄改古经,追贬七十子,尽削汉唐守道诸儒,恶足信乎!"(《弘道书·古经旨论》)对宋儒"追贬先儒,非刺太甚"的做法,深为不满。

在否定程朱理学道统论的同时,费氏父子建构起以帝王为道统,以公卿为辅弼,以师儒为道脉的新道统体系。费经虞曾画出《天子统道图》授费密,颇为形象地展示出二人心目中的传道系统。

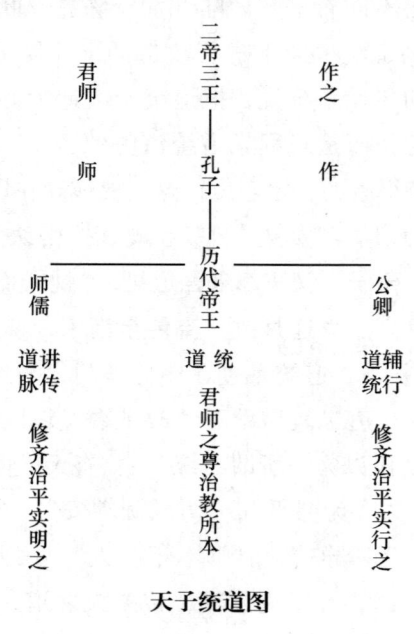

```
                         作
              二              之
              帝              作
      君      三
      师      王
              │
              孔
              子
      师      │
              历
              代
              帝
              王
  ─────────────────────────────
  师                          公
  儒      道    统            卿
          君
  道讲    师    道  辅        道辅
  脉传    之    统            统行
          尊
  修齐    治    修齐
  治平    教    治平
  实明    所    实行
  之      本    之
```

天子统道图

前文已略及，费氏父子认为，只有帝王才能称"统"，"无帝王则不可谓之统"（《弘道书·统典论》），道统之任也只有系于帝王之身才能成立。由图中可见，道的传承以二帝三王、孔子、历代帝王为主线，乃君师之尊、治教之本，即以帝王为道之本，只有帝王可以统道。支线有二。一是以公卿辅行道统，修齐治平实行之，即以公卿为行道者。另一条支线是以师儒讲传道脉，修齐治平实明之，即以师儒为明（讲）道者。以帝王为道统、以公卿为辅弼、以师儒为道脉的三条线，分别就是《弘道书》开章三节《统典论》《弼辅录论》《道脉谱论》的内容，费密开宗明义地从一开始就抛出了自己新道统说的主要框架。而在具体叙述中，费密多将担当辅弼职责的公卿视为道统的一部分，"合历代帝王、公卿称曰道统"，即以帝王为主、公卿为辅，共同组成"道统"。这样他的"新道统说"实际上是由"道统""道脉"两部分构成的，即所谓"一于帝王，道则为统，传于孔子，道则为脉"。"统也者，道行于当时，薄海内外莫不化治也。脉也者，道传于万世，王侯下逮庶人莫不取则也。"对于"道统"和"道脉"，费密曾以"上之道""下之道"指称，认为"上之道在先王立典政以为治，其统则朝廷，历代帝王因之，公卿将相辅焉。下之道在圣门相授受而为脉，其传则胶序，后世师儒弟子守之，前言往行存焉"（《弘道书·统典论》）。上之道，又可称"君道"，其要在治；下之道，又可称"师道"，其要在教，正所谓"君道立则事安，治平之要也；师道立则礼义明，久远之策也"。在费密的理论框架内，上下之道或说君师二道合体，才能构成完整的道传统绪，实现天下治平富足、民众明礼安康的"升平之世"。

第二节 中实思想

道是儒家最重要的核心范畴之一，也是可以言人人殊的抽象而高明的一个范畴。费密曾说"道总万物之全"，看似承认道是普遍规律，有其难以捉摸的一面，但相对于"远而难知""圣人不言"的天道，费密更看重"实而可见""圣人重之"的人道（《弘道书·圣门定旨两变序记》），甚至认为"道而远人，不可以为道"，将抽象空洞的"天道"排除在"大道"范围之外，可见费密眼中的道是具体实际的。费密称这种"道"

为"吾道",以区别于其他"道"。关于"吾道"的内涵,费密表述为,"既中且实,吾道事矣"(《弘道书·吾道述》),"此为吾道,实事中庸"(《弘道书·王道久而渐变遂分表》),认为中与实是"吾道"的本质。

何谓"中"?费密在解释自己所编撰《中传正纪》得名时曾解释道:

> 盖羲、农尚矣,尧命舜,称"允执厥中",舜亦以命禹,汤执中,文、武、周公无偏无陂,皆中也,万世帝王传焉,公卿用之。至孔子曰"中庸",古今学者守之,庠序布焉。是中者,圣人传道准绳也。不本中以修身,僻好而已;不本中以言治,偏党而已;不本中以明学,过不及而已,故谓之中传。(《弘道书·道脉谱论》)

上古圣王递相传授的道,是"中道",孔子则诠释作"中庸",成为修身、为学、治国的准则。费密"中实"思想里"中"的含义,与儒家重要概念"允执厥中""中庸"同义,都是指称一种符合规则、不偏不倚、无过无不及的和谐境界。

费密在《弘道书》中数次论及"中",从不同维度阐释了"中"的内涵。从王道治政方面,费密认为帝王为道统所在,而"先王执中建极而行,举贤亲民为要,成升平之世,以此道也"(《弘道书·先王传道表》)。认为先王以"执中"为准则,以举贤亲民为手段,目的在实现升平之世。相似的,费密还曾说,"圣人穷变通久之道,而近于时中也。立政兴事,不泥古,不随俗,或革或因,上不病国,下不困民,求合于中"(《弘道书·先王传道述》),认为圣人之道以"中道"为原则平治天下,所作所为皆合于中。从思想观念方面,费密说:"通诸四民之谓中,信诸一己之谓偏。"(《弘道书·吾道述》)认为"中"就是为士、农、工、商四民共同认可、接受、奉行的思想观念。从道的含义方面,费密曾回答"道者何"这一问题,说"道"是:"射之鹄也,大匠之规矩也,入焉而各自有得者也。远射焉而中,近射焉而中,左射焉而中,右射焉而中,取其中,不计其它也。规之获圆,矩之获方,求其方圆,不索于规矩之外也。道若此止耳。"(《弘道书·统典论》)所谓射鹄取中,不逾规矩,正指明了"中"为"道"之内涵这层关系。

费密所言"中"的含义,似乎对"中庸"等范畴里的原有含义没有什么发展，但他并未停留于此，而是将"中"与"实"相结合来讲，将"道"的内涵引向"实践""实用"。如他在述及"冲王危邦，保艾宗庙，内外诸司，精白输悃。至于天降凶灾，膏血及野，陨殉社稷"时，认为"此皆忠贞格于鬼神，帝王所首褒，圣门所甚重"，是"道之至著者"，认可此等"仁知义烈"（《弘道书·辅弼录论》），正是道之正意。他认为"冠婚丧祭，吉凶仪物"是"安道之用"；"军务边防，五刑百度"是"济道之用"，这些实实在在的日常事务都是"圣门所谓道"（《弘道书·圣门定旨两变序记》）。在费密看来，"见诸日用常行之谓实"，"事者，实也"。（《弘道书·原教》）日常实践的具体事务才为"实"。"道在先王之事"（《弘道书·统典论》），"圣人盖以实，乃可入用而近道也"（《弘道书·原教》），先王之道体现在先王之事中，只有"实用"才是真正的契合于道。

作为在宋明理学环境浸染中走出的读书人，费密早年也曾尝试"静坐"之法，追求悟道。在父亲费经虞"深加呵禁"和自身体悟之下，才最终认识到"静坐，二氏之旨，吾儒实学当不在是"[（清）费锡璜《费中文先生家传》]，从而走出理学藩篱，走向批判理学之路。这种"醒悟"是从迭经兵燹，目睹家国沦亡、民生疾苦的沉痛经验中得来的，正是这一经历促使他形成了主张实用、强调实功的观念。反诸己身，费密以倡明实学为任，著书立说以"身经历而后笔之"为准则，"非敢妄言"。与他人讨论经术及古文诗词，则"必本之人情事实，不徒高谈性命，为无用之学"[（清）费锡璜《费中文先生家传》]，不但为学重实崇实，而且躬行实践，以阐扬圣人之道，终成为明末清初"经世致用"思潮中一位杰出的代表。

"中实"的思想主张，是在对宋明理学的反动中构建的。"中实"的反方是"偏虚"，费密以"信诸一己之谓偏"，"故为性命恍忽之谓浮"来定义"偏虚"（《弘道书·吾道述》），并将其矛头指向了宋明理学家。偏而不中方面，批评他们"固陋变中"，修身治学言政，多凭一己"僻好"，多有"偏党""过、不及"，以致"数百年来，胶固拘隘，使圣人之情偏而不中，全道备德不著于世"（《弘道书·古经旨论》）。虚而不实方面，认为"清谈害实，始于魏晋"，及至宋明诸儒，则"专取义理，一切尽舍"，"齐逞意见"，"专事口舌"，"言理言欲，废弃实事，空文相争",以致"论道益幽而难考","说者自说,事者自事,终为两断"(《弘道书·圣门定旨两变序记》《弘道书·原教》),完全背离了圣人之道,其最终后果是妨道害世,空疏误国。

费密以为,要想力避"偏虚",拨乱反正,秉持"中实之道"是关键。他说,"中者道之平……事者道之要……安道之中,行道之事,惟圣人尽之"(《弘道书·原教》),"中而不实,则掠虚足以害事;实而不中,过当亦可伤才"(《弘道书·吾道述》),认为"中"与"实",一"平"一"要",为"道"之两核。二者需相合,才能共同构成"吾道"全义。他认为"欲明道行道,实焉中焉",将"中实"视作明道行道的不二路径。至于"中实"的政治意义,费密以为先王的"制度颛画","要道经营","无不出之于实,无不行之以中",只有既中且实,才能实现"国治天下平"(《弘道书·吾道述》)。正所谓"中实以通天下之治,万世不易"(《弘道书·吾道述》),费密将"中实之道"看作治国理政、平治天下的必由之路。

第三节 尊古经与崇先儒

以"中实"为内涵的"吾道",如何教习闻知,继承流传?费密给出的答案是"古经所载可考也"(《弘道书·吾道述》),即从古经取径。费密认为,孔子"上承二帝三代之典谟,下开修齐治平之学脉"(《弘道书·吾道述》),将二帝三王的"前规盛制""敦本务实",即圣人之道,纂述记录下来,"定之为经"(《弘道书·道脉谱论》),并借由六经使"先王之政教行之于万世而无斁",厥功至伟。因此,虽然孔子"位不同于二帝三王",但其与先王一样同为圣人。道虽然存于"先王之事"中,但"其得存也,系于孔子之言"(《弘道书·统典论》),孔子作为继往开来的传道者,六经作为孔子传先王之道的产物,其地位和意义是无可置疑的。具体而言,孔子做了"序《书》""定《礼》""删《诗》""作《春秋》""赞《易》"等工作,其中《尚书》是"二帝三王之鸿绩,而善政遗后之典册";《礼》是"四代损益定制,天子、诸侯以至卿大夫、士、庶人取正之遗则";《诗》是"祭祀燕享、敦教化俗、润色升平之乐章";《春秋》是"天王巡狩之典阙、方伯连帅会盟征伐以尊王室之旧事";《易》是"先王则以开物成务,而命官掌之,乃吉凶以前民用之繇辞"。(《弘道书·古经旨论》)综而言之,古经记载先王之事,皆载道之典。

在《弘道书》中,费密数次强调"经"与"道"的紧密联系,如谓"古经者,道之定"(《弘道书·吾道述》),"经传则道传","圣人之道,惟经存之,舍经无所谓圣人之道","后世去圣人日远,欲闻圣人之道,必以经文为准"(《弘道书·道脉谱论》),"古经之旨……惟古经是求而通焉"(《弘道书·古经旨论》),充分肯定了经以载道、道因经传的依存关系。甚至说"圣人之经,即圣人之道",将"经"推到与"道"同等的位置,视"道"与"经"为一体,凸显了"经"在儒家无可取代的至高价值和地位。经与道既有如此紧密的联系,则要弘道,必要尊经。费密的"弘道",实际上追求的是以经弘道,"直从古经旧注发明吾道定旨"(蔡廷治《弘道书题辞》)。这里所谓的"古经",指的是经文未被宋明理学诸儒"新传""窜易"的原始经书。对此,费密曾教导费锡璜说:"古经自变正书而一坏,自用新传、窜易经文而更坏。汝兄弟为学,宜自古经始。"① 这里所谓的"旧注",指的是汉唐注疏,而非宋明儒者所为的注解。对此,费锡璜曾记载,费密讲学便是"取汉唐注疏以授及门"②。费密认识到因为时代变迁,经文或有隐晦难以索解处,因此特重训诂的方法,他说:"古今不同,[经]非训诂无以明之,训诂明而道不坠。"(《弘道书·原教》)汉唐儒者去古未远,尚见遗书,又传授有序,卓有家法,因此其对经典的笺注训释,最得费密推崇。

反诸己身,费密为学论学,皆笃守古经,他说"古经备矣,不待后世别有所发明,其旨始显也"(《弘道书·古经旨论》),认为古经内涵丰富,无所不备,无须后世之儒"旁斜溢出",过度阐发。这一观点的矛头实际上指向的是宋明理学诸儒。费密认为"性命""天理""即物穷理""本心良知""主静无欲""无极而太极"等理学命题不过是"窃二氏之旨,改乱古经,以就其曲说"的产物,"窜杂谬诞",并非"圣门之旧"(《弘道书·弼辅录论》)。理学诸儒"不合于经,虚僻哓哗,自鸣有得"

---

① (清)费锡璜:《与朱赞皇论古经书》,《贯道堂文集》卷一,清康熙年间刻本。
② (清)费锡璜:《与王昆绳书》,《贯道堂文集》卷一,清康熙年间刻本。

(《弘道书·道脉谱论》),"师心自用,敢以旁引杂入之说,诬圣人之经"(《弘道书·吾道述》),"以其私意,假托经文,创立新旨"(《弘道书·圣门定旨两变序记》),是以"变说"乱正道,大失古经之旨。

费密认为,古经的传承,训诂的发明,离不开历代儒者的共同努力,特别是七十子与汉唐诸儒,"生平素履,累数十年积学,守卫圣人之道,工苦深厚,泽及后世"(《弘道书·道脉谱论》),厥功至伟。宋儒对此视而不见,"取其所传遗经",却一意抹杀,"尽绝其人",引起很多有识儒者的不满。正是鉴于"七十子与汉唐抱道诸儒为宋遏绝者五六百年",功业不彰,费密遂一直以匡扶其历史地位为己任。在费密之前,明人张朝瑞《孔门传道录》、朱睦㮮《授经图》、邓元锡《学校志》、王圻《道统考》四书已经开始彰显七十子、汉儒功绩的工作,可惜失之简略,在此基础上,费密为传八百余篇,儒林二千有奇,辑为《中传正纪》百二十卷,"帝王公卿首著录焉,专序七十子传人见于国史者,为《圣门道脉谱》,画图详其世次,述传授之宗系"(《弘道书·道脉谱论》),以表彰包括汉唐儒者在内的历代诸儒。此外,《弘道书》卷中《祀先圣礼乐旧制议》《先师位次旧制议》《先贤封爵旧制议》《七十子为后一例议》《从祀旧制议》诸篇,从后世奉祀先儒角度入手,系统清理了其中不合理合规的封谥、从祀做法,同样展现了费密对先儒的重视。

综上所述,费密的学术思想,无论是构建新道统、中实思想,还是尊古经与崇先儒,其理论底色都可以归结为"反理学"或说"批判理学",从这一点来说,他无愧于"反宋学的健将"这个称呼。而如果要选取一个主旨关键词来概括、代表费密的学术主张,这个词无疑应该是"实用":以帝王为道统,强调的是"治世""政教",尊古经、崇汉儒,是因为"古经之旨,皆教实以致用"(《弘道书·圣人取人定法论》),"古经之弘者,无所不实"(《弘道书·圣门定旨两变序记》)。对于经历了战事频仍、生民离乱、改朝换代等巨变的费氏父子来说,坎坷的遭际足以促使他们以"实用"为标尺展开对儒学的质疑和省思。

第四节 其他

费密有独到的、成体系的学术思想,其著述的大宗也集中于经学、儒学领域，尽管费锡璜曾说"海内莫不服考之经学"［（清）费锡璜《费中文先生家传》］，但由于流传不广等原因，费密的学说在其身后并未产生应有的影响。与经术相比，费密尤以诗文闻名当时。

费密著有《文集》二十卷，可惜早佚。费锡璜记载他"于诸子则熟《南华》，于古文则爱昌黎，故所为文浩然如水之无涯，而未尝骋才矜气也"［（清）费锡璜《费中文先生家传》］。四库馆臣曾见其《燕峰文钞》一卷，评价其为文"不涉王、李之摹拟、亦不涉袁、钟之纤仄。奇矫自喜、颇有可观"①。

相比于文，费密诗名更盛。费密为诗"以深厚为本，以和缓为调，以善寄托为妙，常戒雕巧快心之语"［（清）费锡璜《费中文先生家传》］。同时的邓汉仪评价其诗"矫岸自异，不食人间烟火，按之格律，无不谐合，是于波靡中屹然砥柱者"②。王士禛对费密的古诗评价很高，"以为绝伦"，于近体诗中，则摘取"白马岩中出，黄牛壁上耕"，"鸟声下杨柳，人语出菰蒲"等句，而尤其喜爱"大江流汉水，孤艇接残春"一联，并有诗云："成都跛道士，万里下峨岷。虎口身曾拔，蚕丛句有神。大江流汉水，孤艇接残春。十字须千古。何为失此人。"③费密的出名，与王士禛的推赏有关。蒋士铨即云："渔洋作成都跛道士诗，天下皆以先生为诗人耳。"④李调元对费密诗作亦推崇备至，不过激赏的篇什与王士禛不同。其云："国初蜀诗人，王阮亭最赏新繁费此度密'大江流汉水，孤艇接残春'，余以为不如'故国不可到，春风吹闭门'神气高古。"⑤李调元还曾说："吾蜀诗人自杨升庵、赵文肃、任少海、熊南沙四大家后，古学几陵递。费氏父子起而振之，其诗以汉魏为宗，遂为西蜀巨灵手。"⑥将费氏父子与明西蜀四大家杨慎、赵贞吉、任瀚、熊过相并列，并指出其诗以汉魏为宗的特点。孙桐生言："吾蜀诗人，自杨升庵先

---

① （清）永瑢等：《四库全书总目》，中华书局1965年版，第1638页。
② （清）邓汉仪：《诗观》，清康熙年间慎墨堂刻本。
③ （清）王士禛：《渔洋山人精华录》卷六，《四部丛刊》景林佶写刻本。
④ （清）蒋士铨：《弘道书·中文先生遗象题辞》，大关唐氏怡兰堂《费氏遗书三种》本。
⑤ （清）李调元：《雨村诗话》卷三，嘉庆六年（1801）《续函海》本。
⑥ （清）李调元：《蜀雅》，《函海》本。

费密学案

生后，古风陵替，得费氏父子起而振之。其诗以汉魏为宗，遂为西蜀名家。"① 其论调与李调元类同，同样肯定了费密父子在蜀诗史上的重要地位及其诗宗汉魏的风格。李、孙二氏所言"诗宗汉魏"，可以说是费氏诗学的一大特色，费锡璜曾与沈用济合撰《汉诗说》，并专作《总说》，极推汉诗"最难学最难读"，"凡后人所谓妙处，无不具之"，"与雅颂相近"，非后代诗可比，揭示了费氏诗学宗师汉魏的原因。

诗文之外，费密还擅长书法。费密的书法，师法钟繇、索靖，博采众长，兼善各体，尤善行书，结体朴茂，出乎自然，骨势峻迈，富有笔力，常常是信笔写来，一气呵成，颇得晋人风致，当时"人得片纸皆珍惜藏之"。四川省博物馆所藏费密诗翰轴有书画名家顾复初跋，即点评云："超隽古雅，入晋贤之室。"② 清人夏荃曾言："费此度密先生工草书，屡游吾泰，丐书者甚众，今片纸不可得。"③《年谱》中也有费密为百余人作草书的记载，可见其草书在当时确实颇为知名。费密今有《诗翰轴》《后赤壁赋帖》等书迹存世。

---

① （清）孙桐生：《国朝全蜀诗钞》，巴蜀书社1985年版，第11页。
② 秦化江：《明清四川书画》，《四川文物》1986年第4期。
③ （清）夏荃：《退庵笔记》卷二"费此度书"，《海陵丛刻》本。

第 五 章

论著辑评

费密学识，备见《弘道书》中。今依所论主题，分道与经、道统与道脉、中实、人才与教化、七十子与汉唐儒、宋明儒六类，选录其文，以见费氏学术大略。

第一节 论道与经

按，费密认为道存于二帝三王之事，后世王政陵替，道亦沦丧，直到孔子创为六经以发明先王之道，经以载道，道以经传，经、道一辙，道始绪传永久。费密极重古经，以为经为道准，经传道传，道惟经存，舍经无道，推敬古经地位至于与道共尊，由此亦更推尊古注疏。

后世圣人如孔子不得在位，列国殊政，多未合于道，各趋嗜好，习久相化而道亡，天下日就沉溺。孔子述往古以为久远安宁之本，后世听其损益，道始有绪。孔子在下，君师分为二人。君师分，则杂焉乱于道者，其说多矣。孔子道具而统失，道在先王之事，其得存也，系于孔子之言。非事不足以定民志而养天下，非言不足以记典章而教天下。岂先王规程越品物之外，孔子又欲托空言以为道也？惧先王所以仁天下者散亡不可收采，一时失之，千万世失之。圣王不兴，天下孰能宗予？其言尚彰彰也。

孔子欲先王之政教行之于万世而无斁也，乃以为六经传之，而绵绵永存为道脉矣。故上之道在先王立典政以为治，其统则朝廷，历代帝王因之，公卿将相辅焉。下之道在圣门相授受而为脉，其传则胶序，后世师儒弟子守之，前言往行存焉。

道者何？射之鹄也，大匠之规矩也，入焉而各自有得者也。远射焉而中，近射焉而中，左射焉而中，右射焉而中，取其中，不计其它也。规之获圆，矩之获方，求其方圆，不索于规矩之外也。道若此止耳。

孔子教一人者，所以教天下，教弟子者，所以教士大夫。习之者易通，教无烦赜也；传之者易晓，学无艰深也。其君子学古入官，体国行政，以诲其族，及于里党；其小人受以谨身，因以善俗。此先王所以为道，孔子之旨则然也。以孔子之道自治则德修，以孔子之道治天下国家则政备，宗孔子则二帝三王之道可明矣。

上古其气浑噩，天道也。包羲画卦为罟，神农作耒耜立市，地道兴矣。舟楫弧矢，杵臼衣裳，始于黄帝，人道渐大。尧舜命官分州，夏后成汤礼乐殊别，周兼而文之，人道全矣。东迁以后，日就陵替，孔子当其时，欲以道兴治，天命不与。先王所遗传焉，虽世异政殊，后世修述，尚与道不远。孔子虽位不同于二帝三王，而圣则一。

以上《弘道书·统典论》

自古鲜四海雍洽、百年无一惊扰之时。虫蝗水溢，悍卒叛臣，往往而有。浲水九载于尧矣，大旱六祀于汤矣，甘战崇伐见于夏启、周文之世。所赖世主仁圣，忧眷民瘼，公卿将相效其谋，文武群工尽其力，捕蝗疏川，陆输舟移，将帅征兵，怀柔讨叛，救愚夫愚妇于汤火死亡之中。不然则户口雕散，郡邑残失，枕尸沟渠，荒乱无已，而生民少遗类矣。况乎冲王危邦，保艾宗庙，内外诸司，精白输悃。至于天降凶灾，膏血及野，陨殉社稷，此皆忠贞格于鬼神，帝王所首褒，圣门所甚重，而道之至著者也。如此其仁知义烈也，而不谓之道，尽绝于道统之外，则后儒所谓道，不知其何道也。

《弘道书·弼辅录论》

后世去圣人日远，欲闻圣人之道，必以经文为准。不合于经，虚僻哓哗，自鸣有得，其谁信之？经传则道传也。

道与学非二也。道已不行于周公既没之后，则成康以来，天下无圣人之道久矣。诗人尚美宣王，孔子止伤幽厉，又何以异耶？盖得时而驾，不得时而教，非善治有别道，而真儒有别学也。况宋祖帝乙，不闻其上接成汤也；郑祖厉王，不闻其上接文武也。且不传之学亦遗经得之，非得于遗经之外也。古今远隔，舍遗经而言得学，则不本圣门，叛道必矣。既不敢自为传，云得之遗经。是遗经也，汉唐诸儒若良臣卫国、门子孝孙，居守祖宗坟墓，兴之继之。初非一人力，非一代力，获传此遗经也。

圣人之道，惟经存之，舍经无所谓圣人之道。凿空支蔓，儒无是也。

以上《弘道书·道脉谱论》

古经之旨，何也？圣人之情见乎辞，惟古经是求而通焉，旨斯不远矣。

古经备矣，不待后世别有所发明其旨始显也。

天子以至庶人，修身为本。圣人惧后世未得修身之方也，于是取三代之遗而述焉：序《书》以纪之，定《礼》以立之，删《诗》以风之，作《春秋》以裁之，晚而赞《易》。《尚书》者，二帝三王之鸿绩，而善政遗后之典册也。《礼》者，四代损益定制，天子、诸侯以至卿大夫、士、庶人取正之遗则也。《诗》者，祭祀燕享、敦教化俗、润色升平之乐章也。《春秋》者，天王巡狩之典阙，方伯连帅会盟征伐以尊王室之旧事也。《易》者，先王则以开物成务，而命官掌之，乃吉凶以前民用之繇辞也。此皆实政实教，安朝廷而平诸夏者也。是六经，先王以格上下，通神明，肃典章，施教育，和风俗而安民生之宝训。先圣孔子序述为教，使三代政治不散，世熙则文以齐之，而亦不忘武备；世乱则以武戡之，而即诞敷文德。后世之士得之而身修，庶人闻之而身亦修矣。此所谓道用则举之为行道，不用则传之为明道。

吾先子痛深而思远，尝奉诸儒共诤已久之公论，冒天下之讥，申古经之旨，曰：圣人之学，修己安人，见之实事；圣人之教，因材而笃，各有所成。孟轲曰："引而不发，跃如也。中道而立，能者从之。"学者于德行、言语、政事、文学，兼之可也，得一焉可也，能行之又能言之可也，能行而不能言亦无不可也。或出或处，或默或语，各成一材，各就一德，王道著而风俗美，圣人之旨如此而已。

非先王之远谟鸿烈，则孔子无所述；非孔子之纂修删定，则先王无所存。先王以君道振之于前，孔子以师道集之于后，盖分而无不合，合而中有分也。天以孔子木铎万世，故令无位。然道不行而纂修删定，孔子之大不得已也。不守经传旧闻，人人得以意见为说，先王之治散而圣门之教乱，学者所当深惧也。

以上《弘道书·古经旨论》

圣人之道，无不覆载如天地焉，无不容纳如山海焉。包羲、神农、黄帝、尧、舜、禹、汤、文、武之大，圣人立之；周公、孔子之大，圣人传之，为天下法，从用则吉，悖弃则凶。天子至于庶人，咸以儒说为定，儒者非自尊其说，强天下以从也。苟舍儒而不从，小之一身也，大之天下国家也，必变出而乱作矣。圣人以道教天下后世，大贤焉入其深者，小贤焉入其未深者；大贤焉为其巨者，小贤焉为其未巨者；贤而欲进者，仕以治事；贤而欲退者，处以自安，道未尝有所绝，圣人未尝有所禁也。圣人言道甚中，传者亦宜中；甚平，传者亦宜平；甚全，传者亦宜全，庶几得而少失。道一也，天生烝民，作之君，作之师，举天下之人，各责以事，使事备而义礼行者，君道也；举天下之人，先之以义礼，使义礼正而事定者，师道也。君道立则事安，治平之要也；师道立则礼义明，久远之策也。

《弘道书·原教》

程颢、程颐、朱熹、陆九渊、王守仁言学异同之辨，有问者，费密曰：密学老矣，自淑其身者，圣门成法是守，古经是信。圣人之道，虽密无知，亦尝有所受矣。天地絪缊，万物化醇，言致一也。日月同也，昼夜同也，风雷雨露霜雪同也，山水同也。北则寒，南则热，极北则甚寒，极南则甚热。北之土宜黍稷，南之土宜稻，极北则无黍稷，而食牛羊，极南亦仰杂食焉。絪缊致一而异如此，故天地之气，一岁而寒热温凉焉，一月而晦朔弦望焉，一日而旦暮午晡焉，此自然之道。人生其中，性安得皆同而不少异耶？男女媾精，自化而形，目于色，耳于声，鼻于臭，口于味，其官甚异。同出一身，不见其异，不闻其同也。学者论道，安得执其同遂谓无异，执其异遂谓无同耶？

《弘道书·圣人取人定法论》

先王之道，尧舜以前不可知矣。经传所记，三王以来，《尚书》《周礼》法度俱存大端，议礼、制度、考文，其成风俗，兴教化，则在五品。人存政举，不越九经，三公论道，六卿分职，各有施行，未可概举。要使世平人安，即兵戎狱讼，亦期于忠厚而已。先王之道所以立治，万世不易，民人有嗜欲，治之使归大化。治者何？政典焉，令之必从，通天下国家而同也。

定天下之大端在礼。六官一代之政俱在，名曰《周礼》，则礼广矣。

度与文皆礼中事，别成一条。天子、公、侯、卿大夫、庶人，悉有定数，不敢逾越，此之谓度。文者，所以知古今因革变通也。议者，合众论而成一是也。制者，画为一代章程也。考者，取其适用而不颇僻也。王者既定，则治天下之道，立乎其大，择贤守法，恭己正南面而已，此万世不易之大道也。

所谓王道，不过使群黎乐业，海宇无扰足矣。

以上《弘道书·先王传道述》

盖欲具实于文，传中于文，使后世得闻先王所以安平四海之故，因文以得中也实也，修身而家国天下赖之。岂欲播流空文，令后世之士假肆高谈，各执一说，自名为道也耶？故国家欲为治，士大夫欲为学，古经是矣。而空浮谈经，尤足害道。圣人自孔子而止，王道亦自孔子而存，上承二帝三代之典谟，下开修齐治平之学脉。学以出治者，帝王公卿也；学以从政守文者，师儒生徒也；学以安身立业者，农工商贾也。古经之外，其言道也不中。不中必多虚少实，可以自全，不可以齐家、治国、平天下。夫道散事物，无可专指，人皆得言。无专指，则彼可是，此可非；人皆得言，则彼言一道，此言一道。言杂道乱，上不可以为治，下不可以为学。古经者，道之定，治所取，教所本也。治以行之，教以传之，舍实事而传空文，必入于虚浮幽寂矣；外传道而立实事，必至于坏常乱度矣。

《弘道书·吾道述》

证以圣人古经，帝王天命统道，为首出庶物之尊；公卿百僚，布道之人；师儒，讲道之人；生徒，守道之人；农工商贾给食成器，遵道之人；女妇织纴酒浆，助道之人；朝廷，政所从出，立道之源；有司公堂，行道之所；胶庠，言道之所；乡塾，学道之所；六经，载道之书；历代典章，续道之书；文章辞赋，彰道之书；冠婚丧祭，吉凶仪物，安道之用；军务边防，五刑百度，济道之用。此圣门所谓道也，非后儒宗旨之谓也。

密朝夕趋庭，训诲恳至。壮时尝习静坐，先子深加呵禁。后在乡塾，考定古说，条晰辨论。盖密事先子多年，艰苦患难阅历久，见古注疏在后。使历艰苦患难而不见古注疏，无以知道之源；使观古注疏而不历艰苦患难，无以见道之实。今已老齿，其于经传征明定旨，伤汉唐遵圣合经有用实学晦塞既久，诸儒辨论亦多。然公卿大夫，主持吾道者也，名儒贤士，发明吾道者也，皆于圣门有卫道之责焉，故录平生讲贯记忆于先子者，请正思古救浮之睿哲云。

以上《弘道书·圣门定旨两变序记》

第二节 论道统与道脉

按，费密否定传统道统说，以其为宋儒"私立""妄论"，而认为只有帝王可称"统"，帝王为道之本，道统系在帝王。此道统之外，孔子以降，又有师儒传道，衍为道脉。由此，费密以帝王道统论、师儒道脉论构建其传道谱系，创建了独树一帜的"新道统说"。

费经虞曰：后世言道统。徐学谟云"道统之说，孔子未言也"，乃为实论矣。不特孔子未言，七十子亦未言，七十子门人亦未言。百余岁后，孟轲、荀卿诸儒亦未言也。世日以变，道日以消，汉儒始得奉圣人所言先王成法，尊护守卫，相授有绪。布为政也，安平易行；著为言也，笃实可用。通出处为一，亦何尝有道统之说哉？魏晋而后，清谈言道，去实而就虚，陋平而喜高。岁迁月改，流传至南宋，遂私立道统。

自道统之说行，于是羲、农以来，尧、舜、禹、汤、文、武裁成天地、周万物而济天下之道，忽焉不属之君上而属之儒生，致使后之论道者，草野重于朝廷，空言高于实事，世不以帝王系道统者五六百年矣。经文煌煌大训，乃为芜乱，宁可不正哉？古之二帝三王皆在位，伦无弗叙也，政无弗平也，方隅无弗安而教化无弗行也。其民淳质，以下从上，无所异趋，君师本于一人，故为统。司马迁曰："天下重器，王者大统，传天下若斯之难也。"统止天子名之，诸侯不敢与也，况士乎？

苟无帝王受天明命，宰育万汇，有磨砺一世之大权，优善惩恶，公卿行之，以动荡九服，取儒生空辞虚说，欲以行教化而淳风俗，必不能矣。王天下者之于道，本也。公卿行焉，师儒言焉，支也。

故一于帝王，道则为统，传于孔子，道则为脉。

统也者，道行于当时，薄海内外莫不化治也。脉也者，道传于万世，王侯下逮庶人莫不取则也。合历代帝王公卿称曰道统庶可也，无帝王则不可谓之统矣。

欲正道统，非合帝王公卿，以事为要，以言为辅不可。宋则议论为主，实事为末。

帝王为道之本。行之以公卿，讲之以师儒，此支也。

以上《弘道书·统典论》

二帝三王，前规盛制，先圣孔子，撰录简策，定之为经。所以宣演徽猷，翼赞崇化。传七十子，七十子又传之，如父于子，子于孙，使学者谨守，不敢乱紊，悠久至今，成为道脉。故道脉断自先圣孔子始。

独言孟轲之传，开于唐儒韩愈，至宋蔡京遂以王安石上下孟轲，程颐又以程颢为孟轲后一人，而尚无道统接传之论也。南渡后，朱熹与陆九渊争胜门户，熹传洛学，乃倡立道统，自以为曾氏独得其宗，而子思，而孟轲，而程颢、程颐接之。

夫愈之《原道》，举其实而辟其浮，守其中而贬其杂，未尝及统略焉耳。苟以传也，孔子传七十子，承以曾申、矫疵、公羊高、谷梁赤、公明仪、公明宣、乐正子春、檀弓、孔伋，门人乃有孟轲。曰孔子传之孟轲，七十子与曾申诸贤将不堪比数耶？又尝曰：文、武以是传之周公、孔子，不及孟轲，以其言求之，前则不以七十子为传，后则不以孟轲为传。愈即欲乖悖，未尝敢若斯过甚也。不得其传，谓孟轲门人无能著书者也。继孟轲著书，荀卿、扬雄称善。故曰荀与扬也，大醇小疵。犹云伯夷圣之清而隘，柳下惠圣之和而不恭，非谓荀、扬不能继孟轲之传也。愈尝语诸生："昔者孟轲好辩，孔道以明；荀卿守正，大论是闳。是二儒者，吐辞为经，举足为法，绝类离伦，优入圣域。"又曰："己之道乃夫子、孟轲、扬雄所传之道，若不胜则无以为道。其挥之进之，取雄为法焉。"崇奉荀、扬，其可知矣。韩愈未敢废秦汉以来，刘子翚以愈言为孤圣道、绝后学而非之。蔡京乃敢为妄言曰："自先王泽竭，家异国殊，由汉迄唐，源流浸深。宋兴，文物盛矣，然不知道德性命之理。安石奋乎百世之下，追溯尧舜三代，通乎昼夜阴阳所不能测而入于神，初著杂说数万言，世谓与孟轲相上下，天下之士始缘道德之意，窥性命之端。"安石以其学术祸众，不为士论所与，程氏绍兴方盛，熹列安石于名臣，别祖程颐，谓传道统。十室之邑，必有忠信；三人行，必有我师；九州之远，文献相承，七十子皆在所弃，汉唐千四百余年，都无一人足取，岂情理之平也哉？

　　王文成翻其格物而不翻其道统，何也？遥接之谬既倡，致沙门言邵雍之图得于老氏陈抟，周惇颐之道妙得于佛氏林总，羲、文、周、孔，至宋乃托二氏再生于天地之间，吾道受辱至此，百尔君子欲不愤，得乎？此诸儒不能已于言，四子不能已于述也。

以上《弘道书·道脉谱论》

　　若削七十子与汉唐，而以颢、颐上继，自以为道统，乃宋世妄论。

《弘道书·圣门定旨两变序记》

第三节　论中实

　　按，费密以"中"与"实"为道之内涵。以"中"言道，突出了道的普适性和规范性，颇有抽象的意味；以"实"言道，则强调实事、实功、"实以致用"才是道之真义所在，将儒学推为实用之学，而与虚浮空言相对立。

　　盖羲、农尚矣，尧命舜，称允执厥中，舜亦以命禹，汤执中，文、武、周公无偏无陂，皆中也。万世帝王传焉，公卿用之，至孔子曰"中庸"，古今学者守之，庠序布焉。是中者，圣人传道准绳也。不本中以修身，僻好而已；不本中以言治，偏党而已；不本中以明学，过不及而已，故谓之中传。师友闻见，世世不绝，使斯文未坠，故谓之道脉也。

《弘道书·道脉谱论》

　　大道之行，圣王不一，皆敦本务实，以率天下。

　　士守其典籍，《白虎通》曰："士者，事也，任事之称也。"后世止以守典籍者为儒之人，士亦止以言典籍者为儒之职。其道甚大，百物不废，举而措之天下之民，谓之事业，少有识者矣，古经犹可征也。

　　事者，实也，明礼义所以善事也。君相之事与学士同，君相之学与学士异；民庶之学与学士同，民庶之事与学士异，是不可偏举也。道非人不能弘，故圣人于天下之才兼收并育，天下之事分端各治，并纳门墙，名之曰儒，盖欲大道完备，而息后世异趋多争也。道总事物之全，然主也有在，出也有序，载也有殊，允执厥中。中者道之平，其定也，命土、命稷、命教、命刑事也。事者道之要，其著也，求其定，不独心也，耳目四肢皆合焉。治其著，不独水土刑教也，射、御、书、数皆通焉。安道之中，行道之事，惟圣人尽之。

子曰："吾十有五而志于学，三十而立。"先圣生知安行，学问亦十年一进，皆以实验之也。后世自魏晋清谈而变，宋儒又自主静错起，至致良知而极。数百年儒道，悉成浮谈，悲哉。

以上《弘道书·原教》

群言肴乱，不得圣人折衷之，必折衷古经乃可定也。古经之旨，皆教实以致用，无不同也，而其传亦皆学实以致用，即有异，无损于圣人之道，亦不害其为传也。

《弘道书·圣人取人定法论》

专言三代，欲以为治，不过儒生饰辞耀世。苟实行之，误国家而害民生，必如青苗、社仓，空竭四海而后止也。盖其性硁而识固，不知圣人穷变通久之道，而近于时中也。立政兴事，不泥古，不随俗，或革或因，上不病国，下不困民，求合于中。自宋以来，天下之大患在实事与议论两不相侔，故虚文盛而真用薄，言礼乐政刑者为儒生，行礼乐政刑者为有司，言者一人，行者一人。儒生好议论，然草野诵读，未尝身历政事，执固言理，不达世变，牵滞古文，充类尽义，责人所难，常碍而不可施；有司立实业，亲当其任，上合下宜，百回九折，与平昔讲说隔绝难合，但求免责，每略而苟就。二者恒相反而正道不可见矣。通儒不易得，君子有志实学，必深考详思，择而行之，庶不空为高议，真足救时，功业可立也。

先王执中建极而行，举贤亲民为要。成升平之世者，以此道也。

以上《弘道书·先王传道述》

后世语录窜入二氏之虚说不息，圣门六经典政治平之实旨不著。圣门之教，赖帝王之治以兴；帝王之治，赖圣门之教以盛，两不相离者也。学者必根源圣门，专守古经，从实志道，庶为是也。

《弘道书·圣门传道述》

有问于费密曰：何谓吾道？曰：古经所载可考也。谓之吾道者，所以别于诸子百家，偏私一隅而自以为道，不中不实也。中而不实，则掠虚足以害事；实而不中，过当亦可伤才。圣人慎言谨行，终身于恕，事不行怪，言不过高，既中且实，吾道事矣。舍是不可尽谓非道，不可谓之吾道。以其太深而易惑，太高而难行，非所以通天下之志。伯夷、柳下惠之贤且异之，况其它乎？吾道者，道之主，求之身、求之家而已足，乃天下万世准绳也。上古圣人为治，专以事，制器立法，人习之，家传之，无以言为也。中古渐变，治兼以教，事多而言少。三代迭更，至周末言与事俱多矣。孔子知世日变，处士必横议，言将至于不可止而盈天下，千万世之后，必有以偏乱中、浮害实者，故传七十子以先王之法而定之。圣人虑之如此其深远也，后世之儒果偏之浮之杂之。盖通诸四民之谓中，信诸一己之谓偏，见诸日用常行之谓实，故为性命恍忽之谓浮。偏浮之论盛行，而先王之道乱矣。

故先王以制度颙画，不以议论铺张，以要道经营，不以意见凑合，无不出之于实，无不行之以中，而国治天下平矣。

至宋南北，遂浮多而实少，语录无稽之言各盛，世益共尊而圣贤之，于是圣门中实之旨晦，而后世杂入二氏之儒为政于天下矣。伦常日用未能合道者已多，况加以贤知之过乎？欲明道行道，实焉中焉，言人所共识，行众所皆通也。

中实以通天下之志，万世不易。偏浮为道大害，不久而改。

大抵天道为主，而气运相随，故阴阳推行于上，则人事变应于下，非尽人力所致也。日月五星，万古如是，而日月亦有剥蚀之时，五星亦有失度之候，故后世之说，必不能止。学者但欲知圣人古经，中也实也，如日月五星，至于剥蚀失度，亦暂焉而已。

以上《弘道书·吾道述》

后世儒者专以立言为主，然述往古，示来兹，成教化，敦风俗，必言实行。不偏好，不苛求，弘远而不狭隘，方合圣门旧旨。

古经之弘者，无所不实，施济于天下，学者守之；二氏之静旨，专求其虚，独理其身，二氏之徒守之。各有其传，不相假藉。诸儒辟二氏，谓其惑世诬民，若不可令一日容于斯世，而阴窃其说以自润，又何可以服二氏之心？乃取山林幽独之行，加于先王人伦日用之中，枯槁虚无之言，杂于圣门忠信笃敬之内，夫安能合？不能合，必强为之辞以画一之，此后儒自谓愈传愈细，愈入愈微，而实则愈说愈谬也。

观历代之论，魏晋宋南北之言学，流弊可知。盖清谈害实，始于魏晋，而固陋变中，盛于宋南北。自汉至唐，异说亦时有，然士安学同，中实尚存。至宋而后，齐逞意见，如七国战争，专事口舌，学术日杂，屡为后儒臆说所乱，未能淹洽古说，又不降心，将人情物理、平居处事点勘离合，说者自说，事者自事，终为两断，一段好议论美听而已。

以上《弘道书·圣门定旨两变序记》

三纲五常，饮食衣服，宫室器用，吉凶仪物，殊途同归。诗书礼乐所载，士农工贾遵守，此为吾道，实事中庸。

《弘道书·王道久而渐变遂分表》

第四节　论人才与教化

按，费密讲求实用，强调事功，秉信"教成治定"，因此对立教育才多有所措意。其论人才既以才德兼备为标的，又认识到人无完人，不必求全责备，即使只在某一方面独有造诣，亦为专门人才，只要"因人之能""使才足用"即可。

帝王所以创基保土，非一人之得已也，皆有良臣为之股肱焉，心膂焉，爪牙焉，乃能永定弘业，传世葆位。夫君犹五岳四渎、名山大川也，佐辅之臣则山之巨木茂草，鸟兽所栖息，川之涛波潆洄，鱼龙所鼓鬣也。苟山童而川涸，恶足以滂润雨泽，流衍田畴，蕃百谷以育士女乎？惟大则天，莫过于尧，尧则四岳群牧为之辅。大知恭己，莫过于舜，舜则佐以二十二人。伊尹、仲虺、甘盘、傅说、周、召、毕、散，三代之隆，咸是道也。传曰："股肱良哉，庶事康哉。""济济多士，文王以宁。"未有帷幄无谋臣，将帅乏忠鲠，郡邑少循良，不得群策群力，而堪弘图永世，使天下蒙其休，万姓乐其生者也。三代尚矣。炎汉之兴，则萧何、张良、曹参、韩信、陈平、娄敬、滕公、叔孙通、郦食其、随、陆、绛、灌。及孝文入缵，宋昌、周勃、冯唐、张释之。孝武雄才巨略，儒雅则公孙弘、董仲舒、倪宽，笃行则石建、石庆，质直则汲黯、卜式，推贤则韩安国、郑当时，定令则赵禹、张汤，文学则司马迁、相如，滑稽则东方朔、枚皋，应对则严助、朱买臣，历数则唐都、洛下闳，协律则李延年，运筹则桑弘羊，奉使则张骞、苏武，将卒则卫青、霍去病，受遗则霍光、金日磾。孝宣承统，而萧望之、梁丘贺、夏侯胜、韦玄成、严彭祖、尹更始以儒术进，刘向、王褒以文章显，将相则张安世、赵充国、魏相、丙吉、于定国、杜延年，治民则黄霸、王成、龚遂、郑弘、召信臣、韩延寿、尹翁归、赵广汉、严延年、张敞之属。世祖光复旧物，得邓禹、冯异、耿弇、来歙、祭遵、宗均二十余人。昭烈以一旅袷禘，有诸葛亮、庞统、法正、费祎、关羽、张飞、赵云、黄忠。其后诸人亡逝，亮遂不能出讨。晋则何曾、羊祜、杜预、卫瓘、王浚、山涛、刘毅、魏舒、马隆、索靖、刘琨、祖逖。其渡江也，赖王导、温峤、周顗、顾荣、贺循、周顗、陶侃、卞壶，乃立东晋。隋之杨素、牛弘、宇文庆、史万岁。唐太宗之魏征、房玄龄、杜如晦、虞世南、李靖、李绩、王珪、薛收、高季辅、刘文静、张玄素、尉迟恭、长孙无忌、马周。玄宗之姚崇、宋璟、张九龄。其后三失京师，赖郭子仪、李光弼、张巡、李晟、浑瑊、马燧而后定。宋太祖、太宗之赵普、范质、石守信、曹翰、潘美、曹彬、王溥、王全斌。即高宗南渡，非吕好问、韩世忠、刘锜、李纲、宗泽、岳飞、赵鼎、张浚、朱胜非、吕颐浩、虞允文、刘光世，何以六帝百五十年？元太祖、世祖统一中国，其才亦多产于沙漠：木华黎、博尔术、博尔忽、赤老温、布鲁海牙、安童、廉希宪、伯颜、不忽木、阿鲁浑萨里、阿沙不花、拜住、耶律楚材、许衡、姚枢、刘秉忠。即称号立国，传世一方，亦未有孤立而得之者。魏之荀彧、荀攸、程昱、郭嘉、司马懿、辛毗、典韦、陈泰、张辽、许褚。吴之张昭、顾雍、周瑜、鲁肃、陆逊、陆抗、诸葛瑾。宋、齐、梁、陈亦不乏人。元魏、北齐、北周、五代十国，南渡辽、金，史官所记，不易尽书也。开业之君，发于草泽，名卑势微，艰危百状，久而后集。非文臣为之谋，无以怀将帅而料敌国；非武臣为之战，无以平纷扰而定四方。守成之主，承祖宗丕绪，统一寰区，抚育六合，日有万几，励精勤惕。布恩膏，雍间阎，必文臣理于内；固边陲，奋威纪，必武臣振于外。国家倚之，群黎庇之，文武臣工，天子之左右手也。

若圣人考次古籍国史，笔削纪其实，而是非自见，非褒贬与夺，任意而固也。奸人乱国，叛臣侮君，在所必诛，其余安可任一己刻隘之私，直断已往难知之案？夫运代不同，犹四序之递令，而性情互异，若水火之相隔也。葛宜于夏，冰雪满庭而亦葛之；裘宜于冬，暑风炎热而亦裘

第五章 论著辑评

之,市井之人,罔不嗤矣。古之达者,就其所遭而致力焉。夫才德高盛而拔众,古难其人,有数百年而后得之一人焉,有百年而后得之一人焉,有数十年而后得之一人焉,有众人之俊杰焉,天道佑之,鬼神助之,遇时获主,立勋于时,此国家之福祉而生民之大庆也,故曰才难。至于德盛者才常短,才多者德常歉,方正焉,愤其忠义,见事敢言,然易激烈以生端;和平焉,思不出位,近于明哲保身,而于事又少担荷,此亦自古至今必不可得平之数也。况生知少成,千百未一二也。阅历深而明出,错误悔而识长,十有四五。然才必出于德而后为良才,德必出于才而后为盛德,其次则德与才平而分多少焉。才而不德,恐为乱阶;德而不才,惧其失策。服官政则才成其功,处乡党则德著其善。然朝廷所拔必先才,赏罚所加必先功,舍是何以综理庶务,表正百僚哉?故历代人才不一,或识高而学浅,或学赡而识卑,或文多而浮,或武壮而暴,或刚德而败事,或激昂以邀名,或谋深而谤腾,或名重而毁至。或始而亡命江湖也,后能立勋钟鼎;或其初托足匪类也,继乃望重朝端。或辱身以就奸贼而曲忍全君,或畏势觉其难移而退避免祸。或公忠体国,事欲核实,而诸臣怨之;或招呼同类,朋党害政,而天下称之。或为众所攻而未尽非,或为众所宗而非无过。或规模弘远而人议其侈,或守身清介而人讥其固。或刚正之质以温厚为怯懦,或柔婉之哲以劲直为乖张。天下原非可一定不移,为衡宜百务精当。国史所书,代不数见,此伊尹不求备于一人,孔子论朱干玉戚、豚肩不掩皆贤大夫也。乌有一生事事无疵,言言中节乎?故过,虽圣人不能尽无也,在知悔,在能改。季文子曰:"过而能改,民之上也,用为上大夫。"先代贤俊,自庶僚以至于公卿,岁月久远而后至,至者百无二三焉。公卿矣,而能表显当世,又百无二三焉。补朝廷之缺,救郡邑边庭之难而成君德之仁,皆几经辛勤,几经磨炼,几经曲折,仆而复起,退而复进,败而复成,深思详计,而后身名昭著,功业灿然也。

  论事必本于人情,议人必兼之时势。功过不相掩,而得失必互存。不尽律人以圣贤,不专责人以必死。不以难行之事徒侈为美谈,不以必用之规定指为不肖。后事之忠,咸足以立身;异时之善,皆可以补过。从古从今,救时为急,或可或否,中正为宜。

以上《弼辅录论》

圣人之道一也，非有奇旨殊意，使人难晓，然深且大矣。深也，故入者微而无所不尽；大也，故出者详而无所不兼。先王在昔设教，首士焉，士则胄子与公卿之元子、凡民之秀也。胄子，异日之南面居临者也；公卿之子与凡民之秀，皆异日治事以佐君理政者也。胄子成，而凡胄子所及者，皆不敢有乱行矣；公卿之子成，凡公卿之子所及者，不敢有乱行矣；凡民之秀成，而闾阎所及者，无不率于典制矣。教成治定焉。夫性，天生者也，故其德不同，有智焉、仁焉、圣焉、义焉、中焉、和焉。智则足以照烛事机，仁则足以涵育万类，圣则足以通达幽隐，义则足以断宰善恶，中则不偏，和则不厉，此其德性之美者也。德美则有立乎臣民之上之本矣，必见之于行而后足以养德，孝于亲，友于昆弟，睦于宗族，姻于婚媾，任于里党，恤于孤寡。如是其行也，而德之修远矣。治事之才犹未成也，于是六艺以习之，礼以立身，乐以和气，射以观德，御以达能，书以通事，数以理财。六艺成而才当于用。故德性不可强者也，行与艺则因教而进焉。故知之孝与仁之孝不同，而孝一也；圣之礼与义之礼不同，而礼一也。因其德性，增之才能，而士皆可为国之桢干矣。

夫自其幼而教之则易入，及其冠而室也则易成。故十年而学幼仪，十三而学乐、诵《诗》、舞《勺》，成童而舞《象》，二十而学礼、惇行孝弟，三十而博学无方，则射、御、书、数皆在其中矣。盖开国承家之事，必赖壮盛精力为之。年高则精力衰，于事识之虽至，而时已不可为。壮盛而学成，以当上用，国之庆而家之福也。故谋于耆艾而事于少壮，所以因人之能而使才足用也，此先王立教以成人才之本也。世衰教散，吾先圣孔子起而修之，其传则士也，故身通六艺者七十七人。学圣人之道，其才不同，则所就不同；圣人以道教人，其法不异，则所由不异。不同也而使同，不异也而有异。昔者七十子学于孔子，与孔子所以教七十子者，其法具在。子路勇也，冉有艺也，子贡、宰我言也，颜渊、闵子骞、冉伯牛、仲弓善言德行也；子羔之愚，曾子之鲁，子张之辟，琴张、曾晳、牧皮之狂，未尝尽违其才以求似于圣人，圣人亦未尝欲其似己也，尽违其才而教之。故圣人不劳而教成，七十子不苦而学成。孔子既没，七十子分教世之子弟就学，七十子各以其所得于圣人者以为教，世之子弟各以其所受于七十子者以为学，教异而学不同矣，学异而教不同矣。学与教虽不同,求圣人之道则无异,故儒为百氏宗焉,儒靡不周也。

贤者于圣人之盛德也,大业也,或得其一焉,不必同也,不必异也。天子出礼乐,则文之儒当之;出征伐,则武之儒当之;足国用,则计财赋之儒当之;善任使,则知人之儒当之矣。苟隐闭不出,著书言道,独善其身,为天下端人,行天下中事,恶得不为儒哉?圣人称颜渊不违如愚,仲弓、闵子才一二语,冉牛之辞不著,则德行非以辩论为长。政事取冉有、季路,言语取宰我、子贡,文学取子游、子夏,诸贤何尝无后世可以驳议之事?圣人未以一眚弃之,又不可以为大夫。虽不欲不与也,民受其赐。虽不知礼而仁之,圣人取人可知矣。不得中行,必也狂狷。狂以其进取,狷有所不为,圣人育才又可知矣。故圣人设教则宽,取人则恕,育才则周,举事则备,力行作范,言论成则,经传具存,天下后世之儒当以为法,当以为教也。君子有大致,出处是已;群黎有大事,养生送死是已。儒者修其身,正天下国家,使男女之伦不有邪慝,上下有常,亲疏有节,生安死顺,久远平治也。不独于身得之,亦于人而得之;不独于言见之,亦于事而见之。非斤斤焉同乎我者纳之,其未同乎我者遂摈而弃也。

圣人之举事也,可以移风易俗,而教道可施之于百姓,非独适身之行也。天下之才甚不一也,圣人论其中,不论其上下;天下之事甚不同也,圣人论其常,不论其变。故治乱听之世而平之以政,才德任之人而定之以学。狂狷不相强,亦不必强狂狷以中行,狂与狷虽疾也,皆天也。尽绝其天,虽圣人不能,裁之而已。裁狂狷而兼德行、言语、政事、文学,圣人立教,至定不易之成法也。天下既治,无异于中材;天下已乱,无救于成败,上不足以急君父之难,下不足以拯民生之厄,浮言荒说,高自矜许,诬古人而惑后世,非圣人所取也。圣人所取,修之有益于身,言之有益于人,行之有益于事,仕则有益于国,处则有益于家。□道患不明不行也。欲道之行,先之以教,收上下之英才,返吾党所固有,明告天下后世曰:"豪杰之士,自拔流俗,或出或处,为天下端人,行天下中事,而无忒焉,皆圣人命之曰儒也。经传仁义之旨,非后儒之理欲,不必傍附言之,乃可曰儒也。不言理欲之浮虚而杂二氏,庶得经传之实也。"

古者立贤无方，故宰夫仆御，事虽鄙贱，正人皆为之而不辞。若胶鬲、管仲、孙叔敖、百里奚，国家皆举之而不弃。汉犹选大臣子弟，舞宗庙之乐。六朝犹以挽郎登仕籍。唐诗赋取士，已入浮薄，犹云儒装，亦有云："家散万金酬士死，身留一剑报君恩。渔阳老将多回席，鲁国诸生半在门。"

以上《弘道书·原教》

平康中行也，沉潜多者狷，高明多者狂，刚柔者裁之也。高明者才长，而不能柔，恐浮而不深；沉潜者守约，而不能刚，恐狭而不达。才则易荡，荡则不可以事人；守则易固，固则不可以治事。夫事人治事，士之大者也，而不有以裁之，则狂狷之才弃者多矣。高明而教使柔，沉潜而教使刚，然后才因学以当于用。夫物之不齐，物之情也。区区焉欲专一人之好尚，强天下以从，其有不从，起而斥之，圣门无其法，古经无其旨也。

以圣人之同，谓七十子皆同，不可也；以七十子之异，谓圣人有异，亦不可也。高明而学焉，则以高明入于道；沉潜而学焉，则以沉潜入于道。道同而所入异，入异而道亦同之不同。韩愈所谓学焉各得其性之所近也。后世学者性本沉潜，子夏氏之儒也，而说变焉，自以为尽于圣人之道，执其说非天下之高明，学者之沉潜皆从而和，谓其非合于圣人，不知其为沉潜之非高明也；性本高明，子张氏之儒也，而说变焉，自以为尽于圣人之道，执其说非天下之沉潜，学者之高明皆从而和，谓其非合于圣人，不知其为高明之非沉潜也。圣人之道于是乎异矣。

以上《弘道书·圣人取人定法论》

夫君师，生民之极称也，然虚而统也，实以分之，君则天子、诸侯不同矣。三王既定为先圣先师，其旨远哉。先圣云者，立教者也；先师云者，布教者也。

《弘道书·先师位次旧制议》

司徒敬敷，以后夏校殷序，周益详著，然受命于朝，布教在上。吾先圣孔子讲王道在草野，成教于下。圣门教成，修身、齐家、治国、平天下，咸有条法矣。圣门之道，所以立教，万世不易，教乃治中之一，而成人材、消暴乱之首事也。教者何？方类不齐，使其各尽自身自家而始也。

君仁臣忠，父慈子孝，兄友弟恭，夫和妇顺，朋友切磋，上下安静，士则移孝作忠，学古入官；农工商贾，各守本业，谨身节用，以养父母。一人如是也，千万人如是也，一家如是也，千万家如是也，千万里如是也，千万世如是也，此之谓教。典籍由此而兴，人材赖此而盛，皆七十子传经之大功。

圣门之旨，无一定之类，而有一定之教。仁一也，仁者得之为安仁，知者得之为利仁。圣人不强仁者以利而知者以安也，故曰有教无类，何取中行狂狷？教为文行忠信，雅言诗书执礼，涵浸蕴育，令其自得，材器各遂，皆能成就。或为德行，或为言语，或为政事，或为文学。出而仕，行先王之道于国，遍惠群黎；安而处，守先王之道于家，惇其族党。身无邪僻，世不浇漓，圣门一定不易之法也。后世儒者，愈传愈非。

以上《弘道书·圣门传道述》

富有日新，备物致用，博施济众，天地合德，此为圣人。不怠于学，非学可至。

若圣人所教，则可得而述也。言忠信，行笃敬，始于事亲，中于事君，终于立身。盖古之所教所学，皆通人事以致用，故干戈射御，舞《勺》歌《诗》，皆学中教人之典，非后世博书撰文之谓也。况欲拱手高谈性命，著成语录乎？盖其下立言，士之一端，立德立功，久置不讲。然古经所载，圣门立教定旨，后世奉取自修之方尚存。恭厚平直以立身，宽和信让以安人，勤敏谋断以执事，慎耻恕约以修辞，此圣门之所谓学。小人皆得习以修身焉。

圣门有教无类，自言下学而上达。学谓之下者，人人皆知，人人可行，实而有据也。既学矣，已知已能者渐而深焉，未知未能者进而得焉，日增月益，补救其过不及，去不善以就善。始也守先王之法言法行，博求于诗书礼乐之中。既而出身修之，有德有言，为式于乡国州闾之内。所谓上达，各各不同，待人自至，而不可强者也。下学人事，上达天理，古经无此说。苟隐居求志，宗族称孝，乡党称弟，如行义达道，尊五美，屏四恶，圣人与众同其好恶，载之古经，最为明备。

以上《弘道书·圣门定旨两变序记》

第五节　论七十子与汉唐儒

按，费密认为七十子与汉唐诸儒于道传绪衍脉，于经考究承继，工苦深厚，泽及后世，有大功于圣门。其为宋儒遏绝五六百年，应拨乱反正，大力表彰。

秦人焚书，经文尽失，儒者壁藏之，冢藏之，子若孙口授之，二三门人讨论纂述之，保秘深厚，幸获不坠。经已绝复存者，先秦诸儒之力也。汉兴，下诏追寻，大师耆德，收理旧业，迪训后起，正定讹残，互述传义。其立学官，七十子遗学未泯，经久亡而复彰者，汉儒之力也。自汉而后，中罹兵事，书传佚落。六朝以来，诸儒于经，注解音释，或得其遗以补亡脱。至唐始会为十二经《孟子》古不列经，宋宣和后始入，上自朝廷，下逮草野，皆有其书，经如丝复盛者，魏晋隋唐诸儒力也。

汉唐守圣人之道，考究经传。

苟非七十子之与汉唐诸儒，遗经又绝，不传之学何自而得哉？

七十子与汉唐诸儒，生平素履，累数十年积学，守卫圣人之道，工苦深厚，泽及后世。取其所传遗经，尽绝其人，从千百年前加以数语，如亲见之，决然并弃，恐亦未尝详思耶。

道之定，遗经立其本，七十子传其绪，汉唐诸儒衍其脉。后儒比七十子，犹滕薛之于齐晋也。七十子身事圣人也，见全经也，三代典制存也。自汉至近代诸儒，其德兄弟也，善言美行皆可补益于世。然汉儒，冢子也；后儒，叔季也。汉儒虽未事七十子，去古未远，初当君子五世之泽，一也；尚传闻先秦古书、故家遗俗，二也；未罹永嘉之乱，旧章散失，三也。故汉政事风俗经术教化文章，皆非后世可几，何敢与汉儒敌耦哉！魏晋至唐，多方补葺，犹得六七焉，后儒亦不能及。

于是张朝瑞撰《孔门传道录》，纪七十子；朱睦㮮序《授经图》，列汉儒；邓元锡纂《学校志》，从七十子序及近代；王圻作《道统考》，取儒林世系，收秦汉魏晋南北隋唐诸儒于宋之前，著论明其不可废。自诸儒之说出而四子之书行，谈学仍归中正。七十子与汉唐抱道诸儒为宋遏绝者五六百年，万历间始复禘袷。闻道世系之中，吾道昔何可伤，而今

第五章 论著辑评

乃可庆也。

圣门七十子,当时分教列国,虽门人或有或无,然有者必多。赵岐注《孟子》云:"遭秦坑焚之后,孟子之徒党尽矣。"其皆罹秦难而断与?七十子传人见于汉国史者止四人,子夏、子贡、左丘明、商瞿。子贡之传为《公羊春秋》,公羊高事子贡,亦事子夏。然汉儒以公羊为齐学,子贡终于齐,则得子贡之传为多。五传至汉胡母子都、董仲舒始显。子夏之传有二,谷梁赤传为《谷梁春秋》,至汉蔡千秋、刘向始显;曾申、李克传《诗》,至汉毛亨、毛苌始显。左丘明传为《左氏春秋》,至汉刘歆始显,贾逵始行,晋杜预始注。商瞿传《易》,矫疵、馯臂受之,至汉田何始显,服虔、郑玄始注,今惟魏王弼独存。伏生传《尚书》,至孔安国始显。高堂生传《礼》,至后苍始显。制氏传《乐》。汉徐防奏云:"臣闻《诗》《书》《礼》《乐》定自孔子。发明章句,始于子夏。"则《礼》《乐》《诗》《书》皆子夏之分宗世绪也。此七十子之正传嫡系,古经赖四家门徒而得存,三代典章赖四家门徒而不散。至今二千余年,王道如日中天,司马迁、班固《儒林》之有功圣门,宁不与孟轲、荀卿并哉?

以上《弘道书·道脉谱论》

此七十子以来圣门之旨,汉儒可谓继将绝之学于古经,不恃口辩,而欲默成也。

子夏居西河,学者甚众,而有田子方。子方之后,遂为庄周,周之书非儒旨也。则百氏之学,皆源于圣门。其书之美者,皆圣人所备有,百氏自失焉,安其偏而嗜大异,狷狂恣论,不获返中,是不可不知也。圣门具体诸贤,未闻传人。子夏、子游、子贡、子张、商瞿、曾子、左丘明、澹台灭明、原宪、季次各有受业,曾申、孔伋、公明高、乐正子春、李克、孟轲、馯臂、吴期其传不绝,或显或不显耳。七国战争,纵横杂出,因力假势,诸侯贵之,习以为俗,惟荀卿以学鸣终老,于是秦博士如伏生、叔孙通辈,咸得先师遗训。国方废学不之重,汉乃遵奉古经,田何、王同、丁宽、孟喜之于《易》,伏生、欧阳、夏侯、孔安国之于《尚书》,申公、毛公、韩婴、辕固之于《诗》,高堂生、孟卿、后苍之于《礼》,制氏之于《乐》,《春秋》则胡母子都、董仲舒善《公羊》,蔡千秋、刘向善《谷梁》,贯公、刘歆、翟方进善《左氏》,匡衡、萧望

· 115 ·

之、师丹、戴圣、戴德、桓荣、丁鸿、杨震、谢曼卿、贾逵、卫宏、马融、郑玄、卢植、服虔、郑众、许慎、赵岐炳蔚一世，余教授不可胜纪。于时搜录废绝未知之义，专门讲说，天下稍稍闻见圣人之书。二帝三代之王政定制，始不湮没。书不尽言者，咸出口授，古今不同，非训诂无以明之，训诂明而道不坠。后世舍汉儒所传，何能道三代风旨文辞乎？故汉儒之于圣门，犹启、甲、成、康之于禹、汤、文、武也。若陆贾、贾山、贾谊、扬雄、荀悦、徐干、王充、王符诸儒，鸿材巨识，别有著书，皆甚可观，世未大好也。迨于魏晋，王弼、何晏习为清谈，儒学始变，朝野相尚，损实坏政。中原沦没，宋、齐、梁、陈偏安江左，诸儒谈经，遂杂玄旨。何承天、周弘正、关康之、雷次宗、刘瓛、沈麟士、明山宾、皇侃、虞喜、张讥、周舍、伏曼容、张绪诸君子，缁素并听，受者甚广。北方旧族，执经而言圣人之道，卢玄、王保安、刁冲、刘兰、张吾贵、李同轨、徐遵明、熊安生、刘焯、刘炫诸儒，弟子著录，以千万计，古经得传，深有赖焉。隋王通聚徒河汾，慨然经传，欲续未坠之绪，通年不寿，讲席散去，天下用兵，未大蕃昌。然圣门万世宣流之泽，至此一兴，通之勋亦茂哉。唐定天下，其主好文，其臣皆多才力学，彼魏征、虞世南、张说、贾至、颜真卿、刘禹锡、宋璟、崔仁师、杨发诸公，经学精深，世犹以诗赋称；陆元朗、颜师古、朱子奢、孔颖达、马怀素、褚无量、杨士勋、贾公彦、彭景、李鼎祚群儒，用意经传，功厚而泽普；韩愈悲流俗沉溺，伤至道久废，起而注《论语》，尊孟轲，为学者规。学于愈者，李翱、皇甫湜辈，皆有书。六代以来，丽弱不振之俗，冗杂声偶之文，勃然一改。愈窜逐奔走，爵未通显，倡而寡和，不能使天下大进于学，亦愈之不幸也。藩镇逆命，兵革不息，朱温篡夺，天下益乱。庄宗、明宗既非大治之主，又在位日浅，唐之子孙，僻在一隅，石氏、刘氏、郭氏皆立纷乱之中，久者十余年，少者数年，四方各立者数姓，以兵甲为饮食，夺攘为风俗，五十余年儒术衰敝极矣。宋兴，虽未异于郭氏，太祖、太宗养之以德，治之以礼，割据诸国，渐就平削，子孙君天下日久，海内乂安，百余年间，儒风蔚起，如种放、穆修、李之才、尹洙、李溉、欧阳修、司马光、王安石、周惇颐、程颢、程颐、张载、邵雍、苏轼、苏辙、黄庭坚、胡安国、刘牧、朱震、吕祖谦、朱熹、陆九渊、张栻、尹焞、詹体仁、蔡元定、真德秀、叶适、魏了翁、陈亮、陈澔，南北并兴。然安石《新义》至朱熹《集注》，儒学更大变。许衡、廉希宪、伯颜、赡思、拜住、不忽术、吴澄、虞集、袁桷、黄泽、元明善、韩性、陈樵，皆著于元。若明以来，宋濂、方孝孺、薛瑄、吴与弼、娄谅、章懋、胡居仁、陈献章、湛若水、罗洪先、陈选、吕柟、丘浚、罗钦顺、许诰、郝敬、来知德、吕坤，悉世所称。王守仁别取"致良知"为旨，学者崇奉，儒学尤变甚矣。诸儒绪次不绝，二千余年兴起宣播不一，其代圣人参赞天地，深功上德，明白于天下。即百家众说，杂然并起，圣人之道，永为生民主矣。诸儒或远或近，或达或穷，或众或孤，衍衍错错，被于四海，绵之后世，儒术盛衰，此其大都也。

以上《弘道书·原教》

圣门诸贤，不同甚矣，入于圣人之教，则皆有成，闻道未尝异。自孟轲以来，称七十子，孟轲源于子思，子思亲炙曾子，而轲曰：子夏、子游、子张皆有圣人之一体，冉牛、闵子、颜渊则具体而微。未尝以具体称曾子，其称曾子，与子夏并。孟轲论道甚严，笔于书如此。具体、一体虽有异，非七十子尽劣于颜渊，独颜、闵数人始能传圣人之道，可以教后世也。孟轲于七十子未尝有所去取，后世之儒何所见，以意尽为芟除，独许曾氏与？七十子之学未可以一端定，先子尝喻之：子同也，长幼而已；仕同也，上大夫、下大夫、士而已。七十子不可过为分别，亦彰彰矣，何后世论道，遂敢为悬绝也？

《弘道书·圣人取人定法论》

圣人于道未尝有所谓教外别传也。七十子共传之，其有不同，犹公、侯、伯、子、男之皆诸侯。今流王化，曾氏独得其宗，古今安有是言？《大学》非曾氏所述，子思、孟轲远不相及，无所授受，皆可据经史驳正。传道之辞深诬而为世惑，已非一日。

《弘道书·先师位次旧制议》

昔圣人之道著于一时，古经传之万世，七十子辅助之力为多。居也弦歌而诗书，出也车马而仆驭，畏于匡，困于蒲，厄于陈、蔡，削迹于宋，从患难若斯其久也。

《弘道书·七十子为后一例议》

第六节　论宋明儒

按，费密对宋明理学大加批判，既否定其道统说，也批驳其改经、讲学、静坐等作为。认为宋明儒虚僻固陋、脱离实际，与儒家中实之旨背道而驰，是国家社稷之害。

后儒饰虚矜肆，以杳冥不可致诘为道，枝辞争辨为学，袭六经以就其私议，于是性命之说出焉，传心之论起焉，诞浮相尚，圣王修身安人、开国承家之实，咸为后儒所坏乱。

守先王之法，不知变通损益，必塞而难施。非法不可久也，行法者未得先王之意云耳。求圣人道德百之一以自淑，学之修身可也。取经传之言而颠倒之，穿凿之，强谓圣人如此，吾学圣人遂得之如此，自以为古人与一世皆所未知，而独吾一二人静坐而得之，以吾之学即至圣人，是孔子所不居，七十子所未信，孟轲、荀卿诸儒所不敢，后世俨然有之，何其厚诬之甚与！

昔先圣言殷因夏礼，周因殷礼，皆有损益，百世可知。且齐桓、管仲尚称一匡天下，民受其赐，而许以仁。汉唐以来，治乱不一，睿帝哲王，救民除暴，因时为政，布惠敷恩，宣襃古经，兴立学校，使先王之典制不致尽没，黎庶之涂炭不致久困，一时赖之，数百年享之，追继三代无疑也。历世久远，诸儒皆无异辞，何为至南宋遂敢杜撰私议而悉谤毁黜削之，谓秦汉而下诏令济得甚事，皆势力把持，牵滞过日。

况独尊其党之匹夫于年湮代隔已久，妄以续二帝三王，假圣贤之言，僭名道统者也。其语播流天下数百年，傥谈道不本于庙堂，何以谓之儒说？不序历代，何以知损益？若不重述旧章，道统还之帝王，而举诸儒公论，后世不得立于圣门，历代不得显加排摈，则亦无当也已。后儒以其僻说强辞窜入圣人之经，拟圣人之德，上附邹鲁，此亦尉佗之黄屋左纛也。

以上《弘道书·统典论》

二帝三王，皆以事业为道德，典谟训诰，记录彰明。战国分争，始以攘夺为事业，谓之变可也，非事业外又有所谓道德。以言无、言天、言心性、言静、言理为道德，以事业为伯术，则后儒窜杂谬诞，而非圣门之旧。古制所载，不过以义制事，以礼制心。皋、夔、稷、契，未闻其谈无争性也；《尚书》《周礼》，无所谓会活泼泼地也；版筑鱼盐，耕莘钓渭，甘盘箕子何尝从事冲漠无朕、静观天理也？《孝经》《论语》，乌有主静无欲也？颜、闵、冉、仲，不言即物穷理、本心良知也。子使漆雕开仕，如或知尔，则何以哉？颜渊问政，子曰："行夏之时，乘殷之辂，服周之冕，乐则《韶》舞。"雍也可使南面。由也果，赐也达，求也艺，于从政乎何有？赤也束带立于朝，可使与宾客言也。圣人教二三子如此。故何瑭云："学以政为大，余小节也。"盖朝廷举贤，取其驭民治政之实才以勤劳三事，而非欲其虚渺无稽之浮谈，以妄自尊大焉。岂窃二氏之旨，改乱古经，以就其曲说者，反可加诸聪明元后、器识良能之上哉？甚矣，道统私创，违悖圣门，与经不合也！

宋世曲士陋儒，志浮目狭，未常炼达，辄冯枯竹衡量古人，洗沙而数，拔毛而度，未悉之事，闭户以谈，往代之非，意见为刺。削平生之勋德，搜隙罅以为罪。

元儒许衡曰："以众人望人则可，以圣贤望人则无完人矣。"刘因《读史诗》云："纪录纷纷已失真，语言轻重在词臣。若将文字论心术，恐有无边受屈人。"二先儒之言，乃千古痛心刻骨之论，实从古经中得来，真圣门忠恕旧旨。盖见宋黜削汉唐太过，自帝王与公卿儒贤，莫不拨脂洗髓，遭其毁刺，故出此论以救之，乃匡谬正俗之急务也。

后儒以静坐谈性辨理为道，一切旧有之实皆下之，而圣门大旨尽失矣。

以上《弘道书·弼辅录论》

宋陈抟、种放、穆修，当五代学废之后，相继谈经，以图明《易》。其后诸儒视图偏重，共矜为不传之秘旨。刘向校书，考《易》说诸家，皆祖田何、杨叔、丁将军，大谊略同。惟京氏异党。不言《易》有图，王弼、韩康伯注本可据也。图纬教授，樊英、杨厚之伦。唐章怀太子注《后汉书》云："图，《河图》也。"则汉所谓图纬，咸承于古，不附经而别授。古者左图右史，传经者右史之学，传图纬者左图之学。汉张衡请禁图谶云："《河》《洛》之篇已定，矫称谶记。"则图纬与图谶若同而异。诸儒解图曰纬，犹后世语录。谶虽矫称，亦宗于图，古图实赖纬以存。刘勰

费密学案

《正纬》云："真虽存矣，伪亦凭焉。"宋儒先天后天之学，本汉图纬之书也。非自图纬，无所从来，将宋儒伪撰假托上古。宋之经学，杨悫、戚同文传范仲淹、孙复、张载①，未明所从来，时犹及于陈抟。李溉传许坚、范谔昌、刘牧，本自种放。其事穆修者，李之才、周惇颐、尹洙。之才传邵雍、刘羲叟、邵伯温、赵鼎，惇颐传程颢、程颐，颐传游酢、谢良佐、杨时。学《春秋》于孙复者欧阳修，修称师友之益得尹洙为多，苏轼、苏辙、黄庭坚出焉。宋以王、苏、程三氏学衍问生徒。穆修所授一二世而已分。至于诂经，唐啖助、王元感、陆淳以来，已出意见，尚未大变乱也。经目大变，创于王铃，和以贾昌朝，而刘敞为说，始异古注疏；然不著天下。王安石自昌朝发，及其得相，凭借宠望，独任己私，本刘敞《七经小传》，尽改古注为新义，用以试士，凭立章程，诬辩诞幽，以为道德性命之微自此兴。安石倡据于上，迫以功令，儒生求合有司，纷应于下，坚守古说不变者无几。或稍增损，若异之，大旨实一也。韩驹奏曰：西汉之士专一经，饰吏事、断疑狱皆出于此。今学者亦专一经，不能施于用，徒诵王安石义训义格以待问。六经之旨既为微妙，其间星辰山川、禽鱼草木，皆须他书以资参验，王安石所以无书不读也。今之为学，安石所训之外，不加研究，有司不可为题目者，又不复究知，独诵道德性命之言，以为学圣人之道如是足矣。安石言之则为新义，行之则为新法，天下骚然，中原尽失，宋遂南渡。当是时，不专守古经，言足食足兵，好谋而成，从生聚教训实处讲求，思以立国，而因循苟且，朝士所争乃王安石、程颐之学术，上殿多言格物，道德性命之说益炽。吕祖谦、陆九渊、朱熹、张栻、陈亮最播，论各不同，而九渊与熹尤显。九渊言本心而略经传，又非程颢、程颐，其徒不盛。熹本道德性命之说，更为《集注》，力排七十子、古今诸儒，独取二程。然二程与安石稍异者，不过静坐体验，会活泼泼地，气质之性耳。一切道德性命臆说，悉本安石焉。熹齿既高，观书深而气平，称汉儒说经意味深长，知者鲜矣。明洪武中，定取士法，用古注疏，兼之宋传，著为令甲。宋传亦未尽从，以蔡沈言天运大非，集诸儒更解，赐名《书传会选》。敕刘昆孙删《孟子》为节文。削去八十五段，不以试士。永乐得位，专用朱熹之说，始不遵祖

---

① 戚，原作"成"，误。戚同文，五代、北宋初学者，师从杨悫，范仲淹曾拜于门下。

训，仍宋旧本。作《四书五经大全》，命科举以为程序，古注疏亦未尝有诏禁止。生徒恐畏趋时，专习宋传，性理浮说盛行，递相祖受，古义尽废，七十子所遗汉唐相传其守之实学殆绝，讲议益固。洪宣至隆万，诸儒深忧之，诤论大出，而皆未尝别标门户也。王守仁遵信古本《大学》，取朱熹晚年所言乃定论，此圣门实学将复之机。奈守仁不深稽经文，求七十子之旧，正圣人立教本旨，虽以朱熹穷理格物为非，而复溯九渊本心之说，改九渊接孟轲，更欲以截然自树立为致良知。一时学者喜新好异，纷然去朱而从王。自此穷理、良知二说并立，学者各有所好，互相仇敌。

盖学问必至暮龄，识见始定。文公从王、程之后，以汉儒为说梦，尽改其经注，尽黜其传人，尽翻其实论，自以为独吾之说乃可以追千圣而绍百王。门人播闻已久，晚年乃推尊汉儒，尤痛悔前说，有"乃知日前自诳诳人之罪不可胜赎"等语，可见七十子相传本源定旨，未可轻易敢改动也。文公此悔，不吝改过，真可称大儒。吾先子读文公《语类》，于其硬将己意入经传，专任己私，抹扫汉唐，未尝不痛心洒涕，据经力正，附文公诤臣诤子之列。后既追悔昔非，又未尝不为文公手舞足蹈。

以上《弘道书・道脉谱论》

宋诸儒承王安石之说，言圣人性命之理，七十子所未至，独有曾氏再传而断，汉儒以来皆所未识。逮宋复昌明于世，别建宗旨，门户既立，徒党分争，号恣大著。后世学者悉本其书，久而安焉。故相沿言道，孟轲而后，以宋直继。群儒论其说太过者多矣，吾先子以为然哉然哉。

经传载圣人之言，不为不广，命罕言，性与天道不数数，岂圣人面命不足发七十子，七十子承圣人之教，咸不能入，如水投石焉？后世之儒又何言人人同悉深于无极焉，先天焉，性焉？是后世之儒迈千古，圣门不能如后世之儒之善教，七十子不能如后儒门人之善学，恐仿佛为见，依倚成语，非古人深造自得之学矣。古称商瞿好《易》，孔子传之，志焉，《易》自此始存也。代有传人，国史记之，后儒直不谓之闻道。苟必致力无极、先天，乃可阐获精微，圣人既不见之雅言，后儒所宗颜、曾、思、孟并无一语，商瞿亲闻于圣人，使《易》流万古，不能与周惇颐、邵雍并列，即程颐、朱熹门人杨时、黄榦辈，亦不得同为闻道焉，宁不大可伤哉？古经之旨未尝不传，学未尝绝也，后儒自取私说，妄改古经，追贬七十子，尽削汉唐守道诸儒，恶足信乎！

所谓性命，非经传遗文，言之虽微，不可谓之圣门之传。李方子曰："王氏高谈性命，绝灭史学，足稔中原之祸，君子所深诛而不听者也。"则性命倡自安石，宋已论之矣。天也，静也，性也，诚也，敬也，理欲也，本心也，无极而太极，尊《大学》《中庸》《孟子》也，宋儒以为独得古人未识者此耳。"道之大原出于天"，董仲舒之言。刘向曰："凡学非能益之。达天，性也。能全天之所生而勿败之，可谓善学者矣。"性则圣人原有定论，其后漆雕、世硕、子贱、公孙尼子、孟轲、荀卿、告子、扬雄各立有说，要必以圣人之言为归。"澹泊明志，宁静致远"，诸葛亮引《淮南鸿烈》以戒子也。敬则诸儒守之者甚众，潘尼创私欲之论，徐遵明发本心之旨，苏绰继治心之书，李翱起诚明复性之说。讲辨太极，自顾荣、纪瞻、梁武帝、李业兴皆有之；言无别王弼、韩康伯之旧，而无之一旨，又始张衡也。

后儒所言，非教所急，舍其实而虚是求，居其有而无是论，古经不闻有是训也。

宋儒言学，非能加于汉唐，烦辞芜杂已耳。

汉儒笺注古经，递相授受，传者或不能无少异。然朱子口周末久，江河划断，乌有七十子师友讲受，圣门渊绪之学，皆以为非，而杜撰一旨，自以为是千余年后突起，而废前闻哉？若去知与故，循天之理，庄周之言；节欲返性之论，《淮南鸿烈》所载，汉儒谓出于黄老，不以为学。况宋之前，驳议亦不乏人，魏王肃、吴虞翻、元魏张奇、刘献之、张吾贵、刘兰、梁许懋、隋张仲、唐啖助、徐旷、王玄度、王元感之流，皆有著书，岁久遗落，乌知宋儒以为创获者，非古人陈言乎？世所称濂、洛、关、闽、青田、姚江之学，何其说皆李翱《复性书》所有也？圣人欲以修身、齐家、治国、平天下，故为颜渊定四代礼乐，为曾子序天子至于庶人之定分，实行为孝，何尝有后儒浮说耶？

先天后天，圣人赞乾九五之大人，非后儒之说，有辨别见。阙文阙疑，经训昭然。惜乎宋儒改经补传，不知阙文阙疑之义。

或曰：宋儒所言，皆忠直廉节以励世，不使人有邪僻，其论甚正。今乃薄而辟之，何也？曰：先子非辟之也，辨之也。宋儒品行甚高，虽刻隘专擅，失圣门温良俭让之德，亦多正人君子。至其为说，则必不可从也。忠直廉节，圣门原有定训，汉唐先儒久已言之，不自宋始也。宋儒所谓古人未识者，乃道德性命之理、无极而太极、静坐、会活泼泼地、太虚是道、静观天理等说，此皆圣门所无，源于二氏，假托经文以行者也。若专讲古经之实，去夹杂二氏之浮谈，不过辕固、王珣、费冠卿、田游岩之伦，深潜尚少逊焉，何得越千余年而忽自命圣贤哉。

以上《弘道书·古经旨论》

宋兴，虽未异于郭氏，太祖、太宗养之以德，治之以礼，割据诸国，渐就平削，子孙君天下日久，海内乂安，百余年间，儒风蔚起，如种放、穆修、李之才、尹洙、李溉、欧阳修、司马光、王安石、周惇颐、程颢、程颐、张载、邵雍、苏轼、苏辙、黄庭坚、胡安国、刘牧、朱震、吕祖谦、朱熹、陆九渊、张栻、尹焞、詹体仁、蔡元定、真德秀、叶适、魏了翁、陈亮、陈澔，南北并兴。然安石《新义》至朱熹《集注》，儒学更大变。许衡、廉希宪、伯颜、赡思、拜住、不忽术、吴澄、虞集、袁桷、黄泽、元明善、韩性、陈樵，皆著于元。若明以来，宋濂、方孝孺、薛瑄、吴与弼、娄谅、章懋、胡居仁、陈献章、湛若水、罗洪先、陈选、吕柟、丘浚、罗钦顺、许诰、郝敬、来知德、吕坤，悉世所称。王守仁别取"致良知"为旨，学者崇奉，儒学尤变甚矣。

熙宁间，王安石别开异说，谓之道德性命，诸儒从此言理言欲，废弃实事，空文相争论，道益幽而难考。夫道之尊也，吾党之幸，而圣人所以为教，则未能合，况南渡后已甚焉。不危坐，不徐言，则曰非儒行也。著书不言理欲，则曰非儒学也。二三师儒，各立一旨，自以为是，外此非绝天下之人，以为不闻道，自命曰真儒，其说始固蔽不通，学者不能尽可其说，辩论亦从此纷起矣。

故唐力尚足臣藩镇。宋遂卑弱不堪，令人痛哭。皆诸儒矜高自大，鄙下实事，流入佛老，专喜静坐而谈心性，全不修当世，不以行要务，拱手空言，上古德化，养成娇弱，一无所用，失先王政教而坏士习，可胜叹哉！

以上《弘道书·原教》

后儒所谓传道，其所谓道本非圣门之旧也。

《弘道书·先师位次旧制议》

自宋儒好责人以扶成，其接孟轲之说，所许颜、曾、思、孟而外，七十子以至于内百余年之儒，少有当其意者。

王安石、程颐、朱熹辈之追贬先儒，非刺太甚，十倍荀况矣。

后世不以古经所载圣门旧法论人，而独取后儒偏私之说，此宋以来学者之通弊也。

以上《弘道书·从祀旧制议》

宋儒欲追王道，黜伯功，使国家如二帝三王之盛，天下无一民一物之不被王泽，此亦贤者之用心也。而无奈世日变而不可复，欲以空言凑合而还之，则大误矣。

《弘道书·先王传道述》

议论极正大，施用则滞碍，言之不可行，行者非所言，讲学与王政判而为二，后儒之大过也。

《弘道书·圣门传道述》

后世之儒，师心自用，敢以旁引杂入之说，诬圣人之经，吾道大变，圣门定法，安可不述哉？

《弘道书·吾道述》

后儒以其私意，假托经文，创立新旨，互撰穷微入妙之论，以此自是，以此授徒，辨说腾沸，莫可折正。由魏晋诸君子相尚旷远，清真淡雅，学圣人之和，而其失也在此和。至宋南北诸君子，以魏晋近荡为诫，专就收敛，方正沉重，学圣人之洁，而其失也在此洁，则又近固焉。皆于古经得失相半，使学者不得述圣人之实德，不得闻圣人之中道，偏论僻行，哗然于世，与古经远相违背，致圣门立教，深防重虑，晦塞不彰。历代哲儒，屡有诤辨，无奈实之不能敌浮也。实则日用寻常，无以寄高奇之士怪远荒寂之谈。魏晋已遥，宋之新义，虚文惑听，朝廷施政，民生日用，士人学业，犹汉唐以来相传之实，未能改也。特人人好生意见，争竞无已。宋儒侈言三代，以熙宁后之实事考之，不特两汉不可及，又岂能如唐哉？巨公名贤，规宋儒议论太过，流弊滋甚，著书申救，奉先辈之绪言，遵古经本文，述圣门立教一定不可移易大法，以辨后世果于自用，剿说雷同，谬于圣人，使觉者省览，非所谓宗旨也。

后儒性命宗旨，七十子至两汉皆无此学，坚守古经为定也。魏正始中，王弼、何晏共好清谈，创天人神明之论，崇尚老庄，以无为贵，始以无为宗旨。王、何之说一倡，盛于王衍，谓天地万物皆以无为本。无也者，开物成务，无往不存者也。阴阳恃以化生，万物恃以成形，贤者恃以成德，不肖恃以免身，故无之为用，无爵而贵矣。六朝以《周易》《老》《庄》谓之三玄，当时王公与贵游子弟慕尚清谈，风成俗改。虽佛氏言理大行，别为一家，盖二氏虚无静坐之说同，而设施之次弟异。自魏晋老氏之说始入于儒，吾道杂乱之所由起，浮虚之所由出也，儒说遂小而妄矣。贵无流播既远，世不考《系辞》以无为道之本源久矣。唐李翱撰《复性书》，世更有复性宗旨。王安石为相，修经义，移易天下之耳目。程颢、程颐相因而作，周惇颐名微未显，程氏亦南渡后方盛，其初惟言王氏之学，清谈余习，流为高论。安石之言曰：不偏之谓中，不易之谓庸。颢、颐之言曰：心即性，性即天，天即性，性即心，所以生天生地，化育万物，独坐澄心，静观天理。祝允明云：千古典训，崇朝而改，惟应太息流涕耳，此后一家私意，反成定论。陆九渊谓六经注我，我注六经，能识未济道便识文王，学者疑之。朱熹以复性及天理人欲为旨，而曰：这个道理与生俱生，今人只安顿放在空处，浮生浪死，也甚可惜。又谓：庄、列亦似曾点意思，他也不是专学老子，吾儒书都看来，不知如何被他晔见这个物事，便放浪去了，今禅学也恁地。于是选子思之《大学》《中庸》而自窜入于其间，加于先圣《论语》之前，与孟轲所著尽改古注，自名曰"四书"，以追配六经。熹之徒尤蕃，高论极盛，朱陆异同之辨起矣。王、程、朱、陆之说再倡，学者皆谈性命神化为闻道，以治天下国家为绪余，以好古多识为名物度数，玩物丧志。一切勋业文章，深仁上智，皆以为非圣人之道。天地之悬隔，比魏晋之说，其流虽异，其源则同。且自号正学以从之者，庶有作圣之资。王守仁复释良知宗旨曰：无善无恶心之体，有善有恶意之用，知善知恶是良知，为善去恶是格物。学者愈恣极蔓衍而无所忌。魏、晋、宋南北以来，诸儒言道，悉贤者也，而无奈贤者过之。七十子相传，圣门言学，两汉追寻，的有授受，久始昌明者，忽以为粗而不精，外而不内，意见横出，讲辨互生，圣人本根实用之旨，蠹蚀殆尽，牵强附会，各以成书。

　　盖二氏之谈心，若与儒同，而所以用之者则远甚矣。欲取天下之万物万事而悉归之心，独坐默会，以期于冲漠无朕，湛然常寂，自外而入，是二氏之求心也，故其言曰静曰无。以心而合之天下万物万事，各适其道，上下安和，以至于修齐治平，自内而出，是儒者之存心也，故有四教四科。以二氏之旨入于经传，是后儒之深误也。自宋佛氏之说始入于儒，吾道杂乱之所繇盛，浮虚所以日炽也，儒说愈执而诬矣。魏晋之清谈，虽老庄显行，而传经诸儒，守圣门之遗，尚得撑抵；宋之理学，则改经更注，以就其流入佛氏之曲说，而儒害益深益大。学者疑九渊为禅，其踵相接，疑二程静坐为禅，十之四五而已。盖王安石之性命，二程略加改换。朱熹，二程之巨浪也；王守仁，九渊之余焰也。四家之书具在，与古经相睽者远矣。故吾道杂入，魏晋而后老氏为多，宋以来佛氏为厚，皆诸儒作聪明，乱旧章，其可叹者，岂胜言哉。

盖自性命之说出，而先王之三物六行亡矣；《四书》之本行，而圣门之六经四科乱矣。学者所当痛心，而喜高好僻之儒，反持而不下。无论其未尝得而空言也，果静极矣，活泼泼地会矣，坐忘矣，冲漠无朕至奥，心无不腔子，性无不复，即物之理无不穷，本心之大无不立，而良知无不致矣，亦止与达摩面壁、司马承祯坐忘、天台止观同一门庭，则沙门方士之能事耳，何补于国，何益于家，何关于政事，何救于民生？安能与古经之修身、齐家、治国、平天下合哉？

圣人中正平实，广大无尽，国家是赖，本配天配地之学，后儒变立新说，化为各自一种囊风橐雾，成可有可无之经。盖宋南渡而后，习俗相传，虚文日甚，妄论日多，人才日浮，风俗日变，好高日甚，武备日弛，诸夏日弱，民生日困，以学术误人国家，良可慨也。傥不明目瞋胆，不避忌讳，不畏讥讪，守古驳正，将来何所底止？岂欲多言哉。

以上《弘道书·圣门定旨两变序记》

第 六 章

文献汇编

第一节　新繁费氏遗文辑考

费密著有《文集》二十卷、《燕峰文钞》一卷，可惜皆佚。费锡璜著有《贯道堂文集》四卷，今存，然有阙漏。今翻检文献，辑得费密遗文二十四篇、费锡璜遗文五篇，标点录列如下，文后以按语简略说明相关背景。

（一）费密遗文

复李恕谷论学书（拟）[①]

古经注疏，自王介甫始变，当时天下皆从王氏学。绍兴初，程氏始盛，然与介甫异，亦止静坐、义利之辨。陆子静不喜程正叔，朱元晦独尊二程，两家门徒各持师说，元晦弟子尤众。至正中，陈君采又以为与洙泗不同，著《淳熙辟谬》。永乐间，以元晦国姓，尊行其所传，而圣门旧章大变。先辈有古学者，无不诤论。王伯安更远绍子静，故嘉靖、万历以来，学者不入于穷理，即入于致知，古经本旨荒矣。夫"即物穷理"，承讹既久，"良知"哗世，又百有余年。朱也王也，各自为旨，违悖古经，蔽锢后世，陷溺胶庠，而其言在天下，已如江如河，莫之可遏。密著《中传》，录圣门旧章，而世习宋传，举科已久，未求古注，反似创言，易生毁谤。虽然，乌有圣人之古经，任后世颠倒窜乱，遂为臆说所绝，而不重还旧观与？今得有道师弟，以高明沉深之才，出而力追古学，拨正支离，自兹以后，宏儒硕识，必剖诤满世，宁非圣学一大快乎！古

[①] 所辑文章无文题者，根据文意拟定，以"拟"标识。

· 127 ·

之名儒，多在北方，以诚实有力，能任圣道也。望之，望之。[（清）冯辰、（清）刘调赞著，陈祖武点校：《李塨年谱》，中华书局1988年版，第39页]

按，李恕谷即李塨，二人交谊详参本书"交游"。

寄河南孙静紫中翰书（拟）

客岁小儿自浙还，云拜瞻道宇于荷香桂子之中，流连竟日，受诲殊深。又承赐琼函，殷勤下问。村舍启观，觉春气回寒，絪缊满室。尔时无人南之，不遑寄讯也。老世翁闻已置身凤池，行将道德勋庸，为世仪宪，岂仅鸿章巨笔，鼓吹升平？吾党贲光多矣。密缘先子平生苦志经传、汉唐注疏之学，号为精深。家久贫困，著述郁闷。以今岁孟秋来京，奉行状史馆，极欲把臂北风，一伸积悃，而属车尚在淇水间，山川道远，觌面维艰，东望长路，我劳如何。倘有便来都，乞一过寓斋，得以畅谈为快也。马年兄回汴，荒函布候，不尽依依。年谱恳再赐一本。尊公令伯令叔世先生均希叱名上候，令弟令侄世年翁统致，郭骏翁并致声。又及。（《费燕峰先生年谱》卷三"[康熙]二十四年乙丑"）

按，孙静紫（1640—1700年），名洤，号担峰，河南辉县人，孙奇逢之孙，孙望雅之子。康熙二十一年（1682）进士，官内阁中书。

冒巢民先生七十寿序

七十曰老，而传。人年七十，黄发面垢，安步扶杖，望之肃然。子孙侧匕奉食，亲戚交游燕饮其堂，起舞而属之，士君子之甚乐也，而如皋冒襄巢民先生齿适及此。巢民五十六十时，李廷尉、吴祭酒、龚尚书皆为文，吾友陈维崧其年叙之尤悉。巢民年十四即能赋咏，董宗伯、陈征君以为后来之彦，序其少作。三十时，阁臣史公总督漕运，巡抚维扬，奏荐才行，请为监军。时巡漕御史霍、巡江御史詹、督学御史宗咸欲交章荐，辟不就。壬午举乡试，乙榜首对，特用擢推官。神宗末岁以来，搢绅之祸发于阉寺，其天下脊脊多事，而东南独完。宇内承平日久，阀阅之家，主张州郡，其时正人名士，辐辏京邑，饰车剑，通请谒，琢词采，呼召缨组，名于一时。巢民与方密之、侯朝宗、魏子一、吴次尾、陈定生诸君为胶漆之友，既爱重节操，而盛年使气，酣酒骂人，及于党类。迨南中既立，党类在高位，巢民数君所不及刀俎者，幸耳。若夫宫殿楼橹,郁为寒烟,散为春雾,巢民守先人之故庐,以安其志,诸公之言如此。何铁曰:"巢民先生,父行也。铁与周旋甚久,诸公所言,铁既不得睹,至其晚节,患难困辱,鞧靰不宁,所遇悉非故物,独敦伦乐道,奉宾客,嗜文词,老而不衰焉。"如铁所言,巢民暮年盖亦甚不适志矣。虽然,犹未也。庾子山昔在魏通显,今读其篇章,怅怀江左,凄然而悲,望远而痛,欲就井里饮食其间,一日不可得。巢民杖于乡国,即栖数椽,耕硗确,日不再食,岁不制衣,所获亦已厚矣。况子孙满前,图史尊彝、台榭林塘、果石药草之未大替欤!夫物盛则改,悔多则安,自古未有不如此者。巢民方耳目聪好,及于耄期,寒暑风雨之序,其亦将安之。密交巢民在方侯诸君之后,久欲相过而不可行也。铁也其往问之,能具舟裹粮以远迎乎?密苟抵掌南中,身当行酒,进前为寿。(民国《新繁文征》卷八)

按,费密与冒襄之交往,详参本书"交游"。

张子昭诗序(拟)

江都之东戈庄滨河,密居二年,巨水浸屋,移宅野田。是时儿曹幼,从塾师,张潜子昭家有塾,命儿共学。子昭视密前辈人,虽恭谨,未尝横经列讲席也。子昭为诸生,年少气锐,方谋举制科,率妻孥迁郡中,日与名人游,久始返野田。子昭齿颇长,而储蓄亦非往时,甫事密焉,乃以文词来请。数年,子昭阖户坟册,尽弃旧所为,诗歌依止于古,清婉秀洁,篇章大殊矣。夫诗之为物,若灵花异果,味旨芳远,然莳蓄之勤,非旦夕之力。"晚节渐于诗律细",往哲已如此。子昭既决志古学,不为杂说所惑,他日用六朝体为密赋"芙蓉花绕门"数首。康熙壬申,益州费密书于江都野田书屋。(《费燕峰先生年谱》卷三"[康熙]三十一年壬申")

按,张潜为费密门人,二人之交往,详参本书"门人"。

田子相诗序(拟)

田金子相去吾讲下二十载,顷偕黄叔威、熊永侯、李棠思来野田。至门,与序宾主礼,子相欺然远退。及庭,悉声音举止,乃知之,勃然大笑。子相少为家难所困,拂逆难堪,百事错迕。十有余岁出游,至年将四十,乃卜居王屋山下,买宅购田,成家北土。往时路尘马汗沾衣垢体，不得安闲觞咏。垂老顾然而黑，面颐丰阔，见女妇蚕桑，儿辈诵读，宾客邻舍岁时会聚饮酒，追往谈来，何多庆也。子相在济南，共蔡瞻岷习赋咏，日诵五言二首，课一首。满百日而后，吾之饶阳省故人。今子相诗风旨含蓄，韵度翩跹，与年俱进矣。吾将八十，尚有游王屋之志，他日拉诸子款段北走，子相其多储柿酿，鸡肥菜美，饱食登山，拖藤负笈，坐峰石四望，放歌作啸，响振林木，人疑海外仙公来过神州也。（《费燕峰先生年谱》卷四"［康熙］三十九年庚辰"）

按，田金为费密门人，二人之交往，详参本书"门人"。

孙夫人诗序

吴下往来，密尝泊舟虎阜，不知其上有孙云球。蔡治门下生董本元持其姑之诗示治，治读以为善，问姑何适，云球则其子也，遂与云球交欢焉，孙夫人时已七十余矣。密过吴下，云球相见，故亦睹夫人之诗。云球家世归安，少为诸生。父志儒，明末举进士，宦闽，以令至太守，遭变乱，匿于山鏊村聚。夫人与太守唱酬最广，悉亡去。后南中兵事解，太守还家，授徒给食，未几殁。夫人益忧郁难胜。云球自计贫如此，母老，意不堪无以为养，咿唔黉舍，自负士名，非策也。于是掷儒冠，以文物杂贾于廛阓之间。物颇善，时时得钱，乃为母饭精凿美羹胾，而虎阜又往来逵道，游女畸士，望览自适，巨舸画槛，鼓吹旦夕。云球辟户垂帘，扶夫人坐观畅目。二十年来，夫人怀旧悼伤悲愤之作，晚岁颇慰于子女婿孙，而禽鱼芳树，短篇雅什，间亦及之也。夫人幼慧，大父中行在郎署时，得天官秘奥，夜间讲授，故夫人象占精异，而年老目昏，不能远视，久多遗忘，未可悉言矣。密既喜云球善养其母，而重夫人在班家郑女间，竟其诗而序之。（民国《新繁文征》卷四）

按，孙云球，字文玉，又字泗滨，江苏吴江人。寓虎丘。父志儒，字大若，又字茂叔，崇祯十六年（1643）进士，曾任莆田知县、漳州知府。母董如玉，字逸隽，号慕园，好诗文。孙云球十三岁为县学生，后弃儒从商，钻研光学，利用水晶创制眼镜、察微镜、夜明镜等数十种透镜，并撰写了国人首部光学著作《镜史》，对中国制镜业产生了重要影响。① 文中"孙夫人"即指孙云球母董如玉,"物颇善"之"物"当即指眼镜一类镜器。据《费燕峰先生年谱》,费密尝于康熙二十三年(1684)五月还苏州,"装潢孙夫人手迹",本文或即作于此时。

孙云球的生卒年,迄无定论,有些文献将其生卒年确定在具体年份,多是以讹传讹,并不可从。有学者根据《镜史》序跋所涉时间与情境,推论孙云球卒于康熙二十年(1681)后,但如果费密此序作于康熙二十三年(1684),则从文意推断,当时孙云球尚在世,可以将孙氏卒年再精确到1684年之后。乾隆《虎阜志》云孙云球"康熙初卒,年三十三",从本文记叙的事迹来看,说孙云球享年三十三,可能是误记。

吕文肃诗序

遂宁吕文肃公事载国史,兵乱播迁,惧多逸散。密于是用李翰例,为公立传。大臣勋庸,志安社稷,故未暇论公之文辞也。公筮仕在思陵初,是时朝廷当杌陧之后,天子一意洗濯,公居铨曹,仰佐澄清,故其诗修洁而庄。久之,出守关南,盗贼充斥,百姓残苦,公方拮据城堡为守御计,故其诗条达而多姿。迨开府甘凉,肃勒军伍,底定边乱,故其诗严密详整。奉诏入都以后,著绩于保大江楚之间,故其诗规模宏远,博大以深。金陵枋政公直道去国,其有忧心矣,故其诗思幽而多感,隐忍而泣下也。至于入粤留黔,人各殊向,事咸失绪,公惟仰天扼吭而已。凄楚断绝,公诗之乱也哉。夫水之为物,流为江河,汇为湖泽,水因其所止而遂变,惟诗亦然。志之深者其思苦,思苦则比兴远。览公之诗,庶几得公志之所立也欤。公没于都匀,子弟皆各去,其他文字,少所衰集,诗之草幸存,密得取读。公督师西南时,密获庇佑于公,人之云亡,惟此写忧寄愤之作,尚在人间,为公点定,手录藏之。世之君子有谢翱其人者,留为异日续《天地间集》可也。(乾隆《遂宁县志》卷一二、光绪《遂宁县志》卷四、光绪《新修潼川府志》卷三〇、民国《潼南县志》卷五、民国《新繁文征》卷五)

按,吕文肃公,即吕大器。费密与吕大器之交往,详参本书"交游"。

---

① 参见孙承晟《明清之际西方光学知识在中国的传播及其影响——孙云球〈镜史〉研究》,《自然科学史研究》2007年第3期。

唐宫闺诗序

　　密传《诗》于父，传注之外，父尝为剖决其大旨曰：安天下之道，先治其近，近治矣，然后可及其远。诗人以衽席之事，显然发诸声歌，奏于宗庙朝廷，欲使后王取为治也。故其言周之兴曰"窈窕淑女，君子好逑"；其衰微，伤之曰"赫赫宗周，褒姒灭之"。女正而王道成，王道成而天下安矣。不正男女则王道不成，王道不成则易生乱，而天下因以受其祸矣。密虽诵习《诗》之文辞，未能得《诗》之所志，父以为如是，密亦以为如是而已。后观唐史，见其失国者三，皆衅起妇人。于是父之所授教始畅适于意中，叹息笃信而无毫末之惑，何也？唐之所有天下者，隋也。隋氏之末，其君乐近妇人，以致亡国。太宗临御，贞观之政号为近古，然未尝求致治之本，以为子孙垂统之源。既任隋氏之遗俗而不革禁，又纳巢剌王妃以萌乱，始一传而宫中贱婢制天子如婴儿，竟成革命。中宗复位，未几，韦庶人、上官婉儿作害于内，几同武氏。天宝之中，幸蜀之祸，复兆自贵妃。妇人之毒，烈于猛兽，妇人之变，加于盗贼。以唐监之，则《诗》之罪褒姒，褒姒实灭周，非恶褒姒，而以灭周甚之也。盖唐之祖宗以来，天子从妃嫔、贵主与群臣游宴赋诗，习世久远。夫上之化下，如水之润枯而斧之伐柔也，故一时大家妾媵、民间女子秽辱可耻之事，不必忌讳。且草木见孽，鸟兽学蛊，鬼物作妖，干犯人族，载于杂说者甚多。其事固不可尽信，而其诗皆有可观。彼俗尚之陋坏，难以支救，亦足晓然于其大都矣。唐妇人所为诗歌，虫鸟微音，然国家累世受祸，民俗百年蒙污，乃在此等，亦巨矣哉。吾友淮南刘子云份总唐一代妇人之诗为书，有后妃、有公主、有贵人之妻与妾、有庶人之妻与妾、有女冠、有尼、有娼，为类不一。刘子合而裁之，其完妇人之行，则诗载上卷，为正；其失妇人之行，则诗载下卷，为余。妇人既完其行，是庶人之妻与妾也，贱也，而其诗不得不为正。妇人既失其行，是后妃与贵人之妻妾也，贵也，而其诗不得不为余。此固人志之无有不同者矣。刘子取人志之无有不同者，定唐之妇人，以为妇人之规，使凡为妇人者皆安顺守身，退然深静，上之不敢乱国，下之不致污俗，儒者疏经正史亦此有取焉耳。则刘子此书其可少哉，其可少哉！〔（清）刘云份辑：《唐宫闺诗》卷首，民国交通图书馆影印清康熙梦香阁刻本〕

按，费密与刘云份之交往，详参本书"著述考录"。

荒书自序

华阳黑水，肇基帝囿，天荒禹甸，乃君鱼凫，始名曰蜀。自谲仪构兵，金牛辟轨，益壤暴秦，财货甲于天下也。井蛙跃马，资之自王，卧龙弼炎，载光汉业。李唐节度，东西两川，昔人所称"扬一蜀二"，"沃野千里，天府之国"也。胜国聿遵古制，于成都行中书省，府治所属，十有六州县。由唐宋以来，各有沿革，而川东西之名遂为定制。谭者以为不典。顾史传体例，书郡县邑，必本昭代所建而名之。然后吏治得失，与夫外夷盗贼，傲扰天纪，其时之治乱，可得而详也。谨按明制蜀舆图，成都、龙安为川西；顺庆、保宁为川北；重庆、夔州、遵义为川东；叙州、马湖、泸州、嘉定、眉、邛、黎、雅、建昌，土夷接壤，设五卫，咸建总兵，为川南。四川所产，则五谷六畜、金银铜铁、丝枲絺纻、绵染盐茶、材木竹箭之饶，丰衍原隰，利擅五方。故世治则豪杰因之屏藩上京，世浊则奸雄盗贼窃据寇攘小民。前车覆辙未泯，后车之轨循之，良可慨也。太祖大启藩封，肇锡壤宇，割内府之珍奇，益蜀都富庶。重宝则天球龙璧，夏鼎商彝，图书则玉笈金题，皇坟帝简，靡有不储。而唐、宋、孟蜀间所创建佛刹道宫之壮丽，暨贤藩六七，二百七十年来锦贝钱刀之骈集，举崇乎上都，艳称于诸夏。俄焉闯贼寇，摇黄盗，献逆毁，历朝古迹，扫地尽矣。溯夫天启辛酉，土酋奢寅，叛乱始兆，然弗半载，旋被戮夷。厥时惟川西州邑，小有焚掠，川东南北，略未有创也，父老犹以为大戚。由今观之，献逆戮人之多，剧于黄巢；戕儒之惨，汰于嬴政。而川东北之民，又倅暴虐于西山寇十三家贼。此固帝囿天荒，西土烝黎未有之奇酷也。密少遭仳离，窜身西域，遁迹蛮荒，浮家东海，晚归桑梓，江山如故，人民全非。二十年来之锦绣封圻，忠臣名将，骈首空城；东西川之义夫贞女，膏脑涂地。青磷白骨，地惨天荒。就愚闻见，采而纪之，下笔不忍，不下笔尤不忍也。他如出身盗贼，屡膺干城，已输腹心，又为戎首，乃如之人，包荒冯河，用以集事，非宽其诛绝也。别书所载，或有异同。盖知者不能言，能言者未能悉，此历代野史稗官，足备正史取材，而密《荒书》所由作也。方今圣人在上，四方余孽，渐次铲平。昨已放马止戈，一旦诏修《明史》，庙堂燕许诸名卿，苟刺取当

年蜀山遗事，则是编或亦所不废也与！康熙八年春二月。[（清）费密：《荒书》卷首，《怡兰堂丛书》本]

按，《荒书》详情，参见本书"著述考录"。

柳边纪略序

山阴杨宾耕夫，别六年，遇于皖口，涕泣下拜言："先人殁矣，敢请一传。"费密曰："志传，诸公有作，为君序出塞之书。"塞者，辽以东也。至开元，插柳为界，故曰柳边也。出塞者，省觐也。耕夫父母出塞时，年十三，弟宝楚萍五岁矣。父某，字安城，诸生也，好节重义，以友事累而徙于辽之宁古塔。耕夫既壮，家已覆毁，走京师，谋所以救父母者，百方不就。先遣弟出塞。楚萍在襁褓中离亲侧二十年，颜面皆不得知。既至，跪父母前，自道其乳时小名，曰儿某也，伏地不能起。母惊而下土坑，执其手，上下其面目，曰："汝即某儿，乃今成人耶？"于是母子抱持，绝复苏。自起作炊，以刀割肉，泪下商戢。徐问浙中消息，内外亲属，欢极而痛，痛极而欢，语中夜不止。骨肉之情，盖若真若梦者累日。楚萍逾年入关。耕夫谋终不得，亦出省觐，自京师至山海七百里，山海至奉天八百里，又二百四十里至开元，所谓尚阳堡也。堡内尚有禾黍阡畛、瓦屋门巷，颇类北方小村落。离堡而东，皆次蓬舍，巨树高岭，荒草寒云，与开元大异矣。开元至乌喇八站，约千余里。混同江当乌喇前，怒涛汹奔，见者惊畏。耕夫哭曰："吾父母何不幸，而遂至此极也！"渡混同七站至宁古塔，亦约千里。安城在外久，将军延教其子，将军之子拜床下，诸少年无不拜者。安城自作屋，几案书籍，仿佛越中，尚十有二三。耕夫侍父母，暇即访问金元遗迹，与明初设立奴儿干都司，领辖部落种族诸事，风俗物产，语言嗜好，靡所不记。耕夫归数岁，安城卒于戍所。耕夫在都，旦日向诸从事家叩头，请归骨之例，无能知者。久始获一卷案，经营二载，乃移柩入葬中土。母氏七十之齿，重欢子姓，则耕夫此书，读者见序录详博、备考边塞，而未知其饮泣年深，亦不过发摅其沉痛无能如何之志而已。成都费密。（柯愈春主编：《杨宾集》，浙江古籍出版社2012年版，第488—489页）

按，费密与杨宾之交谊，详参本书"交游"。

野香亭集序

丁丑冬，次儿自京师归，言一时诗人所交称者必推李丹壑太史。已而，出其赠行之卷，约数十人，太史诗为最。复取所携诸名流诗集读之，尤无足当太史者，益信京师之论为不诬。夫诗之格调虽众而丰约欢悴必本之于性情。太史席居者，极一世之荣遇，而读其诗，若有不足于中而言之者，何也？次儿则述太史家居，短帢氅衣，临风缓带，飘飘若神仙中人。啸咏烟月，手携一编，夜久不倦，不以人地自矜贵，时有湖山萧然之致。而触物流连，感叹若有不胜者，盖其胸次如此，而发之于诗者，悠然而遐远也。太史诗计年为一册，自庚午至今约千余篇，其行世者已见于新城、泽州诸先生之序。今复合甲戌以后所作而命之梓，风格与年益进，大异于世之为诗者也。余尝考古诗人，其台阁鸿儒类以雄丽宏博竞胜，清癯而内莹者惟张曲江为然。曲江以功业著于玄宗朝，而四海咸仰其风度，读太史诗亦可想见太史其人矣。成都费密撰。[（清）李孚青：《野香亭集》卷首，清康熙年间刻本]

　　按，文中"丁丑"指康熙三十六年（1697），"次儿"指费密次子费锡璜。李丹壑指李孚青。李孚青，字丹壑，安徽合肥人，武英殿大学士李天馥之子。十六岁中进士，官翰林院编修，卓有诗名。今传《野香亭集》十三卷卷首有新城王士禛、泽州陈廷敬及毛奇龄、姜宸英、戴名世等名流巨公序文。费锡璜与李孚青有交往，《掣鲸堂诗集》卷九有《至合肥晤李丹壑太史示以近诗》一首。

陈氏宗支序

　　陈氏始祖，洪武中有军功，食松潘守御所千户。其后世子孙分居，居汉州者，遂世为汉州人。吾友陈大常，字时夏，其后也。时夏所晓不过三世，而生平事皆失纪载，以蜀乱后谱牒散亡矣。若时夏，则吾知之甚悉。流贼陷蜀时，吾年二十，时夏年二十二。贼残灭州县，吾与时夏走什邡山中，合众阻险以相拒御。虽未尝大破贼兵，然贼不能入吾垒，因之得完数千家。官军复成都，吾与时夏皆散去。吾趋滇省父，时夏亦过嘉州，不相见者七年。吾出蜀至阆中，见时夏，又别去十年。余游岭南，病舟中，时夏与中江彭君来望余。又二年，复见时夏江都，而与之过徐州观治水焉。时夏官广州府时，督府尝命监军诛盗于顺德县之桂洲堡，县官言盗有数百人藏堡中，而堡中十余万家，男女老幼数十万口，将欲入堡取贼，被甲鸣鼓。时夏知其害之烈也，争之甚力，如是者数日，以计捕盗百余人，立斩以徇，急请罢兵。时夏去官，堡中士大夫众庶撰为诗赋，称述哀切，树祠其乡，岁时祝之，而皆曰：我公先人必仁厚著称，不止一世，而后得我公如此其贤者也。《传》曰：立身行道，以显父母，非时夏此等类哉。时夏，生员云鹏子，云鹏父曰道通，道通父曰尔才，尔才有数子，而其弟曰尔能。尔能生子道宏，道宏早卒，生子云翱。尔能卒时，云翱尚幼，而云鹏已为庠生。呼云鹏跪榻前，授以扃鐍。云鹏不受，强以与之，则阴付云翱之寡母。时夏三世皆隆庆、万历间长者，又获事之，习闻诫训，则立身固不敢轻也。时夏幼丧母，其姑处子时养之，嫁不久夫殁，归育时夏。贼杀汉州，独姑与时夏得脱。一日其姑诀其婢曰：吾母宋夫人年少，育四岁子至成人，今吾独居二十年，逢乱如此，不可全矣。遂缢以殉。陈氏之妇人女子亦贤者哉。时夏宗族富盛，然多守礼好善，不敢有妄为者，惜乎皆亡轶而不可收矣。时夏乱后更娶妇，生三子，时年方强盛，其生子尚未已也。吾生后，不得见时夏先人风泽，观时夏若此，其先世也有自来，其后世也有自远矣。（嘉庆《汉州志》卷三七、民国《新繁文征》卷四）

按，费密与陈大常之交谊，详参本书"交游"。此文言"吾年二十，时夏年二十二"，知陈大常长费密二岁，当生于明天启三年（1623）。

孙征君先生传

征君姓孙氏，讳奇逢，字启泰，号钟元，容城县人。明万历二十八年，征君年十七，举顺天乡试。父母丧，皆庐墓次，邑人称之。崇祯元年，督学御史李蕃奏征君孝，下诏旌褒。三年，御史黄宗昌荐鹿善继、宋统殷、游士任、张继载、尹伸、顾大猷与征君可用，征诣京师。征君辞。八年，命五品官以上各保举一人，给事中王正志举征君，又辞。诏书到门者再，皆未赴。当万历初，廷臣言国事有异同，于是攻击沸腾，而势分为党。顾宪成、高攀龙辈，世谓之东林党，人相激忿，争胶不可解。后党祸起，东林受害，杨涟、左光斗、魏大中、周顺昌诸臣皆榜掠死诏狱，人无敢近者，近之即祸及。征君与定兴鹿正、张果中倾身护济，使得归骨。当时所称三烈士者也。鹿正子善继微时与征君交，善继有得于王守仁之学，两人相切磋，故征君言学极称善继，不忘旧也。大清初，柳寅东、薛所蕴、陈斐俱荐，复征，皆以老病，坚却不起。未几圈田，征君田在圈中，谓子弟曰："故人茅元仪二十年前劝我徙，我怪其言。仪曰：他日此地子不得有，乃今果然。中州地广，苏门山下，姚枢、许衡讲学旧处也，吾将往焉。"留长子守坟垄，乘柴车南移，途遇一客骑而北。客谓其下曰："车中老人类有道，从者亦非市井儿，可往问之。"门人称容城孙征君。客惊而自喜，下马拜曰："先生何往？"征君曰："失家，将之苏门居焉。"客曰："吾有别业在辉县，去苏门山十余里，愿奉先生。"征君固辞。客曰："长者绝我乎？何拒之深也。"已而，副使马光裕与征君宅。光裕者，安邑人也。初来官时，河南人少田荒，光裕佃人而耕，有宅一区，耕田十余顷。其既罢归，以四方来学者无所止，遂尽举以畀征君。在辉县郭外夏峰村，学者因称夏峰先生。居苏门二十载，年九十二卒。有子六人，诸孙十余人，以文学世其家。

费密曰：夏峰村巨木极汉，柽杞丛水，耕人散野，车马绝途，肥遁善地也。征君年九十，执贽者不远数千里，接之无倦色。其学以澄徹为宗，和易为用。是王守仁，亦不非朱熹。密曰先子有言，汉儒注疏邃奥，学者安可不造？征君则叹以为果然焉。密与征君诸孙淳李祈过苏门山，观诗所谓泉源者，其左则孙登啸台，邵雍故庐在其右，人以为安乐窝，而非也，窝乃在洛。于是登高望远，怅乎若亡者久之。读诸坛庙遗碑，姚许旧居亦无所考见，或以为百泉书院是其遗址云。[（清）孙奇逢：《夏峰先生集》卷首别传附录，清道光二十五年（1845）大梁书院刻本]

按，费密曾拜孙奇逢为师，详参本书"师承"。

王氏小传

王氏，越巂卫指挥同知王自明女也，母曰周氏。适成都府彭县士人赵弼。弼父司铉，举乡试，尚未拜官，流贼遂陷成都，弼才十余岁，未有家室。后弼父为越巂抚夷同知，与自明共城治事。越巂本西南夷地，四面皆番猓，自明能用其众，番猓颇畏之。贼乱四川，三载而诛，其余贼遁入云南。又一年，来陷建昌，越巂恐惧。自明有女年十七，未嫁。自明之客杜生者，与弼父故旧，请女妻弼，王氏遂为弼妻焉。女母周氏即自明货贱时之妾，适妻亡无子，周氏生两男一女，与自明同甘苦十余岁，自明乃得嗣其世荫。周氏多智略，尝佐自明谋事，自明爱之，遂以为妻。越巂既近猓，猓人喜掠，其耆帅有爱子来掠越巂城下，官兵杀之，猓妻激猓为子报仇，残越巂甚久。自明遣人往抚猓，不肯从。猓妻曰："自吾儿死，吾杀越巂人亦多，今盐布皆不来，受和好乃便。"猓遂与妻来见自明，誓不内犯。猓妻，黠妇人也，入谒周氏。猓妻临去，要周氏出视，周氏曰："当视汝，吾前日欲往村中收荞，有事未得行，汝屯与吾村中相近，今必来矣。"明日，周氏从数婢至村中，召猓妻来，迎执其手曰："汝屯处无屋，吾久待汝于此。"因与共观刈荞，经理田事，久始饮食猓妻，多与之酒，命侍婢左右劝酬，欢呼至暮，尽醉乃罢。又益加食物，令猓妻持去，越巂以此得无事者数年。后成都乱，自明率卫军从曹勋于大渡河所拒贼，贼遁，复治越巂。自明与勋有隙，周氏力解之。勋兵饥，越巂馈粮往救者，皆周氏之力。弥婚之次年，自明同勋禆将攻建昌，数月不下，自明病且死。时番猓乘内变，多为盗，路阻不通，周氏召其尝所惠之番猓，往迎自明，自明归而卒，人乐周氏贤，故子乘龙复总其众。次年，杨展遣部将马朝宣援建昌，朝宣至越巂，部下见猓骑好马，杀而夺之。猓众来战，匿东山下，先以羸弱诱，朝宣轻之，直渡与战。周氏登楼，见朝宣兵渡，叹曰："为猓所诈矣。"果败还。朝宣暴乱，乘龙所将皆悍卒，欲攻朝宣，周氏不许。朝宣知，以木榜旌其门，周氏遣人谢曰："吾军何尝有异志？"不受其榜。次年，曹勋攻建昌兵败，贼追至越巂。周氏闻贼兵且至，以次子属人，奔大渡河所积草楼下，与弥妻自缢。弥妻娠未娩，遂死，时年十九。周氏绳绝堕地，刭又不死，自焚于楼下。后得遗骨瓦砾中，合葬之，人谓之双冢云。（光绪《越巂厅全志》卷九、光绪《重修彭县志》卷一〇、民国《新繁文征》卷五）

  按，越巂卫，明洪武二十五年（1392）置，治今四川凉山彝族自治州越西县。猓，即今之彝族人，又称"猓猓"。顺治三年（1646），费密曾离家远行，只身从"兵戈蛮峒"中至云南昆明探望其父费经虞。后两年，费密与父离开昆明后，曾辗转于建昌、越巂一带，甚至为蛮瞥牛所虏，经赎乃返。被虏期间，费密"为蛮人力作，知蛮中风俗尤悉"（《费中文先生家传》），此文或许就取材于这段时期的见闻。本文见于数种志书，民国《新繁文征》录文阙"明日周氏从数婢至村中召猓妻来迎执其手曰汝"数字。

游上方山记

  商河令祖君维周，偕友张赐卣、吴青霞游房山。青霞以书来云："顷者春暮，日永风微，路和人畅，白沟芳草连堤，窦店柳芽初苗。乃有祖明府之高怀，邀约张广文之逸侣，往诣房山，探奇深邃，小子亦获从焉。轻衣肇带，联镳而出，累日而后达山麓。露顶散襟，携手缓步，峰峰树色，谷谷鸟声，山之最胜名曰'上方'，其山多曲，禅院七十二所，悉种牡丹，花高七八尺，花大径六七寸，共千余株，皆百年前物。静气流空，芳幽扑客，至手（于）绿者，尤世所稀。苔痕润萼，橆（桧）荫滋扸（柟），似邢夫人之独来，类越夷光之未出。复登山绝顶，真可摘星。更转洞门，含云澄水，曲行旁俯，然火烛途，石盘乳结，狮象搏空，蜂蝶丛聚，千状百形，名之不得，扸掌叫绝。藉草开撙（樽），主宾劝酌，即席命题，先成角胜，平生快游，于此为最。广文纪其大概，明府与小子篇什，次第叙录，夫子其为我辈记之。"密与明府、广文相善久，而未常同山屐也。牡丹自唐始著，其源出于栈阁。曩岁客褒中，友人张元掺（操）言："云雾山中牡丹坪，树高二三丈，本围五六尺，上分枝犹大尺许，花发如盘，嫣红苾气，弥漫甚广。樵人缘树砍花朵，相抛掷为戏，归时散弃岩壑。"密呼樵人问状，所言不爽。时已九月，议来岁入山，是冬遂南行，至今大悔不先观树再寻花也。尚思与三君扶丰书（村），健夫、澄源过房山补胜游耳。康熙壬申秋月益州费密书。（谢雁翔：《蜀三家字册》，《书法丛刊》第二十辑，文物出版社1989年版，第52页。另见王毓霖编：《房山游记汇编》，中原书店1937年版，第17—18页）

按，此文今传费密草书墨迹，无文题，文后钤阴文"燕峰费密""子夏七十二传"二方印，见收于《蜀三家字册》中，今藏四川省博物馆。民国时期，王毓霖编《房山游记汇编》亦收此文，题"游上方山记"。以谢氏草书释文、王氏汇编本录文与费密墨迹比核，二者所录多有字误。[1] 此外，余德泉、孟成英编著《章草传帖》中亦收录此文墨迹与释文，然而文字次序有多处颠倒错乱。[2] 文中致书费密求记者吴青霞即吴启元。二人交谊详参本书"交游"。祖维周，名良桢，辽宁宁远人，曾任婺源令、商河令、常德知府等职，与费密交好。据《费燕峰先生年谱》，康熙二十

---

[1] 此文所录文字，一依谢氏草书释文，释文有少数字释录有误，以"（）"在误字后标出正字。

[2] 参见余德泉、孟成英《章草传帖》，中州古籍出版社2008年版，第680—685页。

四年（1685），他曾过访费密；康熙二十九年（1690），曾请费密为其父撰写墓志。张赐卣，名世勋，号岫庵，安徽芜湖人，曾任鄠县令。据《费燕峰先生年谱》，他与费密多有书信往来。张元操，名士羲，费密与其交谊详参本书"交游"。文中"丰村"是张含章的字，张含章为费密弟子，详见本书"门人"。"健夫"是陈于王的字，陈于王，北京宛平人，与费密多有往来。"澄源"是徐浚的字，徐浚与费密也多有往来。文末署康熙壬申，知此文作于康熙三十一年（1692）。

记孙征君夫子手书（拟）

吾师夏峰孙夫子手书有三纸，皆密住苏门山中所作也。一序授道嫡脉，一先子孝贞先生传，一诲密语道脉。别作方册诲语后，请友真书录先子传于后为一卷。先子传后，又以诲语作八分书为一卷。甲子春日装潢之，令长男锡琮、次男锡璜各藏其一，以示子孙。门人成都费密谨记。[（清）费密：《弘道书》附录，新都文史资料编辑委员会2007年版，第142页]

按，费密本文记孙奇逢手书文稿，"一序授道嫡脉"指孙奇逢所作《题费此度中传论》，《孙征君日谱录存》系于康熙十二年（1673）二月十九日下，今存《夏峰先生集》卷五。"一先子孝贞先生传"，《孙征君日谱录存》系于康熙十二年（1673）二月十一日下，言"费孝贞先生实录一则，入《取节录》续集孝子门"，今不传。"诲密语道脉"不知所指。文中"甲子"指康熙二十三年（1684）。

与诸君论诗（拟）

自沈宋定近体诗，声韵铿锵，文采绚烂，有气有格，亦古亦今，固诗中之杰作，可以垂法后世者也。然繁音促节，错彩镂金，质淡消散，古色渐稀。时移风转，至于元白之轻俚，温李之纤艳，长吉、卢仝之怪僻，下逮晚唐诸公之小近卑寒，风雅之道，于斯变极，愈变愈恶矣。五言四韵，李峤之和平，王勃之精丽，沈宋之典重，王维之含雅，孟浩然之自然，岑嘉州之疏秀，李白之高华，杜甫之悲壮，洵文章之能事也。（《费燕峰先生年谱》卷三"［康熙］二十四年乙丑"）

按，此文系于《费燕峰先生年谱》卷二，康熙二十四年（1685）七、九月之间。文前述写作背景云："张锡卣讳世勋，芜湖人、张雪（丰）村讳含章，文水人、徐澄源讳浚，旗人同来访，与论诗、论韵学。"

传心录题辞

艾陵雷先生文钞，庸庵员子业已镂板成书，其犹子秉乾昔尝执经于艾陵，与及门诸子复取其言理之文，别为《传心录》一编，授诸梓人。盖古人之言学也，合而不一，七十子各有支绪，至宋洛中二程始起而一之。南渡，考亭公一之愈严。世称濂洛关闽为传心之学，今艾陵之《传心录》羽翼先儒，于濂洛关闽之学也何其深哉。密昔常与筑夫、豹人过艾陵，出饼果茗□，谈文竟日。诸公皆十年以长，独密齿稍后，不觉遂三十余载，诸公物化，密亦年七十，衰颓而病，追忆平生故人，尤喜艾陵之子毅与同门诸子编辑遗书为可快也。康熙甲戌长至成都费密谨书。[（清）雷士俊：《传心录》卷首，康熙年间莘乐草堂刻本]

按，费密与雷士俊之交谊，详参本书"交游"。

题长松先生像（拟）

密近年始得见长松先生，与之游，甚简直。常空庭月皎，同数客觞于树下，微风入座，花影遮墙。长松自起行酒，婆娑庭下，绝有迂态，密不觉大笑。此犹是三十年前辈气象。客遂为密述长松诸盛德事，密摇手止之曰："吾之得长松者，在神明之内，而子欲以迹实之耶？"知密此意者，方许来观此幅。己未七月十八日，益州费密题。（《费燕峰先生年谱》卷三"[康熙]十八年己未"）

按，此文在《费燕峰先生年谱》中系于康熙十八年（1679）己未六月"为团同春题像"句下，而同年十一月下又有"团同春乞题其尊人长松先生像"句，观本文文末署时"己未七月十八日"，则《年谱》中二句系时皆欠准确。团同春（1620—？），名锦，诸生，明季乱，由江苏仪征徙泰州。与费密交好，其子伟长拜费密为师。① 长松先生即团锦之父，费密曾为其作寿文，撰墓志。

书国语后（拟）

密初读《国语》，观其文词丰蔚，气度雍容，非西京可比。及后重读

---

① "伟长"为字，《费燕峰先生年谱》言伟长名"鸿烈"，然夏荃《退庵笔记》卷七"团氏"记载其名为"宏春"，未知孰是。

之，始知古圣贤撰书之旨，凡事不足以垂法、言不可以鉴戒者不著。古人所撰，王侯学之，保国守爵；公卿大夫士庶人学之，可以安身立名。古称圣人得二十国宝书而作《春秋》，左邱明传，盖宝书中语也。其与经相通者为传，其不与经相通而其言不可磨灭者为《国语》，故亦谓之《春秋外传》是也。虽其词不无史臣润色，而要皆当时实事。凡文士博才而猖狂，易致失身败行者，不可不日诵一二章。乙丑立冬，费密记。（《费燕峰先生年谱》卷三"［康熙］二十六年丁卯"）

按，《费燕峰先生年谱》抄录费密文，都是紧随所系事之后。本文录于《年谱》康熙二十六年（1687）"序汉书儒林"句之后，内容却以读《国语》之后的评论为主，又文末署撰写时间为"乙丑"，即康熙二十四年（1685），则《年谱》关于本文的系年显然有误。

雅伦跋（拟）

《雅伦》一书，先子孝贞先生客沔县时乡塾中编次以训密者也。密年十六，临川诸生吴其元入蜀，见密赋咏，为说近体粘律格式。其后遇乱，遂岁岁作之，都不知古人矩度，率意狂怪。先子一见，辄颦蹙。密授徒襃中张氏，乃见《诗法统宗》，稍稍就绳墨。先子为著此书，朝夕把玩，更与名流讲究，而后晓黄鲁直所谓欲作锦必得锦机也。今已多年，而密诗未进，览是书，辄太息不胜。辛亥钞副本。中男密谨记。［（清）费经虞：《雅伦》二十六卷卷末，清康熙四十九年刻本］

按，《雅伦》成书情况，详参本书"著述考录"。

力耕堂诗稿跋

诗至今日，上自公卿，下逮草野，无不讲求，可谓盛极矣。其间巨材宿学，俊人高致，不可次第。举汉魏六朝之殊，初盛中晚之辨，世之君子类能言之。而追踪古人，辄亦有数。钟嵘《诗品》，论其人"诗自某人来"，又云"惊心动魄""一字千金"，盖古之学者悉以苦心深入，积久而后得之，故其光也长，其传也远。后之君子，苦心不如古人，篇章亦逊古人矣。风骨未也，格力未也，韵度未也，辞旨未也，意兴未也，极而入神未也。欲求与古人齐驱，读书须真工夫，下笔须真力量，观古今文章须真眼光。清真矣，恐流于率易；典丽矣，恐出于雕刻。取吾平日所作，与古人所传，相并而观，真处自见。此皆先辈之言，密得闻之。

承不鄙陋劣,屈垂下问,属之再四,安敢不妄述所闻,以备采择。读大篇,格力高老,无纤调细响;气势昌明,作弱律轻裁。异日揖让汉魏,位置三唐,决决矣。益州费密谨书。(柯愈春主编:《杨宾集》,第487页)

按,据《费燕峰先生年谱》,康熙二十二年(1683)十二月,费密为杨宾作诗序,当即此文。

跋顾孝子寻亲记

长洲诸生顾廷琦之万里扶柩也,何其难哉!廷琦先公讳绳诒,字敬承,举明崇祯三年乡试。后十二载,除吾蜀仁寿令。四载而逆贼张献忠陷成都,坑屠殆尽。大清既诛献贼,继以凶荒,西南道绝,音问久断。廷琦入蜀数矣,皆不能往。又十五载而后蜀道通,自吴上楚,由襄汉抵南郑,然后达阆中,而至成都。仁寿去成都二百余里,廷琦至,则四望萧然,一二残民,无复有知者。久之,井研诸生周继殷、黄珪乃为廷琦言:令君当献贼乱时,自经于学宫,而瘗处则亦不知。稍有知者,又云会葬时,记其村巷桥梁,今皆荡为荆榛,不能复识。有曾大礼者居此,或犹可辨。然后大礼与廷琦出东郭,越溪渡岩,宿莽中仿佛土垄,起仆碑视之,则令君葬所也。于是廷琦袒跣擗踊,乃得成奔丧之礼。草土墓侧者累日,母与诸弟皆不知所终。盘旋蜀中三载,始得资用,扶櫬复自汉中舟行至吴,以卜葬焉。世皆称黄孝子寻亲,而不知廷琦之为孝子也。密乃取其书,稍为删定,录一通,以寄吾蜀之文。(民国《新繁文征》卷四)

按,顾孝子廷琦,字佩坚,黄孝子向坚,字端木,沈德潜尝作《三孝子传》(《归愚文钞》卷一六,第三人刘龙光)记其事,可参见。《费燕峰先生年谱》康熙二十三年(1684)六月记载:"跋顾佩坚讳廷琦,仁寿令顾公子寻亲录。"知跋文作于此时。

跋瘗鹤铭(拟)

近乃见《瘗鹤铭》完本,无锡顾宸所藏,镇江太守钱升重勒石,康熙乙巳间事也。前辈称大字无过此铭,人争传宝,然石裂不可复搨,宋时已未见完本矣。友人陆朝言字覆在下,水落时尚可搨数字,其书尚有晋人遗法,刻虽未尽善,犹可玩也。历代辨此铭书甚众,或以逸少断为王羲之,或以华阳真逸为陶弘景,或又云顾况称华阳真逸,俱属有据。

以密观之，当为弘景无疑。书固佳绝，然律以《黄庭》《圣教》诸帖，笔法已有不同，一也；其词不类晋人语，亦与晚唐人语不类，二也；神仙缥缈之事，惟弘景生平最以为重，三也。事之彰明如此，而钱太守必以为羲之，何哉？其他皆不暇辨。费密跋。（《费燕峰先生年谱》卷三"[康熙]十八年己未"）

按，《瘗鹤铭》为摩崖刻石，旧在镇江焦山，原题"华阳真逸撰，上皇山樵书"，在中国书法史上享有盛名，被称为"书家冠冕""大字之祖"。关于其书者，有王羲之、陶弘景、王瓒、顾况、皮日休诸说，迄无定论。费密此跋，认为书者为陶弘景，并作了分析。

（二）费锡璜遗文

闵先生诗集序（拟）

市肆裏书得二纸，取视之，诗皆精斐而修饬，曰《碎金》，曰《寒玉》，方诧之，不知何人作，辄疑宋元间所遗书也。至淮阴，潘南林先生方为乡先辈刻《碎金》《寒玉》二集，果即予所见之诗，相与大诧。先生因属锡璜为闵先生序之。

按先生讳南仲，字湘人，为某尚书诸孙，天资超绝，书一过目，终身不忘。少时，家饶赀，服御充实。变后，闭户读书十年，学既成而业废矣。中年以后，家苦贫乏，几无以自存，先生益纵情于诗歌以老。仆尝论诗之大较有二，曰精，曰大。雄博者好言大，鼓其气而宏其声，其失也多流于矿；菁英者好言精，研其词而美其调，其失也多入于纤。若先生之诗，渐染于西昆、才调，仿佛于大年、中山，变化于遗山、廉夫，而其究也未尝淫靡秾缛，所谓诗人之赋丽以则者耶。

南林先生与先生生同里闬，少时学诗，得力于黄九烟、闵湘人，而朝夕与谈议者则湘人为尤多，尝以传人相期许，故先生感其知己，收其《碎金》《寒玉》二集于数十年之后，几就湮没而复传焉，其不可感也哉！抑闻先生他集甚夥，购求尚未得其全，若得其全集而读之，是一快也。成都费锡璜拜识。[（清）闵南仲：《寒玉居集·碎金集》卷首，《四库存目丛书补编》第12册，第663页]

按，此文乃为闵南仲《寒玉居集·碎金集》所作序文。闵南仲，字湘人，号石鱼，浙江乌程人，今传《寒玉居集》二卷、《碎金集》二卷。

为闵南仲刻诗集的潘南林,名尚仁,字似山,号南林,浙江乌程人,今传《苏门山客诗钞》五卷。潘尚仁与费锡璜颇有交往,费锡璜《掣鲸堂诗集》有《常近宸、潘似山过村中》诗,《贯道堂文集》卷三《春草亭集》文后有潘尚仁评语云:"仿佛欧公诸记序,事简而洁,写景淡而远。"

百尺梧桐阁遗稿序(拟)

汪蛟门先生集行于海内者数十年,内诗止十六卷,戊午前所作也。先生有未刻诗十卷,藏其兄子民长所,民长手所录定,世未尝见。锡璜过民长斋,出此,其读之则惊怪,而叹其未有锓本。以语汪生義尚,義尚慨然曰:先生与先君兄弟友善,余虽未及亲炙先生,然素慕先生风。遗稿,余之责也。遂鸠工镌刻,于是蛟门先生集始为全观。

自明人摹拟唐调,三变而至常熟,乃极称苏陆,以新天下耳目。先生与阮亭、愚山、纶霞、豹人、周量、荔裳、公勇诸前辈适承其后,各立畛域以言诗。其时宋调入人未深,故先生诗斟酌于唐宋之间,用唐而不失之胶固,用宋而不失之颣放,渊情微致,揽之有余,即之不见,迥乎异于今之学宋者。今之学宋者,使先生见,必哑然笑也。而老笔幽怀尤见于晚年十卷中。

吾尝论诗之才华,当于盛年求之,而法度精缜、气味深永则至末年始佳。读先生诗,必于遗稿始见其诗之细,读先生遗稿,当益信吾说矣。乙未六月,成都后学费锡璜撰。[(清)汪懋麟:《百尺梧桐阁遗稿》卷首,《四库存目丛书》第241册,第800页]

按,此文乃为汪懋麟《百尺梧桐阁遗稿》所作序文。汪懋麟(1639—1688年),字季角,号蛟门,晚号觉堂,江都(今属江苏扬州)人。康熙六年(1667)进士。工于诗文,著有《百尺梧桐阁诗集》十六卷、《百尺梧桐阁文集》八卷、《百尺梧桐阁遗稿》十卷等。其中,《百尺梧桐阁诗集》十六卷由十二砚斋刊刻于康熙十七年(1678)戊午,收康熙元年(1662)壬寅至康熙十七年戊午诗1290首。《百尺梧桐阁遗稿》十卷由汪懋麟之侄汪荃(字民长)编订,汪文蓍(字義尚)出资刊刻于瞻荅堂,收汪氏康熙十八年(1679)己未至康熙二十七年(1688)戊辰诗368首。汪文蓍为费锡璜弟子,此序当即应汪文蓍之请所撰。

道援堂集序(拟)

一代之兴必有一代之诗,一代之诗必归一代之才。诗有盛有衰,有正有变，而人之为诗也，有巨有细，有醇有薄。今之总其盛，持其正，力巨而气醇，为一代所宗者，其南海屈翁山先生乎！

翁山少为诸生，国变，弃而为道士，称花田之农。未几，又弃而为僧，游匡庐华岳，著华岳篇。有才女爱其诗，愿嫁之，又弃而归儒娶妻，乃即偕妻出塞外，短襦急袖，作军中装，驰骋沙碛中，历燕赵吴越而归岭，此其气已凌轹乎一世矣。在岭，与梁药亭、陈元孝鼎峙，称南海三大家，南海翕然宗之。后数出岭，往来吴越，吴越间能诗负凤名者不可指数，而翁山所至，辄以诗倾其座，人人莫不慑服，屏息不敢与抗。盖翁山诗为人所不能为，言人所不敢言，怨悱孤愤，要皆本《离骚》之旨，读其诗，求其志，未有不忼慷悲惋者也。以故世之议翁山者虽众，然不得不以大宗推之，盖公论所同不可诬也。

余往遇沈子方舟于京师，论古今诗意甚惬。后七年，方舟偕梁药亭太史入粤，过扬州，见于萧寺。方舟语余，将有岭南三家之选，余因与极论其利钝短长，方舟每称甚善。今夏小疾中，忽闻叩门声甚急，有大呼而入，则方舟自岭南归也。谓余曰三家选已就，翁山诗且先出矣。余曰若某篇某篇在乎？曰然。曰某篇某篇可不存乎？曰然。凡四五叩，皆不相左。余乃大惊曰：何吾两人之所见略同如此也！翁山诗前后刻甚多，要未有精纯不可易如此选者。方舟，能为翁山之诗者也。能为翁山而选翁山之诗，宜其抉别谛当，不同于他刻哉。成都费锡璜滋衡撰。[（清）屈大均：《道援堂集》卷首，国家图书馆藏清刻本]

按，此文乃为屈大均《道援堂集》所作序文。屈大均为费锡璜父辈行，与费密有交（二人交谊，详参本书"交游"）。《岭南三大家诗选》选刻者沈用济与费锡璜多有唱和，相交甚厚，二人还曾合著《汉诗说》十卷（参见本书"著述考录"），此序当即应沈用济相邀而作。

镜香园毛声山评第七才子书序（拟）

自乐府废，风诗散，朝庙、草野声音之道不相属，无以为教化之源，而俗由此益漓。上自天子公卿，下至里巷小人，莫不听而悦之者，惟院本。故院本者，声音之所在，风俗之所关也。明初院本盛行者，有《琵琶记》及"荆刘拜杀"五本为最。《琵琶》所以教孝也，《杀狗》所（以）教弟也，《荆钗》《拜月》所以教节也，《白兔》所以教义也，惩不义以归于义焉。明三百年，风俗淳正，盖其初黜淫艳之繁词而尚质厚之雅音，如此其不苟也。独怪蔡中郎，母病三年，衣不解带七旬。母死庐墓，致驯兔连理之异。在朝止董卓不称尚父，劝卓不僭车驾。炳炳若是，而被不孝名，似不可解，岂偃蹇不能辞卓之征辟，后又不能逃遁远去，起司徒座上之叹，卒就诛戮，以至此耶？读放翁诗，则其说不自高东嘉始矣。

高邮从西文先生，以为东嘉不但言其不孝，实其不忠，不忠则不得称孝，反覆推明东嘉之义，以信其说，可谓详且核矣。要之，忠孝出于一本，自先生书出，《琵琶》所以教孝，实所以教忠，岂非大有关于世教之书乎？然先生不自以为必然，号曰空山梦说。夫文章莫幻于传奇，而人世莫幻于梦，先生说传奇，自以为说梦，是以梦幻之境视古今事也。先生于书无所不读，尤邃于禅，吾谓空山梦说即灵山之说法可也。成都费锡璜拜书。（《镜香园毛声山评第七才子书》卷首，国家图书馆藏清康熙金陵三益堂刻本）

按，此文乃为《镜香园毛声山评第七才子书》所作序文。毛声山，名纶，字德音，长洲（今江苏苏州）人，失明后改号声山，晚年口授有关《琵琶记》之评语，由其子宗岗笔录成书，称"第七才子书"。清康熙年间三益堂刻本《镜香园毛声山评第七才子书》署"高东嘉琵琶记原本，甓湖从周西文订阅，古歙汪文蓍参校"，书中汇集李卓吾、王凤洲、徐文长、汤若士、魏仲雪、毛声山父子等人的评点，增评者则有从周、费锡璜、汪文蓍等，其中费锡璜的点评即有三十余处。[①]

题双清阁图（拟）

竹木山石楼阁人物一卷，烟云罨霭其间，际之上下不见其端，左右不见其际，则石涛为蓼汀画《双清阁图》也。登此阁者，当遗弃尘俗，嗒然物我相忘，始与此阁称。成都同学世弟费锡璜题，时在康熙乙未孟冬。（石涛《双清阁图卷》，藏故宫博物院。参见 http：//en.dpm.org.cn/dyx.html？path ＝/tilegenerator/dest/files/image/8831/2016/8197/img0003.xml，2019 年 10 月 20 日）

---

① 参见李克《明清戏曲评点研究》，台北：花木兰文化出版社2013年版，第248—252页。

按，此文乃为石涛《双清阁图》所题。石涛（1642—1707 年），原名朱若极，广西桂林人，出家为僧，法名原济，字石涛，别号济山僧、小乘客、清湘老人、苦瓜和尚、瞎尊者、大涤子等，清初著名画家。石涛与费密有交，曾应费密之邀，作《费氏先茔图》（又名《繁川春远图》）。《双清阁图》乃石涛为吴蓼汀所作，图卷后有费锡璜等十人题记。此文作于康熙乙未，即康熙五十四年（1715）。

第二节　新繁费氏传记资料汇编

《费中文先生家传》　费锡璜

费氏之先，出于大费。大费佐禹平水土有功，帝舜锡以皂游，曰："尔后嗣将大出。"生子二人：一曰大廉，实鸟俗氏；二曰若木，实费氏。其玄孙曰费昌，子孙或在中国，或在西垂，由夏及周，多显于中国。蜀费氏之著则自两汉始，世居犍为郡。吾家相传为汉谏议大夫费诗后，自犍为徙双流，自双流徙灌县，自灌县徙新繁。灌县以上不可考，惟元会、元费著作《族谱》，载于《省志》，言费氏一支，分于广都，通仕籍者甚众，号"广都房"。广都者，双流也。新繁费氏，盖广都房云。新繁在前朝为巨县，而费氏与雷氏、陈氏称鼎族，号"费雷陈"。

高祖讳彦，万历中年九十余，为寿官。曾祖讳嘉诰，万历中贡生，大竹县训导，事载《省志》。祖讳经虞，崇祯己卯举人，昆明县知县，卓异，迁本府同知，再推升广西府知府，遂乞归。昆明祀名宦，前史及云南、江南《省志》《扬州府志》各有传。祖生子四人，显考其次也。讳密，字此度，号燕峰。祖母王宜人梦得巨桃而生考，故考小字琪桃。六岁从师，目为大受之器。九岁，祖母王宜人殁，考哀泣如成人。十岁，大父为讲《通鉴》云："盘古氏，相传首出御世之君。"考遽问曰"盘古氏以前"，大父云"鸿荒未辟"，考又问"鸿荒以前"，大父呵之，然心奇考。年十四，大父大病，医言尝粪甘苦，可决生死。考尝粪，粪苦，后大父病果起。崇祯甲申，考年二十，大父除云南昆明知县，由他道入滇。是年，张献忠复犯蜀，考为书上巡按御史刘公之勃，言四事：练兵一，守险二，蜀王出军饷三，停征十六、十七两年钱粮四。仓卒未果行，贼遂陷成都。明年乙酉四月，考就婚外祖杨氏家。外祖家世仕宦，丰于财，而未有子，止生吾母。流贼乱，外祖为贼拘，外祖母赵太孺人以家事付考，考以数千金挥散其家奴，兼赂贼之侦访者。八月，费氏始得与杨氏避入冠子山。九月，贼剿杀王村、白鹿诸山。十月初，复入彭县，中旬又避入彭之香水寺。十月初，贼复屠彭县、什邡、沿山一带，止近城五里不杀。复入彭县。十二月初，孙可望领兵至彭。十五日，复入山，避龙竹坪。时献贼屠彭殆遍，而考往来彭县诸山村中，得不遇害。明年丙戌，考入什邡县高定关八角庙，倡义结豪杰为寨拒贼。都督松潘镇朱化龙给札，署衔团练，号"飞来营"。巨贼乘间劫营，考设伏兵待之。贼入隘，闻鼓声疾退，不敢犯。一方赖以安，而家亦小宁。赵公司铉，吾母之舅氏也，自督师阁部王应熊军中归，言大父在滇，知家中遭大乱，心不宁，且屡乞休。考闻之痛哭，遂去家，只身从兵戈蛮峒中入滇寻亲，当时人称为孝子。始，大父闻蜀陷，数乞休还蜀，台司不许。得考至滇，大父剃发称僧，呈诗台司，台司见发，始许之。丁亥四月，奉大父去滇，时张献忠余党孙可望已陷云南矣。七月，奉大父入建昌卫。十月，考独身至黎州省大母曹宜人。十二月，复入建昌，迎大父过相岭，遂为凹者蛮瞥牛掳入蛮中月余，为蛮人力作，知蛮中风俗尤悉，晚年尝为不孝等述蛮中旧事。明年戊子，大父市牛、釜、布、田器遗凹者蛮，赎考归。二月，奉大父从宁番卫出打马窝，又为番裸劫掠，行装复尽，止余马入越嶲卫。广元伯杨公展镇嘉定，闻考名，遣人致聘焉。考乃说广元曰："贼随机数年，民无食，今不屯田，无以救全蜀之民，且我兵不能自立。"于是广元乃遣家人屯田于雅州龙门。张献忠尝弃金于青神江口，广元命人沉水，得张献忠弃金，赀甚富，为民间买牛、种，余赀应给诸镇，西南民得少苏，而诸镇得久与贼相持者，广元之济也。考尝谓不孝等曰："平寇伯曾英欲屯田于重庆，大学士王公应熊不许，此计之大左也。"十月，同广元子总兵官璟新复屯田于荣经瓦屋山之杨村。后入叙府，遇督师阁部吕公大器于叙，遂署考为中书舍人。明年己丑三月，谒都御史内江范公文茨于村舍，范公见考文辞，惊曰："始以为吾此度有经济才，不知吾此度辞客也。"当是时，考与成都邱公履程、雅州傅公光昭以诗词雄西南，称"三子"。其秋，广元杨公为降将武大定、袁韬等所害，考与广元子总兵整师为复仇计。尝与贼兵战，身自擐甲操戈，左手为刃伤。方是时，总兵营在峨嵋，裨将某与花溪民殴争，称言花溪居民下石击吾营，势且反，以激怒杨总兵。总兵遽署檄讨之，考力争曰："花溪，吾民也，方与贼战而杀吾民，彼将变而从贼，是益贼也。"总兵乃止，全活者数百家。考去嘉定，杨总兵亦率残卒于荣经，考复屯田于瓦屋山之杨村。庚寅七月，还成都省墓，至新津，为武大定贼兵所劫。十月，又为北城总兵杜汉良所掠，送嘉定武大定营中，几为大定所害，以考尝赞画广元父子间，有帏幄之谋也。十二月，乘间得还杨村。辛卯，奉大父母避地荣经县改定沟山中。十一月，奉大父母从芦山县出邛州火井，往崇庆州，复屯田。壬辰春，孙可望贼兵追逃将张合子，屯于崇庆黄杨镇，家复为贼破。四月，还新繁。新繁旧宅皆为灰烬，榛莽不可居。其冬，始携家偕戚属杨氏、赵氏、李氏四姓，自成都北行。明年癸巳二月，至陕西汉中府沔县圆山寨。至是，家始安戢焉。

呜呼！考之避乱，从戎于蜀，寻亲于滇，出没于豺虎兵火间者十数年，掳入蛮峒，屡陷贼营，几于死者数四，虽仁孝之子著名史册，未有如考之艰难屡历者也。当时公卿将相闻考之名，争相延致，留广元父子幕最久。所至，屯田为持久计，而天命人事已改，总兵公才能又不逮广元，是以大功不就。然广元粒食西南，为蜀人司命，考全活花溪之众，功亦不为少矣。考出蜀居沔，乃徒步由泾阳至扬州，入闽访伯外祖杨公云鹤，时杨公为漳南监司。七月，复由湖广归沔。从刘时雨先生学医，后究心于《内经》《伤寒论》《金匮》诸书，为《长沙发挥》，先以刘先生名，不忘所学也。考尝闻二程见人静坐便叹为善学，丙申，与破山门人通醉论禅。四月，遂入静明寺，杂僧徒静坐。坐六七日，心不能定，自厉曰："百日之坐尚不能自定，况其大者乎！"复誓不出门，半月余，坐乃定。考自言，始半月许，视物疑为二，如履在床前，心中复有履。久之，胸中见红圈渐大，至肌肤而散，颇觉畅美。一夕，闻城濠鸭声，与身隔一层，身如在布袋。良久，一层忽通，鸭声与水流入身中甚快。其后，所历之境甚多。百日之期既毕，乃叹曰："静坐，二氏之旨，吾儒实学当不在是！"自后益有志古学矣。客汉中既久，藩下固山额真涿州杨公珅知考贤，以千金聘考，考却不受，遂携家东下，人为考惜。后杨公没，强藩作逆于滇，始服考远识不可及。丁酉，生大姊。十月，遂奉大父携家出沔汉。戊戌春，至扬州，年三十四矣。考闻常熟钱尚书谦益以文名天下，乃为书上钱公。钱公得书，甚惊异，与论诗于芙蓉庄，指考《北征》诗叹曰："此必传之作也。"己亥，海艘入江，扬州戒严，考奉大父避乱桥墅、樊汊、宜陵间。辛丑，偕巡按御史张公注庆入广东。是岁，生不孝锡琮。壬寅，考年三十八，于杨公园中读经，自是一年辄有所进一史一经。考尝云："不读史，未知古人处事，则于古经难亲切，恐成迂疏；历人事久，读古经，然后义味深长，规模宏远也。"癸卯，之徐州。甲辰，往高邮州同知张公士羲署，与老儒夏公洪基论经史，为《史记补笺》。是年，不孝锡璜生。乙巳，考年四十一，自是以后，与林公古度、李公长祥、曹公溶、王公岩、刘公道开、吕公潜、夏公洪基、杜公浚、纪公映钟、孙公枝蔚、王公璲、王公士禄、魏公禧、范公鄗鼎、刘公芳喆、汪公楫、许公承家、吴公嘉纪、吴公绮、王公有年、雷公士俊、顾公苓、方公文、李公蘅、郑公掌和、陈公维崧、邓公汉仪、屈公大均、唐公大陶、余公怀、冒公襄、黄公云、万公斯同、李公沂、宋公曹、阎公若璩、朱公彝尊、孔公尚任、王公仲儒熹儒诸前辈，纵横经史文字之交，海内莫不服考之经学、诗古文辞矣。而与龚公贤、陆公朝尤交善。王公士禛司理扬州，一时名辈皆往来座间，惟考不往谒。后王公于林茂之先生处见考一诗，惊叹，乃请全诗，考录百篇赠之。王公极叹考古诗，以为绝伦。复取近体中"白马岩中出，黄牛壁上耕"，"鸟声下杨柳，人语出菰蒲"等句，而尤爱"大江流汉水，孤艇接残春"之句，当时咸以为知言。

是年，笺《史记》毕，日夜读之，盖八年矣。丁未冬，游兰溪。是年，生吾妹。戊申，移居江都东之戈家庄，遂著《中传正纪》，上自先圣，下迄近代，纪载儒林师传世序，自戊申始也。辛亥正月，大父殁，居丧悉遵古礼，冠衰皆仿古自制，非同市间式。期年，犹麻衰如故。邻人陈次横偶过考，见家居如是，叹曰："费先生真秉礼君子也！"小祥后，去负版，始易衣麻之稍细者，孙豹人先生亦自叹谓弗及。大父尝读卫辉孙征君奇逢著书，心服其学之纯，遗命往事。考服既阕，乃走数千里，至卫辉苏门山，受孙征君之学。孙氏之学受于世父丕基，丕基受于其父臣，臣受于邹公美，美受于其父守益，守益受于新建伯王公守仁，征君盖王氏五传也。征君与考论朱、陆异同，考进言："汉唐先儒有功，世不可泯灭。"征君大以为然，又与考证历代礼制之变。逾月，辞征君南归，征君曰："吾道南矣！"乃题"吾道其南"四字为赠。自辉县往平乡县视赵公弻。八月，还扬州。甲寅春，初游浙，与吕公留良论礼。吕公后谓袁君勉钦曰："吾终身未见此人。"是时，滇中变，震惊江左，扬郡人皆迁避。于公大仪，考之至交，有宅在野田庄，邀考村居。是时，考年五十一。自此，遂居野田三十余年乃殁。其或出游四方，然以野田为归，未尝他徙矣。此三十余年中，惟闭户著书为事。乙卯，游徐州，戴千峦宪副闻考名，留署中，七月归。丙辰冬，闻孙征君卒，考涕泣，于泰州圆通庵设主受客吊，冠细麻，加粗麻一道横于上，衣用白布，二十一日始焚所设主。出庵，心丧未去怀也。丁巳，外祖母赵太夫人殁于家，考命吾母及锡璜俱服三年丧。盖先外祖母散数千金，得人力，杨氏、费氏两家始得出彭县、新繁，故考养于家数十年，一切丧中之费，皆考主之。其秋，山东提督将军柯公永蓁遣人来迎，谢未往。冬，复遣人来迎，遂至山东。过泰山，遂登泰山观日出，然后至将军署。是时，吾师蔡公廷治在署，考与论汉唐及宋明诸儒学术，蔡公遂与田君金同受业于考之门。将军礼考甚恭，有痼疾，考以药愈之。将军夫人王家女，体甚尊而无子，将军有别室，畜妾生子于外，年且十余岁，不敢闻于夫人，宾客亦无敢以此言闻者。考乃说夫人曰："将军年老，未有子，为夫人忧，且恩袭无所承。今闻有子在江南，愿夫人取归。"夫人素敬考，闻此言惊喜，遂迎其子入署。将军衰年，父子欢聚一堂，因考一言也。将军甚德考，欲致千金为筹，考惟受其《十三经》一部。时国家方举博学弘词，将军屡欲荐考，考力辞乃止。冬，至饶阳访故人张公象翀，明年乃归。庚申，吉安太守书来迎考，遂游吉安。太守命侍史为考钞《中传正纪》，自是始成初本。癸亥，游苏州灵岩、天平、圆墓诸山。明年遂至浙。乙丑，复游苏州，有游山诸记。是时，朝廷方命儒臣修前代史，颇采前代旧臣遗佚者，考乃叹曰："先人爵位虽卑，然经术著于锦江，惠政播于滇海，晚年弃位入道，高谢、郑之节，虽无意于名，此为子之分。"乃涂泥入都，亲奉《孝贞先生行状》入史馆，以备采择。见在馆诸公，为下拜，涕沾襟袖，在馆诸公亦为感动。留都半载，楚中周介庵先生命其子家齐从学于考。家齐授定海县令，考遂由楚至浙，九月归。丁卯、戊辰再游松江。己巳，先母杨孺人卒。是年，考亦大病，乃自定生平所著诸书，命锡琮、锡璜分录，诸及门亦时为录焉。辛未，游江宁。壬申，舅氏杨公岱授上杭知县，延考至上杭。考大病，左体不仁者数月，自服药，久乃瘥。当是时，考年六十九矣。明年，乃归葬大父母及吾母于野田村东。张君含章，考之及门也，乙亥授通山县，书来，欲为钞《中传正纪》。考遂游宣城，因至楚，岁暮东归。自此，遂未出游。村居，自定所著诸书。汪君兆宣赠金，为考录书。辛巳六月，病下利，遂不能起。考生于明天启六年乙丑七月二十三日子时，卒于康熙三十八年辛巳九月初七日未时，年七十有七，门人私谥中文先生。

  呜呼！考少遭离乱，经历兵戈，中年迁徙异国，足迹所至十有四省，晚年穷困。在离乱则保护乡邑，屯垦济众；迁徙则访宿儒，购异书，游佳山胜水以为常；穷困阖户著书，惟笃守古经，倡明实学，以教及门。尝谓锡琮、锡璜曰："我著书皆身经历而后笔之，非敢妄言也！"晚年四方来学者颇众，高才宿学，一时称得人最盛。考与论经术及古文诗辞，言必本之人情事实，不徒高谈性命，为无用之学也。天性和平，生平与人无忤，终身未尝言人过，人有机相向者，考皆坦然处之。村居数十年，著书甚多。自宋人谓周、程接孔、孟，二千年儒者尽黜无一闻道者。考实为先儒悲痛，乃上考古经与历代正史，旁采群书，作《中传正纪》百二十卷，序儒者授受源流，为传八百余篇。又作《弘道书》十卷，弘道书者，所以广圣人之道也，曰《统典论》，曰《辅弼录论》，明大统必归帝王，不得以儒生参之也；曰《道脉谱论》，明先圣以来七十子传人具有，不可灭没其功也；曰《古经旨论》，曰《原教》，明圣人之道，古经具在，无所谓不传之秘也；曰《圣门育材论》，明圣人取人甚宽，不可举一废百也；曰《祀先圣礼乐旧制议》，曰《先师旧制议》，曰《七十子封爵旧制议》，曰《七十子为后议》，曰《从祀旧制议》，明汉唐以来，学校不可废，先儒不可黜，七十子、汉唐过薄，而宋儒过厚也；曰《先儒传道述》，曰《圣门传道述》，明帝王师儒有旧章，不可杂，不可改易也；曰《吾道述》，明圣教不同于二氏也。并附载诸图，为十卷，是谓《弘道书》。《圣门旧章》六种：曰《古今笃论》四卷，曰《朝野诤论》四卷，曰《中旨定录》四卷，曰《中旨辨录》四卷，曰《中旨申惑》四卷，共二十四卷。《文集》二十卷，《诗钞》二十卷。《外集》二十九种：《河洛古文》一卷、《尚书说》一卷、《周礼注论》一卷、《二南偶说》一卷、《瓮录》一卷、《中庸大学古文》一卷、《中庸大学驳论》一卷、《太极图纪》八卷、《圣门学脉中旨录》一卷、《古史正》十卷、《史记补笺》十卷、《历代纪年》四卷、《四礼补录》十卷、《古文旨要》一卷、《蚕此遗录》二卷、《奢乱纪略》一卷、《荒书》四卷、《笭箵归来晚暇记》四卷、《历代贡举合议》二卷、《二氏论》一卷、《题跋》六卷、《尺牍》六卷、《诗余》二卷、《杂著》二卷、《费氏家训》四卷、《长沙发挥》二卷、《王氏疹论》一卷、《金匮本草》六卷、《集外杂存》八卷，补孝贞先生《剑阁芳华集》二十卷、《雅伦》二十六卷，共三十二种，百二十二卷。外有《春秋虎谈》二卷，以授陈君于耕、于稼，锡璜至蜀始知之，未入书目中。以上诸书，皆手自钞录，家贫，未能镌刻行于世。考生平精于古注疏，谓古注言简味深，平实可用，后儒即更新变易，卒不能过，古经之存，专赖此书，变易经文，各自为说，势将不止，深为可惧。次则尤熟《史记》，枕藉于中者八年。于诸子则熟《南华》，于古文则爱昌黎，故所为文浩然如水之无涯，而未尝骋才矜气也。为诗则以深厚为本，以和缓为调，以善寄托为妙，常戒雕巧快心之语，故浅于诗者，即不能知考之诗矣。教诸门人及不肖诗文法最精严，不轻许可，故凡得闻考余风，诗文有法度。书法在钟元常、司马索靖间，人得考片纸，皆珍惜藏之。考没后十余年，江都令修《县志》，为考立传。元配吾母杨太孺人，刑部员外杨公新泰孙女，贡生杨公云鹏女。生子女四人：长子锡琮，娶叶氏；次子锡璜，娶周氏；长女，适江都王来修；次女，适北直刘兴聘。锡琮生子二人：长冕，次盉；女一人。锡璜生子二人：长轩，次藻；女一人。乙酉十二月二十五日，厝于江都县宜陵镇东北十五里野田村沙疆坝。己丑二月十九日，乃与吾母合葬。其地去大父墓二十许步，下有志，上有石碣表焉。

（清）费锡璜：《贯道堂文集》卷二，清康熙年间刻本

《中文先生私谥议》　蔡廷治

康熙四十年辛巳，成都费燕峰先生卒于江都之野田村，门人会哭于丧次。既辍哭，乃议曰：生名，冠字，死谥，礼也。仕者公谥，隐者私谥。昔柳下、黔娄，谥皆议于门人，其来尚矣。吾先生少丁祸乱，首聚义徒，保障乡邑。参赞大帅，克定高勋。微言解纷，遂全百室。寻亲绝域，陷身蛮峒，九死一生。及避乱汉中，辞辟雄藩，千金不顾，终成父

志,蜚遁江乡。中年负笈百泉,缵承坠绪,著书累尺,定议千秋,羽翼圣经,光复旧注,倡明实学,蔚为儒宗。论其为人,温恭肃穆,粹质坦中。未尝厉色加人,而人自畏之,自然之威也。未尝比同于人,而人自亲之,自然之和也。盖数百年来,未见先生之匹焉。道不偏倚曰中,勤学好问曰文。先生著《中传正纪》数百卷,尊先圣之旧章,启后贤之端绪,非宋儒接孟氏之阿说,正汉唐未尝闻道之詹言。不为矫异,不为苟同,广而不滥,博而有要,剿绝浮辞,引归大义,论人从恕,遇事持平,可不谓之中乎!先生古文词赋,海内宗称,磅礴高明之气,温柔敦厚之致,遗世独立,优入渊微,别开堂奥,津梁后祀,可不谓之文乎!于是门人咸称善,遂定议焉。休宁蔡廷治谨识。

《弘道书》卷首录自《费氏家乘》,大关唐氏怡兰堂《费氏遗书三种》本

《清史稿·费密传》　　赵尔巽等

费密,字此度,新繁人。父经虞,明云南昆明县知县。密年十四,父病,医言尝粪甘苦,可知生死,密尝而苦,父病果起。未几,流贼张献忠犯蜀,密上书巡按御史刘之勃,陈战守策,不省。已而全蜀皆陷,密辗转穷山中,会有人传其父滇中消息,闻之痛哭,遂去家入滇。经历蛮峒中,奉父自滇归蜀。至建昌卫,为凹者蛮所得,父赂蛮人,始脱归。

明将杨展闻密名,遣使致聘,密乃说展曰:"贼乱数年,民且无食,今非屯田,无以救蜀民,且兵不能自立。"展纳其言,命子总兵官璟偕密屯田于荣经瓦屋山之杨村,以次举其法,行诸州县。后展为袁韬、武大定所杀,密与璟整师为复仇计,尝与贼战,躬自擐甲,左手为刃所伤。时璟营于峨眉,裨将有与花溪民殴争者,言"花溪居民下石击吾营,势且反"以怒璟,璟欲引兵诛之,密力争曰:"花溪,吾民也。方与贼战而杀吾民,彼变从贼,是益贼也。"璟乃止,全活数百家。

后密还成都省墓,至新津,为武大定兵所掠。知密尝参展军事,欲杀之,以计得免。密叹曰:"既不能报国,又不能庇亲及身,不如舍而他去!"遂奉父由成都北行入秦,溯汉江,下吴、越,流寓泰州,老焉。

经虞邃于经学,尝著《毛诗广义》《雅论》诸书,以汉儒注说为宗。密尽传父业,又博证学士大夫,与王复礼、毛甡、阎若璩交。密一足跛,

后往苏门谒孙奇逢,称弟子。工诗、古文,俯仰取给于授徒、卖文,人咸重其品,悲其遇。州守为之除徭役,杜门三十年,著书甚多。

密谓宋人以周、程接孔、孟,尽黜二千余年儒者为未闻道,乃上稽古经、正史,旁及群书,作《中传正纪》百二十卷,序儒者授受源流,自子夏始。又作《弘道书》十卷、《古今笃论》四卷、《中旨定录》四卷、《中旨辨录》四卷、《中旨申感》四卷,皆申明《弘道书》之旨。又有《尚书说》《周官注论》《二南偶说》《中庸大学驳议》《四礼补篇》《史记笺》《古史正》《历代贡举合议》《费氏家训》及诗文集。卒,年七十七。子锡琮、锡璜,世其学。

（清）赵尔巽等：《清史稿》卷五〇一《遗逸二》,中华书局 1977 年版,第 13856—13858 页

《清史列传·费密传》　　佚名

费密,字此度,四川新繁人。父经虞,明云南昆明县知县。密年十四,父病,医言:"尝粪甘苦,可知生死。"密尝而苦,父病果起。未几,流贼张献忠犯蜀。密上书巡按御史刘之勃,陈战守之策,不省。已而,全蜀皆陷,密辗转穷山中,会有人传其父消息,闻之痛哭,遂去家入滇,奉父归。至建昌卫,为凹者蛮所得,赂之乃脱。

广元伯杨展闻密名,遣使致聘。密说展曰:"贼随机数年,民无食,今非屯田,无以救蜀民,且兵不能自立。"展纳其言,命子总兵璟新偕密屯田于荥经瓦屋山之杨村,以次举其法,行诸州县。后展为袁韬、武大定所杀,密与璟新整师,为复仇计。尝与贼战,躬自擐甲,左手为刃所伤。时璟新营于峨眉,裨将有与花溪民殴争者,称言:"花溪居民下石击吾营,势且反。"璟新欲引兵诛之,密力争曰:"花溪吾民也,方与贼战而杀吾民,彼变从贼,是益贼也。"璟新乃止,全活者数百家。后密还成都省墓,至新津为武大定所掠,欲杀之,以计得免。密叹曰:"既不能报国,又不能庇亲及身,不如舍而他去。"遂奉父北行入秦,溯汉江,下吴越,流寓泰州,老焉。密父邃于经,著《毛诗广义》《雅论》诸书,以汉儒注说为宗。密尽传父业,又博证学士大夫,与王复礼、毛甡、阎若璩交。后往苏门,谒孙奇逢,称弟子。逾月归,奇逢题"吾道其南"四字为赠。奇逢卒,密哭于泰州,设主受吊,二十一日始焚主,然心丧未去

怀也。

杜门三十年，著书甚多。谓宋人以周程接孔孟，尽黜二千余年儒者为未闻道，乃上稽古经正史，旁及群书，著《中传正纪》百二十卷，序儒者授受源流，为传八百余篇，儒林二千有奇，自子夏始。又著《弘道书》十卷：曰《统典论》，曰《辅弼录》，明大统必归帝王，不得以儒生干之也；曰《道传述》，明七十子及汉唐诸儒功，不可没也；曰《古经旨论》，曰《原教》，明圣道具于经，无所谓不传之秘也；曰《圣门育材论》，明圣人取人甚宽，不可举一废百也；曰《祀先圣礼乐旧制议》，曰《先师旧制议》，曰《七十子封爵旧制议》，曰《七十子为后议》，曰《从祀旧制议》，明汉唐以来学制不可废，先儒不可黜，不可予汉唐过薄而予宋儒过厚也；曰《圣门言道述》，曰《先儒言道述》，明圣人授受有旧章，不可杂不可改易也；曰《吾道述》，明圣教不同于二氏也。又有《古今笃论》四卷、《朝野诤论》四卷、《中旨定录》四卷、《中旨辨录》四卷、《中旨申惑》四卷，皆申明《弘道书》之旨。又有《尚书说》一卷、《周官注论》一卷、《二南偶说》一卷、《中庸大学驳义》一卷、《四礼补篇》十卷、《史记笺》十卷、《古史正》十卷、《历代选举合议》二卷、《奢乱纪略》一卷、《蚕北遗录》二卷、《荒书》四卷、《二氏论》一卷、《家训》四卷、《集》四十卷。密一足跛，工诗古文。晚岁取给于授徒卖文，人咸重其品，悲其遇。扬州守为之除徭役。年七十七，卒。

子锡琮、锡璜，世其学。初，新城王士禛赏密诗，遂与定交。后锡琮、锡璜并以诗名。至今谈蜀诗者，推费氏为大宗。

（清）佚名：《清史列传》卷六六《儒林传上一》，中华书局1987年版，第5276—5277页

《清儒学案·费先生密》　　徐世昌 等

费密字此度，号燕峰，新繁人。父经虞，字仲若，明末官云南昆明知县，累迁广西府知府，有治行。兼邃经学，著有《毛诗广义》《雅论》诸书，以汉儒注说为宗。先生早负奇伟之才，年二十余，值流寇张献忠扰四川，先生曾于什邡起义师御寇。已而全蜀皆陷，因赴云南省父，迎之归，转徙蛮中。迨献忠殄灭，兵事犹未已，镇将杨展，膺明广元伯之封，督秦、蜀军驻嘉定，先生为筹屯田，给兵食，署中书舍人之职。久

之,见事不可为,遂奉父入汉中,溯汉江,下吴越,流寓泰州,家焉。村居三十余年,著书甚多。康熙三十八年卒,年七十有七。先生少传家学,中年谒孙夏峰征君于苏门,执弟子礼,述先训以就正。逾月归,征君为题"吾道其南"四字赠之。尝游京师,与毛西河、阎潜丘交。又与李恕谷论学,为作《大学辨业序》。其为学大旨,谓宋人以周、程接孔、孟,尽黜二千余年儒者为未闻道,深病之,乃作《中传正纪》百二十卷,上考古经与历代正史,旁采群书,序儒者源流,为传八百余篇。又作《弘道书》十卷。弘道者,所以广圣人之道也。曰《统典论》,曰《辅弼录论》,明大统必归帝王,不得以儒生参之也。曰《道脉谱论》,明先圣以来七十子传人具在,不可灭没其功也。曰《古经旨论》,曰《原教》,明圣人之道,古经具在,无所谓不传之秘也。曰《圣门育材论》,明圣人取人甚宽,不可举一废百也。曰《祀先圣礼乐旧制议》,曰《先师旧制议》,曰《七十子封爵旧制议》,曰《七十子为后议》,曰《从祀旧制议》,明汉、唐以来学校不可废先儒,不可黜七十子,汉、唐过薄,宋儒过厚也。曰《先儒传道述》,曰《圣门传道述》,明帝王师儒有旧章,不可杂,不可改易也。曰《吾道述》,明圣教不同于二氏也。并载诸图,是为《弘道书》。又作《古今笃论》四卷、《朝野诤论》四卷、《中旨定录》四卷、《中旨辨录》四卷、《中旨申惑》四卷,皆申明《弘道书》之旨。又著有《文集》二十卷、《诗钞》二十卷,《外集》二十九种:《河洛古文》一卷、《尚书说》一卷、《周礼注论》一卷、《二南偶说》一卷、《瓮录》一卷、《中庸大学古文》一卷、《中庸大学驳论》一卷、《太极图纪》八卷、《圣门学脉中旨录》一卷、《古史正》十卷、《史记补笺》十卷、《历代纪年》四卷、《四礼补录》十卷、《古文旨要》一卷、《蚕丛遗录》二卷、《奢乱纪录》一卷、《荒书》四卷、《笭箵归来晚暇记》四卷、《历代贡举合议》二卷、《二氏论》一卷、《题跋》六卷、《尺牍》六卷、《诗余》二卷、《杂著》二卷、《费氏家训》四卷、《长沙发挥》二卷、《王氏疹论》一卷、《金匮本草》六卷、《集外杂存》八卷。补孝贞先生《剑阁芳华集》二十卷、《雅伦》二十六卷。此外复有《春秋虎谈》二卷,未入自定书目中。其诸书皆手录,藏之家,未显于世,大都散佚。至清末大关唐鸿学始得《弘道书》《荒书》《燕峰诗钞》三种刊行焉。子锡琮,字厚蕃,著有医书《阶庭偕咏集》《白鹤楼集》。次子锡璜,字滋衡,著有《贯道堂文集》《掣鲸堂诗集》，并能传其家学。参史传、子锡璜撰《家传》、《文献征存录》、孙桐生《全蜀诗钞》小传。

案：刊本《弘道书》三卷，《荒书》一卷，与《家传》所录卷数不同，乃出后人归并，非删减也。

徐世昌：《清儒学案》卷二〇七《诸儒学案十三》，人民出版社2010年版，第5458—5459页

《退庵笔记·费燕峰》　夏荃

费先生名密，字此度，号燕峰，四川成都府新繁县人。母王氏梦得巨桃而生，故小字琪桃。初名鼎中，六岁时塾师为易今名。案先生又名万里，《年谱》未载。崇祯十年，流贼李自成陷成都，先生年十三，随母兄避乱，家几破。顾好谈兵，年二十二居彭县之什邡山，纠里中豪杰结寨拒贼，号飞来营，设伏以待，贼不敢犯。督师阁部吕公大器奇其才，署为中书舍人，俾监广元伯军，辞不就。尝徒步万里省亲滇南。先生父名经虞，字鲜民，崇祯己卯举人，时当云南昆明令，后流寓扬州。卒，私谥孝贞先生。只身重趼，奔窜兵戈蛮峒中，卒迎亲还，时称孝子。又数为蛮房劫掳，陷贼中。先生父具耕牛、釜、布，自蛮中赎归，或乘间得脱。康熙癸丑，奉孝贞先生遗命，至苏门山师事孙征君，名奇逢，字钟元，容城人，万历举人，学者宗之，称夏峰先生。究心性命之旨。生平著述极富，余所见《燕峰文钞》一卷而已。先生于顺治戊戌奉父母妻室来扬州，寄居妻伯父杨公宅中，间迁戈庄，迁野田庄，后葬孝贞先生及继母曹孺人于野田庄西之砂礓坝，先生遂为扬之江都人。年七十七卒，葬于野田先茔之侧，然其子孙多回蜀省墓，仍补新繁弟子员，示不忘本也。先生往来吾泰最久，自顺治十六年至康熙三十九年，或一至再至。王新城《感旧集》称先生流寓泰州，而《州志》侨寓反失载，亦一阙也。今从先生《年谱》，抄撮游泰岁月，凡泰之士夫及同时流寓诸贤与先生游者皆纪焉。他不具书。

顺治十年癸巳，先生至扬州，住妻伯父杨云鹤宅，留月余，时年二十九，是为客扬之始。十四年四月，妻伯父杨公遣人来迎。十月，先生奉父母妻室出沔县。十五年戊戌二月，至扬州，住杨公宅中。

十六年己亥六月，海艘入江，即郑氏之变。扬州戒严，先生奉父转徙于桥墅、樊汊、宜陵间。十月，至泰州。

十八年辛丑十二月，先生奉父母至泰州。次年康熙改元七月，仍奉父母还扬州。

康熙七年戊申七月，州人陈雁群编修具书迎先生，遂至泰，主其家。赋《澜猗堂诗》，编修赠《证治准绳全书》。案先生于顺治癸巳，从彭县刘苏寰学医，遂究心于《内经》《伤寒论》《金匮》诸书。与邓孝威、黄仙裳论诗，蔡公韩孕琦公梅孕环兄弟皆从先生游。时塘头于及五王臣遣人来迎。八月还扬州，奉父母至戈家庄居焉。去塘头一里。十一月，至泰之海安镇，作文吊陆愚谷。十二月，还戈庄。

九年庚戌，戈庄被水，先生移家入扬州，居杨宅之西望楼。

十三年甲寅四月，移家江都东野田村于颖士瀚楼中，时滇中变乱，震惊江左，扬州人皆迁徙，颖士为先生至交，有宅在野田，邀先生村居，自此遂居野田。虽出游四方，以野田为归，终身未尝他徙。六月，至泰州，晤俞水文澂、周屺公斯盛，鄞县人，屺公疑亦在泰、何龙若铁，京口人，流寓泰州。九月，之扬州。

十五年丙辰十一月，至泰，闻夏峰先生讣，先生涕泣，设主圆通庵，案圆通庵有二，一在如皋江宁乡，一在今东台县东门内，先生所寓，疑即皋邑。麻冠白衣受客吊。十二月，回野田。

十八年辛巳七月，州人储颖如鳌中游先生子具书迎先生至泰，主其家。郝羽吉士仪，徽人、查二瞻士标，徽人、汪扶晨征远，徽人来访，案三人与吴野人交最厚，常往来泰州，疑在泰事。十一月，应方赞五聘去泰，方名成可，徽人，疑侨寓郡城，否则先生安得蜡月后至泰耶？十二月，至泰州，宫紫元、陈懋吉凝祉，雁群太史父、黄仙裳名云、交三名泰来、宗定九名元鼎，扬州人、团同春真州人，寓泰州先后来访，同春乞题其尊人长松先生像。未几，还野田。

二十一年壬戌二月，会赵芙溪葬至泰州城外。三月，与团伟长论《金匮》。伟长名宏春，云蔚胞弟，业医于泰。九月，至泰州吊成陛三之丧。

二十五年丙寅十一月，至泰州，与黄仪遹逵，山阴人，流寓泰州论诗。张石楼钦、陈希韩休念，龚给谏季子、朱鲁瞻光岳、姚恭士諲昉，江都人，邓孝威婿，侨寓泰州来访。十一月，以次女许字宛平刘公芳洪第五子兴聘字德问。时刘寄寓泰州。案芳洪，字钟洛，顺天宛平人，父余祐宫保兵部尚书，洪以大司马荫，历官衡徽二府别驾。戊申侨寓泰州。兄芳烈、芳躅，弟芳喆皆通显。

三十三年甲戌五月，州人李廷标善树具书迎先生。时先生居继母曹太孺人丧，衣墨经至，与黄仪逋、仙裳、交三、俞水文、陈芳楷、缪墨书肇甲、湘芷沅、沈子厚嘉植、陆寄园、周天叚、刘德治侨寓刘芳洪子侄，先生婿德问弟兄游。为芳楷、湘芷作草书。蔡补斋送刻书赀。六月，之扬州。十二月，团伟长迎先生至其家，月杪还野田。

三十八年己卯九月，于恭武遣人迎先生，遂至泰州。恭武许为先生刻《雅论》。案二十九年，先生曾刻孝贞先生所撰《雅论》于扬州，工未竣。后恭武于康熙四十一年出赀刊成之时，先生已归道山矣。恭武，疑塘头人。晤黄仪逋、蔡公韩、补斋、陆天声震、金溪祖渊、张良御符骧、戴云笠笠、俞聪臣之骅、济航又机、学耕维植、陈毅伯、宫维章、张友石、姚瑞甫、王白舫孙骧、沈苍树、沈达生、沈宗喆诸公。

三十九年庚辰，先生年七十六。正月六日，于恭武遣人来迎。次日，至泰州。会俞聪臣、济航、蔡补斋、虎谈观、刘德誉兴闻，侨寓刘芳洪之子侄，曾受业于先生、王白舫、王苍书诸公。三月，蔡补斋遣人迎先生，复至泰州。为于恭武、蔡虎谈、黄仙裳、俞济航、蒋正民作草书。未几，还野田。案先生游泰止此，次年辛巳九月，先生卒于野田，年七十七，门弟子私谥为中文先生。子锡琮字子厚，著《白鹤楼集》、锡璜字滋衡，著《贯道堂文集》《掣鲸堂诗集》举先生柩与杨孺人合葬于野田庄西孝贞先生墓侧。孙轩字执御，锡璜子，入新繁学、冕锡琮子，入新繁学，癸卯拔贡，甲辰副榜、盉锡琮子、藻锡璜子，入新繁学，雍正壬子举人复归蜀，入新繁县学。五十九年，先生崇祀新繁乡贤，今先生裔仍有留野田者。野田距吾邑三十余里，余询之野田人，称其子姓寥落，多弃儒而贾，遗书散佚，为之怃然。

（清）夏荃：《退庵笔记》卷五，《海陵丛刻》本

《费舍人别传》　戴望

费密，字此度，新繁人。其先出自汉谏议大夫诗，后自犍为来徙新繁。曾祖彦，明万历中年九十余，为寿官。祖嘉诰，大竹县训导。父经虞，云南昆明县知县。密年九岁遭母丧，哀毁如成人。年十四父病，医言尝粪甘苦，可知生死，密尝而苦，父病果起。未几，遭国变，流贼张献忠犯蜀。密上书巡按御史刘之勃，陈战守之策，不省。已而全蜀皆陷，密展转穷山中，避寇数年。会有人传其父滇中消息，闻之痛哭，遂去家入滇，经历蛮峒中，奉父自滇归蜀。至建昌卫，为凹者蛮所得，为其力

作。月余，父市牛、釜、布、田器赂蛮人，始脱归。时永历二年戊子岁也，为国朝顺治五年，西南尚奉明朔。广元伯杨展闻密名，遣使致聘。密乃说展曰："贼随机数年，民无食，今非屯田无以救蜀民，且兵不能自立。"展纳其言，命子总兵官璟偕密始屯田于荣经瓦屋山之杨村，以次举其法，行诸州县。吕大器督师叙州，署密中书舍人。其明年，展为降将武大定、袁韬所杀。密与璟整师为复仇计，尝与贼战，躬自擐甲，左手为刃所伤。时璟营于峨眉，裨将有与花溪民殴争者，称言花溪居民下石击吾营，势且反，以激怒璟。璟欲引兵诛之。密力争曰："花溪，吾民也，方与贼战而杀吾民，彼变从贼，是益贼也。"璟乃止。全活者数百家。后密还成都省墓，至新津，为武大定兵所掠，知密尝参展军事，欲杀之，以计得免。密叹曰："既不能报国，又不能庇亲及身，不如舍而他去。"遂奉父由成都北行入秦中，居于沔县。有总兵官闻其贤，以千金聘密，却不受。遂携家东下，出沔汉，至维扬定居焉，时密年三十四矣。

初，密父邃于经学，尝著《毛诗广义》《雅伦》诸书，以汉儒注说为宗。密尽传父业，又博证诸学士大夫，与王复礼、毛甡、阎若璩交好，北游往卫辉谒孙奇逢于苏门山，高其行，自称弟子。至保定，见颜元、李塨，大说之。归而杜门乡居三十年，著书甚多。密谓宋人以周程接孔孟，尽黜二千余年儒者为未闻道，乃上稽古经正史，旁及群书，作《中传正纪》百二十卷，序儒者授受原流，为传八百余篇，儒林二千有奇，自子夏始。又作《弘道书》十卷，曰《统典论》，曰《辅弼录论》，明大统必归帝王，不得以儒生干之也。曰《道传述》，明七十子及汉唐诸儒功不可没也。曰《古经旨论》，曰《原教》，明圣道具于经，无所谓不传之秘也。曰《圣门育材论》，明圣人取人甚宽，不可举一废百也。曰《祀先圣礼乐旧制议》，曰《先师旧制议》，曰《七十子封爵旧制议》，曰《七十子为后议》，曰《从祀旧制议》，明汉唐以来学制不可废，先儒不可黜，七十子、汉唐过薄而宋儒过厚也。曰《圣门言道述》，曰《先儒言道述》，明圣人授受有旧章，不可杂，不可改易也。曰《吾道述》，明圣教不同于二氏也。是谓《弘道书》。又有《古今笃论》四卷、《朝野诤论》四卷、《中旨定录》四卷、《中旨辩录》四卷、《中旨申惑》四卷，皆申明《弘道书》之旨。又有《尚书说》一卷、《周官注论》一卷、《二南偶说》一卷、《中庸大学驳议》一卷、《四礼补篇》十卷、《史记笺》

十卷、《古史正》十卷、《历代贡举合议》二卷、《奢乱纪略》一卷、《蚕此遗录》二卷、《荒书》四卷、《二氏论》一卷、《费氏家训》四卷、《长沙发挥》二卷、《王氏疹论》一卷、《金匮本草》六卷、《集》四十卷。密卒于康熙三十八年，年七十七，门人私谥曰"中文先生"。弟子休宁蔡治、田金皆知名。子锡琮、锡璜，孙冕、盃、轩、藻四人，皆世其学。

（清）戴望：《谪麐堂遗集》文一，清宣统三年（1911）邓氏风雨楼丛书本

《蜀雅》　李调元

密字此度，号燕峰，新繁人，经虞子。有《鹿峰》《燕峰》等集。王渔洋《池北偶谈》：此度少遇逆献之乱，窜身西域不毛之地，已乃溯汉江，下游吴楚，居淮南老焉。尝流寓泰州，州守为除徭役。予曾见友人几上一卷，偶取视之，其首篇云："大江流汉水，孤艇接残春。"问之，乃密句也。遂赋诗与定交。密跛一足，后往苏门谒孙重元先生，称弟子。吾蜀诗人自杨升庵、赵文肃、任少海、熊南沙四大家后，古学几陵递。费氏父子起而振之，其诗以汉魏为宗，遂为西蜀巨灵手。

（清）李调元：《蜀雅》卷三，《丛书集成初编》本

费经虞，字仲若，号鲜民，新繁人。崇祯己卯举人，官至云南昆明令，迁广西知府，入国朝卒，有《荷衣集》。仲若父嘉诰，明末以明经授大竹教谕，善诗词。生四子，仲若其季也。事亲以孝闻。令昆明时，廉洁端谨，民爱戴之。土官吴必奎反，讨平之。验阅武定浮民，全活甚众。擢云南同知，再选知府，不之官。归里著书，人服其高介。事见《通志》。仲若当蜀乱之后，独能以诗学世其家，其子密，其孙锡琮、锡璜，俱以诗鸣蜀。再传不替，可谓有凤毛矣。

（清）李调元：《蜀雅》卷二，《丛书集成初编》本

费锡琮，字厚蕃，密长子，新繁人。著有《白鹤楼诗》。厚蕃克传家学，五言亦有"大江流汉水，孤艇接残春"之概，新城王尚书惜未见其诗。《白鹤楼稿》才气略下滋衡，而声调独绝，品格在皇甫曾上。

（清）李调元：《蜀雅》卷四，《丛书集成初编》本

费锡璜，字滋衡，密次子，新繁人。著有《掣鲸堂诗集》。《别裁集》：滋衡熟古乐府，诗中苍苍莽莽，时有古音，然亦不无粗率处。淘汰之，取其古而近雅者，迥异时流。滋衡遵父命，自扬州还乡省祖墓，时兵燹甫定，道路榛莽，间关万里，不惮艰险，与密尝粪事相同，父子称孝，尤为难得。本朝蜀诗自此度后，滋衡当推为一大宗。生平豪放不羁，尝登之罘，投其诗于海中，痛哭而还，盖悲其才之不遇，而求交于天吴阳侯也，其好奇如此。诗有至

情，而根柢亦极深厚，古乐府直接汉魏，五七律绝亦在李颀、崔颢之间。虽遭际明末，时露肮脏，然其言忠厚，绝无乖张之气，识者当谅其时，惜其才，而去其疵可也。张云谷云：滋衡乐府，上逼二陆，下揖三晃。陈石材云：古艳奇葩，是扬、马之小友。

(清) 李调元：《蜀雅》卷五，《丛书集成初编》本

《锦里新编》　　张邦伸

费密，字此度，号燕峰，新繁人，经虞子。年十四，值父经虞病剧，医言知粪甘苦，可决死生，密尝粪，觉苦，病果起。崇祯甲申，流贼张献忠犯蜀，密年二十，为书上巡按御史刘之渤言四事，练兵一，守险二，蜀王出军饷三，停征十六十七两年钱粮四，仓卒未果行，贼遂陷成都。密展转迁避，得不遇害。丙戌入什邡县高定关，倡义为寨拒贼，贼乘间劫营，设伏待之，不敢犯，一方以安。时经虞仕滇，以家遭大乱，屡乞休。密闻之，遂只身从兵戈蛮峒入滇。丁亥，奉父归，入建昌卫。十月，至黎州省母。十二月，复入建昌，过相岭，被凹者蛮掳去。明年戊子赎归。会杨展镇嘉定，闻密名，遣人致聘焉。因说展屯田于雅州龙门，复于青神江口命人沉水，得张献忠弃金，为民间买牛种，余赀悉给诸镇，得久与贼相持。十月，同展子璟新复屯田于荣经瓦屋山之杨村。入叙府，遇督师吕大器，署为中书舍人。内江范文茨见密文，大惊曰："始以此度有经济才，不知此度词客也。"是时，密与成都邱履程、雅州傅光昭以诗文雄西南，称三子。己丑秋，杨展为降将武大定、袁韬等所害，密与璟新整师复仇，与贼战，身自擐甲。时营在峨眉，裨将来某与花溪民有衅，诈称花溪民下石击吾营，势且反，以激璟新，璟新遽署檄讨之。密力争曰："花溪吾民也，方与贼战，而杀吾民，彼将去而从贼，是益贼也。"乃止，率残卒复与璟新屯田于瓦屋山。庚寅七月，还成都省墓，至新津，为武大定贼兵所劫。十月，又为杜汉良掠送大定营中，几被害。十二月，乘间还杨村，复窜身西域不毛之地，堕深阱，伤其足，至跛。辛卯四月，归新繁旧宅，皆为灰烬。明年癸巳二月，至陕西沔县，遂家焉。当时公卿将相闻密名，争相延致。留杨展父子幕最久，所至屯田为持久计，而天命人事已改，是以大功不就。已乃究心《内经》《伤寒论》《金匮》诸书。后闻二程见人静坐，便叹为善学。丙申，与破山门人通醉论禅。四月，遂入静明寺，杂僧徒静坐，坐六七日，心不能定，自厉曰"百日之坐，尚不能自定，况其大者乎？"誓不出门。半月余乃定。尝言始半月视

物疑为二，如履在床前，心中复有履。久之，胸中见红圈渐大，至肌肤而散，颇觉畅美。一夕，闻城濠鸭声，与身隔一层，如在布袋，良久忽通，鸭声水流入身中甚快，乃叹曰："静坐，二氏之旨，吾儒实学当不在是。"自后益有志古学矣。丁酉十月，携家出沔汉。戊戌春，至扬州，时王司冠士禛司理扬州，见密古诗，以为绝伦，而尤爱近体"白马岩中出，黄牛壁上耕"，"鸟声下杨柳，人语出菰蒲"，"大江流汉水，孤艇接残春"等句，当时咸谓知言。尝流寓泰州，州守为除徭役。辛亥，居父丧，悉遵古礼，冠衰皆仿古自制。三原孙枝尉见之，自谓弗及。服阕，以父遗命，往事孙征君奇逢。一日，论朱陆异同，密进言汉唐先儒，有功后世，不可泯灭，征君大以为然。又与考历代礼制之变。逾月辞归，征君题"吾道其南"四字为赠。丙辰冬，闻孙征君卒，哭于泰州圆通庵，设主受吊，冠细麻，加粗麻一道横于上，衣用白布，二十一日始焚主。出庵，心丧未去怀也。丁巳，入山东提督将军柯永榛幕，会举博学鸿儒，永榛屡欲论荐，力辞乃止。乙丑，修《明史》，颇采旧臣遗佚者，密涂泥入都，奉其父行状入史馆，涕泗沾襟，在馆诸公皆为感动。己巳大病，寻愈，乃自定生平所著诗书。辛巳六月，病下痢，遂不能起，年七十有七。门人私谥中文先生。密少遭丧乱，经历兵戈，中年迁徙异国，足迹遍天下。晚年穷困，阖户著书，笃守古经，倡明实学，以教及门。尝谓子锡琮、锡璜曰："我著书，皆身经历而后笔之，非敢妄言也。"凡与诸生论经术及古文、诗词，必本之人情事实，不徒高谈性命，为无用之学。天性和平，与人无忤，终身未尝言人过，人有机相向者，淡然处之。村居数十年，著书甚多。尝从古经旧注，发明斯道定旨，谓三代而后，汉唐以下，诸君皆能抚绥万类，厘正典章，使衣食足而礼义兴，此即道之见于政治者也。后世儒者去实而就虚，陋平而骛远，空言性命，不求诸事功，私立道统之名，于是羲皇以来，尧、舜、禹、汤、文、武裁成万物，表正四方之道，不属之君上，而属之儒生，乖谬实甚。司马迁曰："天下重器，王者大统，惟天子得以名之，诸侯尚不敢干，况士乎！"因序古今有道之君为《统典》，纂古今文武忠义之臣为《辅弼录》，七十子传人为《道脉谱》，并考古经与历代正史，旁采群书，序儒者授受源流为传八百余篇，儒林二千有奇。谓不宜尊宋儒而黜汉唐以来学者于不问，其论甚正。著《中传正纪》百二十卷、《弘道书》十卷、《圣门旧章》二十四卷、《文集》二十卷、《诗抄》二十卷、《河洛古文》一卷、《尚书说》一卷、《周礼注论》一卷、《二南偶说》一卷、《瓮录》一卷、《中庸大学古文》一卷、《中庸大学驳论》一卷、《太极图纪》八卷、《圣门学脉中旨录》一卷、《古史正》十卷、《史记补笺》十卷、《历代纪年》四卷、《四礼补录》十卷、《古文旨要》一卷、《蚕北遗录》二卷、《奢乱纪略》一卷、《荒书》四卷、《笭箵归来晚暇记》四卷、《历代贡举合议》二卷、《二氏论》一卷、《题跋》六卷、《尺牍》六卷、《诗余》二卷、《杂著》二卷、《费氏家训》四卷、《长沙发挥》二卷、《王氏疹论》一卷、《金匮本草》六卷、《集外杂存》八卷，补《剑阁芳华集》二十卷、《雅伦》二十六卷，共三十六种。蜀中著述之富，自杨升庵后，未有如密者。杨主综览旧闻，密则独据已见，较杨更精密。生平得力于古注疏，谓古注言简味深，平实可用，后儒即更新变易，卒不能过。古经之存，专赖此书。次则尤熟《史记》，枕籍其文者八年。于诸子则熟《南华》，于八家则爱昌黎，故所为文，浩然如水之无涯，而未尝骋才矜气也。为诗则以深厚为本，以和平为调，以善寄托为妙，常戒雕巧快心之语。教门人及子弟诗文法最精严，不轻许可，故凡闻其余风者，下笔率有法度。书法古劲，人得片纸，皆珍藏之。

子二，长锡琮，字厚蕃，为人慷慨任事，方正不阿，克承家学，绝意仕进，以诗古文词名。著《阶庭偕咏》《白雀楼》诸集，人称直敏先生。次锡璜，字滋衡，诗尤沉雄峻拔，高出前人。乐府直追汉魏，为世传诵。著有《掣鲸堂集》，人称孝节先生。滋衡遵父命，自扬州还乡省祖墓。时兵焚甫定，道路榛莽，间关万里，不殚险艰，与密尝粪事略同，父子称孝，尤为难得。初，滋衡未有诗名。康熙丙子，安徽观察张鲁庵霖由皖至秣陵，宾从皆一时诗人，此度、滋衡亦与焉。鲁庵舟中出唐宋书画赏鉴，令各赋诗，限七阳。此度云："飞蝇墨点弹屏小，舞剑工深濡发长。"梅勿庵文鼎云："龙蛇势与沧波动，云树遥连远岸长。"商介庐和云："四海宾朋文举坐，千秋骚雅米家航。"张逸峰坦云："点蝇误拂微污墨，悬蚓惊看古硬黄。"时滋衡齿尚幼，侍父侧，独默然。鲁庵曰："令公子何不作？"此度曰："初拈学笔，恐致贻笑。"诸公强之，遂赋曰："玉笈名山屡代藏，古人手迹辨微茫。晴江影动蛟龙气，素练寒生粉墨光。苦茗啜残移画桨，折钗评罢促飞觞。闲身欲赴沧浪里，卧对烟林到夕阳。"一坐皆惊，贺此度曰："此君凤毛也。"自是名大噪。生平豪放不羁，大江南北名士多折节下之。合肥李司空尝欲荐举宏博，谢免。后游燕赵，入大梁，往来皖颍间数十年，都无所遇，益慷慨悲歌，发之于诗。登之罘，投其诗于海中，痛哭而还，盖伤其才无所见，而求交于天吴紫凤也。因侍父江东，不肯远离，每遇故旧，辄绸缪依恋不忍去。诗中思蜀之作，往往声泪俱下。《蜀图》及《北征哀鸣曲》诸篇尤极凄惋，至今蜀中谈诗者，尚推费氏为大宗云。

（清）张邦伸：《锦里新编》卷五，清嘉庆五年（1800）敦彝堂刻本

《扬州画舫录》　李斗

费密，字此度，成都人。少遭流寇，窜身西域，后溯汉江，下淮南，居江都野田庄，授徒卖文以自活，跛一足。以"大江流日夜，孤艇接残春"句见知于文简，称之为"跛道士"。晚年往苏州谒孙钟元，称弟子。辑有《弘道书》《圣门旧章》及自著诗文若干卷。子锡琮、锡璜，皆能文。

（清）李斗：《扬州画舫录》卷一〇，清乾隆六十年（1795）自然盦刻本

《孝贞先生传》　陈鼎

孝贞先生费经虞，字仲若，号鲜民，四川成都府新繁人。父嘉诰，以明经训导大竹，卒于官。母邓，有淑德，能以义方训子。先生幼性孝，好读书。年十九，补诸生，以文鸣巴蜀。母卒，哀毁骨立，每遇二亲忌辰，辄痛哭，至老如初丧也。崇祯己卯，举孝廉。居乡端方不苟，人皆重之。辛巳，邑民变，杀胥吏，集众围城。令慰之，不听。乃曰：若言不足信，须费仲若一诺足矣。于是先生出与众约，众乃散。甲申，谒选吏部，时昆明缺出，客曰："中原多残破，惟滇南尚无恙，且昆明附郭上郡，素称富庶，如以千金约吏，可得也。"先生曰："吾生平儒者，食禄有方，岂贿赂得官哉？"勿听。既选司秉公，竟得昆明，客惭服。及之任，至半道，京师陷矣。乃哭临野寺，极哀。抵任，尽革病民政，兴学校，除豪强，植良善，数月四境大治，民皆讴颂。明年土司吾必奎叛，沐黔国帅师往征，覆其巢，俘数百人还。抚按檄令治之，先生虚公研讯，所俘多村民为必奎掠以樵采者，尽释之。令居庑下，急命胥备爨具，自

起尝食，众毕餐，蓐草使寝，然后退。客曰："何自苦耶？"先生曰："有司举事多具文，若委胥为之，爨必不速，粥必不善，食必不遍，卧具必不完，困苦而复饥寒。迟数日，壮者殆，弱者死矣。"客善之，夜即具文达抚按，言众无辜，惟十二人当论死。旦日入谒，复力言之，檄凡数下，每下辄具上辞，以是三百余人皆得活，复给引及道路费使还。未几，土司沙定洲又叛，黔国奔楚雄。定洲拥众入省，要巡抚署都司印，枭杰亢倨，甚无状，当事皆畏之。独先生待以都司，不少屈。定洲素服先生，亦不敢忤。事平，抚按奇其才，请补广西知府，固辞不就。既而力请乞休，章数上，当事皆不许。至丁亥四月，遂截发纳盘中，为诗以献曰："八次乞休归不得，衰颜病骨礼瞿昙。黄冠返故今无望，添个人间小雪庵。"当事知不可留，始听去。及去，攀辕卧辙，留者以万计。及归蜀，四方扰攘，益不可问，遂自称道士，闭户独居，不见宾客者五年。蜀又乱，乃入秦，隐居沔县，授徒定军山中。乱定，遂浮襄汉，达扬州，侨寓焉。常屏人独坐，或喃喃私语，或咄咄书空，若有一事系心不能遽去者。朝夕必东向再拜，如是十余岁而卒，年七十三，门人私谥曰孝贞。所著有《毛诗广义》等集。

外史氏曰：先生当丧乱之际，知事不可为，飘然远引，可谓高矣。然自隐居以来，即屏绝宾客，喃喃私语，咄咄书空，东向再拜者二十余年而卒，此中不知几经动忍矣。

有学有识，乃有才略，传亦足以阐之。噫！天地间尚有此等人，正气所以常存也。_{新安心斋张潮}

一身而值数变，绥辑安全，处之裕如，使富时畀以重任，又何有流氛之炽耶？迨至赋诗解组，遁迹海滨，国亡身隐，守贞不失，盖一代之全人也。醉后独书殷甲子，病来惟作晋春秋，可以持赠先生矣。_{新安云逸吴启鹏}

（清）陈鼎：《留溪外传》卷六，清康熙三十七年（1698）自刻本

《直敏先生小传》　　张玢

先生费姓，讳锡琮，字厚藩，号树栖，西蜀费中文先生之长君，费孝节先生之同怀兄也。生平坦白立心，慷慨任事，磊磊落落，方正不阿，所谓古道君子，维先生其人与。中文先生以海内名宿，倡理学于东南，

诗学为世传。青箱先生与孝节先生少承家学，绝意仕进，日相与歌吟不辍，著《阶庭偕咏集》。长而出游四方，驰驱敚历，诗益劲朗，著《白雀楼集》。古文亦雄迈自喜。先生搜讨子史，旁及百家，尤精长沙《金匮》之旨，每与人辨难古今，盱衡时务，高见卓识，人莫能及。在广众中，言方行榘，才气麾霍，无嗫嚅趑趄态。亲友有事故，先生为之决疑定计，策画周详，甚或不避嫌怨，不惮跋涉，卒能奏功。其于后辈动作出入，必教以礼，见之者靡不起敬起畏。先生之作人，可谓古道中特标一帜者矣。顾往往以直言多不谐于俗，先生终独行其志，不合则去，弗为苟就，此吾既喜先生之克敦古道，而复念古道之不行于今，为可太息也。先生生于维扬，恨不获还蜀。岁丙申孝节先生归里省墓，戊戌侄轩再归，庚子又复遣子冕归，先生虽未亲还故土，扫拜松楸，而弟与子侄辈三往省墓，得展孝思，先生心稍慰。甲辰秋，把晤京师，余适奉命出莅汝南，因相约偕行。先生车马间强健无异儿时，清署之暇，抚景拈题，奋笔辄成诗数十首。今年春王，同之汴城，先生偶感中风，越七日遂不起。余以友谊，经理其丧，并割俸买舟，速其子冕扶柩归葬江都。呜呼！遗集空存，人琴俱杳，先生之古道，求之今人中不可多得矣。先生生于顺治十八年辛丑五月十三日，卒于雍正三年乙巳二月初九日。长子冕，中四川癸酉科副车。次子盉，孙天修，皆孜孜喜读书，守其家学。然则先生古道，天之报之者，将在昌厥后人乎。

民国《新繁县志》卷八，民国三十六年（1947）铅印本

《费孝节先生小传》 李宗孔

费孝节先生，青箱先生之弟，成都中文先生之次子也。讳锡璜，字滋衡，生平倜傥自喜，矫矫不群，隐居博学，饶有父风。功名之念，盖淡如也。所著有《贯道堂文集》行世，又有《掣鲸堂诗钞》，儒林重之。岁丙申，先生由江左回蜀省墓，举凡先茔，皆置碣焉，先生可谓孝矣。余以至戚，间从先生游，见其丰度清高，有巢、许之节，而不可犯，间劝之仕，不应，盖先生无志功名久矣。犹忆丁酉合肥李司空以鸿博荐举，先生闻之，遂不辞而去，时人惜焉。晚年隐居于江都之野田村，与青箱先生终日呕吟不绝，一时公卿大夫闻公之诗，莫不加重，盖其晚年尤工于诗也。去年秋，先生以疾殁于河南祥符县某公署，其子藻扶柩归葬江

都，远讣于余。余以山川修阻，不获伸束刍之敬，先生之出处，余犹能仿佛记之。呜呼！先生隐居不仕，可谓不忝所生矣，而先生岂无所为而为之乎？先生以康熙三年甲辰十月十七日生于江南之江都野田村，以某月日卒于河南之祥符县某公署。其长子藻，中四川壬子科举人。次子轩，余之婿也，入新繁县学。孙二，天元、天瑞，皆业儒，尚幼。费氏之兴，盖未有艾也。

民国《新繁县志》卷八，民国三十六年（1947）铅印本

《南疆逸史·费经虞传》

费经虞，字仲若，新繁人。早孤，事母孝，尝刲臂疗其疾。好学敦行，州里重之。崇祯己卯，举于乡。十七年正月，授昆明知县。有江西人选什邡典史，携幼妇偕行，次沅州而典史卒，经虞出私财棺殓之。妇无所归，愿适经虞，不可，择士人嫁之而去。明年，土酋吾必奎败，其徒数百人皆当诛，经虞察之，皆良民。萦缚饥困，气息仅属，乃释其缚，居之庑下，煮糜哺之，寝以蓐草，夜具牒白其冤。上官屡讯，执如初，乃罪十二人，而释其余。给资遣还乡里，其人欢舞叩头去。沙定洲扰云南，逐黔国公，群僚惮其威凶，独经虞与之抗礼。又明年，迁云南同知，是时蜀中大乱，经虞乡邑已残毁，而滇中复乱，意忽忽不乐仕，投牒乞归。巡抚吴兆元、巡按罗国瓛不许，具荐为广西知府，经虞力辞不听。又明年四月，剃发以示不返，乃听之。甫出境而大盗孙可望入滇。流寓雅州，转侧入峡，播迁沔汉之间，兵戈饥馑，濒于危难者十年，乃东游，家于扬州。杜门著述，扬之人罕见其面。有《毛诗广义》三十卷、《字学》十卷、《雅论》三十卷。卒年七十三，门人私谥曰"孝贞"。子密，隐居，博学有父风。

（清）温睿临：《南疆逸史》卷四一，清傅氏长恩阁抄本

《蜀学编》　方守道　高赓恩
费此度先生

先生名密，字此度，号燕峰，新繁人，广西知府费经虞子。年十四，值父病剧，医言知粪甘苦，可决死生，先生尝粪苦，病果起。崇祯甲申，遭逆献之乱，展转迁避，得不死。窜身西域不毛之地，堕深阱，伤足至跛。已乃溯江汉，下游吴越。常寓泰州，州守为除徭役。时王士禛司理

扬州，见先生古诗，叹为绝伦，遂订交。赠以诗，有云"十字须千古，何为失此人"，由是诗名满天下。初，先生父读夏峰《岁寒集》悦之，因属受学。于时往苏门谒孙夏峰先生，称弟子，益究心性之学。夏峰《怀友诗》所谓此度博综备者也，著有《弘道书》《圣门旧章》《剑阁芳华集》等书三十余种。范彪西镐鼎以为：《弘道书》脚踏实地，字字归于躬行，视世之空谈心性者有别，惜乎讥宋儒太过，非圣贤待人以恕之意。刘宣人芳喆云：燕峰家学真切的当，于吾道大有维持，但于周、程、朱、陆皆有微辞，恐开时人指摘之端，然议论自不可泯没；又言其处心行事，体用兼而中和备，东南学者莫之或先也。罗行人西溪为赓称为学行第一。世称中文先生，子锡琮、锡璜能世其业。

（清）方守道、（清）高赓恩：《蜀学编》卷二，清光绪二十七年（1901）锦江书局重刻本

《四川儒林文苑传·费密传》　戴纶喆

费先生密，字此度，新繁人，明云南同知经虞子也。年十四父病，尝粪，以孝称。甲申，献贼入蜀，为上书当事，言练兵、守险、停征及蜀王出军饷四事，仓猝未果行，而成都陷。先生年甫二十，走什邡高定关，倡义拒贼，境赖以安。寻迎父滇南，过相岭，被凹者蛮掳去，得赎归。嘉定杨展者，明参将也，闻先生名，聘焉。时献贼残蜀殆遍，展大败之，蜀人倚以为重。先生因说展屯田荣雅间，复取贼青神江口沉金为民购牛籽，给金诸镇，思久持。无何，展为降将弑，先生与子谋复仇，以事不济，几死。窜西域不毛地，堕深阱，伤足至跛。入国朝，遂挈家出沔汉，下游吴越，寓江都之野田村以老。王渔洋司理扬州，见其诗，叹为绝伦，愿订交，由是诗名满天下。父殁，奉遗命谒孙夏峰征君，称弟子。临别，夏峰书"吾道其南"四字赠之。会开鸿博科，先生客山东提督柯永榛幕，柯屡欲荐先生，先生力辞而止。及乙丑，诏修《明史》，采遗佚，先生始泥涂入京，奉其父行状，涕泣上史馆，在馆诸公为感动。寻卒，年七十有七。门人私谥中文。先生既从夏峰游，又尝从僧徒静坐，而其为学则务守古经，明实学，必身经而后笔之，未敢妄言。谓古注言简味深，平实可用，后儒即更新变易，卒不能过。又谓后世儒者避实就虚，空言性命，私立道统之名，于是尧、舜、禹、汤、文、武裁成万类、

表正四方之道，不属之君上，而属之儒生，乖谬实甚。所著有《中传正纪》《弘道书》《圣门旧章》《河洛古文》《尚书说》《周礼注论》《二南偶说》《瓮录》《中庸大学古文》《中庸大学驳论》《太极图说》《圣门学脉中旨录》《古史正》《史记补笺》《历代纪年》《四礼补录》《古文旨要》《蚕北遗录》《奢乱纪略》《荒书》《笒归来晚暇记》《历代贡举合议》《二氏论》《文集》《诗抄》《题跋》《尺牍》《诗余》《杂著》《费氏家训》《长沙发挥》《王氏疹论》《金匮本草》《集外杂存》，补《剑阁芳华集》《雅伦》等书，凡三百六十余卷。夏峰许为博综；渔洋称其诗其文奇矫自喜；论者谓蜀人著述之富，自明杨升庵后，昭代当推先生，惟志趣差别耳。蒋心余题其遗像，历叙生平，至比之文中子云。

（清）戴纶喆：《四川儒林文苑传》，民国十一年（1922）綦江东溪慈善会刻本

《四川儒林文苑传·费锡璜传》　　戴纶喆

费先生锡璜，字滋衡，新繁此度先生次子也。先生姿性英敏，少与兄锡琮厚蕃承其家学，而又恣其才力之所极，诗名翔起公卿间。合肥李文定公天馥见其诗，目为谪仙人。勤郡王得其《落雀》乐府，亦集名流读之。先生因倡古诗社于京师，颇为时重。惟其时蜀乱未已，父子浮沉寓公者数十年。先生既怀才不遇，尝登之罘，投诗海中，痛哭而返。盖自以问天无语，欲求交于天吴阳侯，先生固豪放不羁者也。先生诗有至性，根柢亦深，古体熟读魏乐府，苍莽中饶古音节，近体亦不在李颀、崔灏下。虽遭际艰迍，时露骯脏，然其言忠厚，纯无乖张之气。蜀诗人自明南充任瀚少海、新都杨慎升庵、富顺熊过南沙、内江赵贞吉孟静四大家后，古学几陵替。费氏父子起而振之，入国朝，先生推一大宗云。所著有《掣鲸堂诗集》。子轩、藻，兄子冕，均能祖述家风，至是始归蜀。

（清）戴纶喆：《四川儒林文苑传》，民国十一年（1922）綦江东溪慈善会刻本

康熙《云南府志·费经虞传》

费经虞，四川新繁举人。崇祯十六年任知县，政治廉平，百姓爱戴。散钱穷民，狱给米布。奉勘吾必奎叛俘一案，全活无辜数百。沐黔国为逆酋沙定洲所逐，与副使杨畏知合谋恢复，函通抚军，皆虞密达。闻流

寇残蜀，乞休不许，截发坚去。士民聚观泣留，至今追慕焉。

康熙《云南府志》卷一一，清康熙年间刻本

康熙《扬州府志·费经虞传》

费经虞，字仲若，新繁人。弱冠肆力经史，崇祯己卯举四川乡试，授昆明令。土司吾必奎作乱，黔国公讨之，俘三百余人，将尽戮焉。台使者檄经虞审理，皆胁从之民，力请释之，俱得全活。进官同知。巡按罗国瓛将荐知广西郡，经虞决意乞休。归蜀遇乱，间道走秦，流寓于扬。经虞自以不得养亲为恨，每忌辰，哭泣终日，至七十犹然。卒于江都，门人私谥孝贞先生。所著有《毛诗广义》二十卷、《四书字义》一卷、《雅伦》三十卷、《临池懿训》三卷《注周易参同契》三卷、《古今方书》若干卷。子密，能世其学。

康熙《扬州府志》卷二六，清康熙年间刻本

康熙《江都县志·费经虞传》

费经虞，字鲜民，成都新繁人，汉费诗之后。明壬午举于乡，令云南昆明县，以贤能擢云南知府。乙酉后，遂为僧，偕子密流寓江都县之野田庄，闭户著《剑阁芳华集》二十卷、《雅伦》三十卷，为艺林所重。

康熙《江都县志》卷九，清康熙五十六年（1717）刻本

康熙《江都县志·费密传》

费密，字此度，中书舍人。广元伯杨辟为军前赞画。因流贼张献忠乱蜀，乃间道寻父于云南山中，后随父流寓江都。学于河南孙征君奇逢，及归，从游之士几二百余人。所著有《弘道书》十卷、《中传正纪》一百二十卷、《圣门旧章》二十四卷、《中旨定论》以及《历代贡举》二十二种，共九十余卷，诗古文词二十二卷。子锡琮、锡璜，皆能著书世其业。

康熙《江都县志》卷九，清康熙五十六年（1717）刻本

雍正《扬州府志·费密传》

费密，字此度，新繁人，经虞子。从万里戎马中随其父至江都，居野田庄。传父业，工诗古文，俯仰取给于授徒卖文，人咸重其品，悲其遇。所辑有《弘道书》《圣门旧章》及自著诗文如干卷。子锡琮、锡璜皆

能文。《江都县志》

雍正《扬州府志》卷三三，清雍正十一年（1733）刻本

乾隆《江南通志·费经虞传》

费经虞，字仲若，新繁人。崇祯己卯举于乡，授昆明知县。罢官归蜀，遇乱，流寓江都，以不得养亲为恨，忌辰哭泣终日，至七十犹然。门人私谥孝贞先生。所著有《毛诗广义》《四书字义》《古今方书》《周易参同契》。

乾隆《江南通志》卷一七二，清文渊阁《四库全书》本

乾隆《江南通志·费密传》

费密，字此度，经虞子。文行肖其父，所辑有《弘道书》《正纪》《圣门旧章》及自著诗古文辞若干卷。子锡璜，字滋衡，能世其家学，著有《雅伦》《贯道堂文集》《掣鲸诗集》。

乾隆《江南通志》卷一七二，清文渊阁《四库全书》本

乾隆《江都县志·费密传》

费密，字此度，新繁人，经虞子。笃行博学，尤长于经济。值张献忠乱蜀，流离播迁，所至，结豪杰，设寨拒贼，多所保全。督师阁部吕大器引参谋画，署中书舍人。念父官滇南，从兵戈蛮峒中，只身往省，寻奉以还蜀。走秦，转入江都，卜宅于野田庄，侍父唯谨。生平以圣贤实行自力，不崇性命虚无之论，经学主汉唐注疏，谓其言质而义永也。研几味道，学者多师尊之。所纂辑有《弘道书》十卷、《正纪》一百二十卷、《圣门旧章》二十四卷，考辨经史子集三十余种书，一百二十余卷，自著诗文四十卷。子锡琮、锡璜，皆能世其学。孙藻，雍正壬子四川举人。

乾隆《江都县志》卷二六，清乾隆八年（1743）刻光绪七年（1881）重刻本

乾隆《江都县志·费经虞传》

费经虞，字仲若，新繁人。崇祯己卯举四川乡试，授昆明令。土司吾必奎作乱，黔国公讨之，俘三百余人，将尽戮焉。台使者檄经虞审理，皆胁从之民，力请释之，俱得全活。升同知，乞休归蜀。遇乱，间道走

秦，流寓于扬。所著有《毛诗广义》二十卷、《四书字义》一卷、《雅论》三十卷、《临池懿训》三卷、《注周易参同契》三卷。子密，另有传。

乾隆《江都县志》卷二六，清乾隆八年（1743）刻光绪七年（1881）重刻本

嘉庆《四川通志·费密传》

费密，字此度，号燕峰，明广西知府费经虞子。年十四，值父病剧，医言知粪甘苦，可决死生，密尝粪苦，病果起。崇祯甲申逆献之乱，密展转迁避，得不死。窜身西域不毛之地，堕深阱，伤足至跛。已乃溯江汉下，游吴越，常寓泰州，州守为除徭役。时王士禛司理扬州，见密古诗，叹为绝伦，遂订交，赠以诗云："成都跛道士，万里下峨岷。虎口身曾拔，蚕丛句有神。大江流汉水，孤艇接残春。十字须千古，何为失此人。"由是诗名满天下。晚年往苏门谒孙钟元，称弟子，究心性之学。著有《弘道书》《圣门旧章》《剑阁芳华集》等书，不下三十余种。论者谓蜀中著述之富，自杨慎后未有如密者云。

嘉庆《四川通志》卷一五三，清嘉庆二十一年（1816）木刻本

嘉庆《四川通志·费锡琮传》

费锡琮，字厚蕃，密长子。为人慷慨任事，方正不阿，克承家学。工诗古文词，著《阶庭偕咏》《白雀楼》诸集。子冕，字言榘，亦有诗名。

嘉庆《四川通志》卷一五三，清嘉庆二十一年（1816）木刻本

嘉庆《四川通志·费锡璜传》

费锡璜，字滋衡，密次子。幼遵父命，自扬州还乡省祖墓。时兵燹甫定，道路榛莽，间关万里，不惮艰险。生平豪放不羁，遍交大江南北诸名士。合肥李司空天馥欲以鸿博荐，不就。后游燕赵，入大梁，往来皖颖间，无所遇。尝登之罘，投其诗于海中，痛哭而还，盖悲其才之不遇，求交于天吴阳侯也，其好奇如此。著有《掣鲸堂诗集》。子轩，字执御，孙藻，字芳洁，雍正壬子举人，俱能诗，至今蜀中谈艺者尚推费氏为大宗云。

嘉庆《四川通志》卷一五三，清嘉庆二十一年（1816）木刻本

嘉庆《新繁县志·费嘉诰传》

费嘉诰,性诚恕,尝随众出郊迎县学使者。道旁群丐以杯茗进,众皆唾避,独嘉诰啜而谢之,诸生马毓峨归语其子曰:"费公盛德,后必兴矣。"以明经授大竹训导,训士有法,卒于官。子四,长经国,副榜,官训导。次经世,次经济,皆庠生。献贼陷川,贼将与经世有旧,欲官之,不从,与经国、经济俱遇害。次经虞,举人,官云南同知。

嘉庆《新繁县志》卷三〇,清嘉庆十九年(1814)刻本

嘉庆《新繁县志·费经虞传》

费经虞,字仲若,新繁人,嘉诰子。好学能文,著有《雅伦集》。崇祯举人,官云南同知。

嘉庆《新繁县志》卷三〇,清嘉庆十九年(1814)刻本

嘉庆《新繁县志·费密传》

费密,字此度,九岁祖母殁,哀泣如成人。年十四父病,医言尝粪苦即可生,密私尝粪,粪苦,父病果起。后潜心古学,文名益著。其居父丧,悉遵古礼,冠衰皆仿古自制。三原孙枝蔚见之,自谓弗及。服阕,以父遗命,往事孙征君奇逢。一日论朱、陆异同,密进言汉唐先儒有功后世,不可泯灭,征君大以为然。又与考历代礼制之变,逾月辞归,征君题"吾道其南"四字为赠。及孙征君卒,哭,于泰州圆通庵设主受吊,冠细麻,加粗麻一道横于上,衣用白布,二十一日始焚主。出庵,心丧未去怀也。晚年穷困,阖户著书,笃守古经,倡明实学,以教及门。凡与诸生论经术及古文诗辞,必本之人情事实,不徒高谈性命,为无用之学。天性和平,与人无忤,终身未尝言人过。人有以机相向者,澹然处之。村居数十年,著述甚多。子二,长锡琮,字厚蕃,为人慷慨任事,方正不阿。与次子锡璜字滋衡,克承家学,绝意仕进,以诗古文词著。[著]《阶庭名偕咏》《白雀楼》诸集。自嘉诰至锡璜凡四代,殁俱祀于乡。

嘉庆《新繁县志》卷三〇,清嘉庆十九年(1814)刻本

嘉庆《新繁县志·费锡琮传》

费锡琮,字厚蕃,密长子,能诗,有父风。为人慷慨任事,方正不

阿。著有《白鹤楼稿》。才气略下滋衡而声调独绝，品格在皇逋曾上。

嘉庆《新繁县志》卷三〇，清嘉庆十九年（1814）刻本

嘉庆《新繁县志·费锡璜传》

费锡璜，字滋衡，密次子。尝遵父命，自扬州还乡省祖墓，时兵燹甫定，道路榛莽，间关万里，不殚艰险，一时与密同以孝称。与兄锡琮克承家学，绝意仕进，以诗古文词著。本朝蜀诗自此度后，滋衡当推为一大宗。生平豪放不羁，其诗有至情，而根柢亦极深厚，古乐府直接汉魏，五七律绝亦在李颀、崔颢之间。

嘉庆《新繁县志》卷三〇，清嘉庆十九年（1814）刻本

嘉庆《江都县续志·费锡璜传》

费锡璜，字滋衡，自其祖经虞避难，由蜀来扬，家东乡之野田庄，父密继之。前《志》并录在《流寓》中。锡璜生于扬，早慧，承祖父之传，学为有用，不沾沾章句。多客游，资馆谷以自养。壮年以乐府著声，古文苍瘦坚削，自为一家。其文集，门人汪文蓍所刻。自署曰成都，不忘所自也。与兄锡琮有二难之目。琮子冕、孙天修见后。

嘉庆《江都县续志》卷六，清光绪六年（1880）重刻本

嘉庆《江都县续志·费天修传》

费天修，字强子，锡璜孙。父晚以新繁祖籍，充雍正癸卯拔贡，举甲辰副榜，官江南教谕者十年，归江都以老。天修承累世祖父之传，学有渊源，为诸生祭酒，尝操□□，风行一时。同时有竹西六子文之刻。累不得志于乡闱，由廪贡捐训导，历任元和、青浦、铜山，推常熟教谕。所著见《经籍》。六子为刘瀚、王世球、金科、郭潮生、乔之鼎，一即天修也。

嘉庆《江都县续志》卷六，清光绪六年（1880）重刻本

同治《新繁县志·费经虞传》

费经虞，字仲若，早孤，事母孝，尝割臂疗其疾。好学敦行，州里重之。崇祯十二年举于乡，十七年正月授昆明知县。有江西人选什邡典史，携幼妇偕经虞行，次沅州而典史卒，为出赀殡殓之，妇无所归，欲适经虞，不可，以配士人年少者。明年，土酋吾必奎反，伏诛，俘其徒

数百人，下昆明按问，则皆良民。其人絷缚饥困，气息仅属，经虞急释其缚，居之庑下，煮糜食之，而畀蓐草使寝处。夜草牒力白其事，上官屡驳，执如初，乃止罪十二人，余皆获免。复给赀遣之，其人歌舞而去。无何土酋沙定洲反，逐黔国公沐天波而迫巡抚吴兆元令署为都司，群僚惮其凶威，莫敢与抗，独经虞以都司礼之。明年，迁云南府同知。是时蜀中大乱，屡投牒乞归，兆元及巡按御史罗国瓛不许，且荐为广西知府。经虞既力辞不得，又明年四月，剃发以示必返，乃听之归。甫出境，而大盗孙可望辈又入滇矣。流寓雅州五年始还里，而蜀乱犹未靖，乃转侧入陕，流寓沔县者又五年。兵戈饥馑，屡濒于危，而经虞读书不废。已乃东游至扬州，遂家焉。闭户纂述，扬州人希得见其面，有《毛诗广义》二十卷、《字学》十卷、《雅伦》三十卷。卒年七十三，门人私谥曰孝贞。子密，隐居博学，有父风。

同治《新繁县志》卷一〇，清同治十二年（1873）刻本

同治《新繁县志·费嘉诰传》

费嘉诰，性诚恕，以明经授大竹训导，训士有法，卒于官。子四，长经国，副榜，官训导。次经世，次经济，皆诸生见忠义传。次经虞，举人，官云南同知。

同治《新繁县志》卷一一，清同治十二年（1873）刻本

同治《新繁县志·费密传》

费密，字此度，号燕峰。九岁，祖母殁，哀毁如成人。十岁，父经虞为讲《通鉴》"盘古氏，相传首出御世之君"，遽问曰"盘古氏以前"，曰"鸿荒未辟"，又问"鸿荒以前"，经虞呵之，然心奇密。年十四，父病，医言尝粪甘苦，可决生死，密私尝粪，粪苦，病果起。崇祯甲申，流贼张献忠犯蜀，密年二十，为书上巡按御史刘之渤言四事，练兵一，守险二，蜀王出军饷三，停征十六、十七两年钱粮四，仓卒未果行，贼遂陷成都。密辗转迁避，得不遇害。丙戌，入什邡县高定关，倡义为寨拒贼，贼乘间劫营，设伏待之，不敢犯，一方以安。时经虞仕滇，以家遭大乱，屡乞休。密闻之，遂只身从兵戈蛮峒入滇。丁亥，奉父归，入建昌卫。十月，至黎州省母。十二月，复入建昌，过相岭，被凹者蛮掳去。明年戊子，赎归。会杨展镇嘉定，闻密名，遣人致聘焉。因说展屯

田于雅州龙门。复于青神江口,命人沉水,得张献忠弃金,为民间买牛、种,余赀应给诸镇,得久与贼相持。十月,同展子璟新复屯田于荣经瓦屋山之杨村。入叙府,遇督师吕公大器,署为中书舍人。内江范文芠见密文,大惊曰:"始以吾此度有经济才,不知吾此度词客也。"是时,密与成都邱履程、雅州傅光昭以诗文雄西南,称"三子"。己丑秋,杨展为降将武大定、袁韬等所害,密与璟新整师复仇,与贼战,身自擐甲。时营在峨眉,裨将来某与花溪民有衅,诈称花溪民下石击吾营,势且反,以激璟新。璟新遽署檄讨之,密力争曰:"花溪,吾民也,方与贼战而杀吾民,彼将去而从贼,是益贼也。"乃止。率残卒复与璟新屯田于瓦屋山。庚寅七月,还成都省墓。至新津,为武大定贼兵所劫。十月,又为杜汉良掠送大定营中,几被害。十二月,乘间还杨村。辛卯四月,归新繁旧宅,皆为灰烬。明年癸巳二月,至陕西沔县,遂家焉。当时公卿将相闻密名,争相延致,留杨展父子幕最久。所至,屯田为持久计,而天命人事已改,是以大功不就。已乃究心《内经》《伤寒论》《金匮》诸书,为《长沙发挥》。后闻二程见人静坐便叹为善学,丙申,与破山门人通醉论禅。四月,游入静明寺,杂僧徒静坐。坐六七日,心不能定,自厉曰:"百日之坐尚不能自定,况其大者乎!"誓不出门,半月余乃定。尝自言,始半月视物疑为二,如履在床前,心中复有履。久之,胸中见红圈渐大,至肌肤而散,颇觉畅美。一夕,闻城濠鸭声,与身隔一层,如在布袋。良久忽通,鸭声水流入身中甚快,乃叹曰:"静坐,二氏之旨,吾儒实学当不在是!"自后益有志古学矣。丁酉十月,携家出沔汉。戊戌春,至扬州。闻常熟钱尚书谦益以文名天下,乃上书钱公。钱公得书大惊,与论诗于芙蓉庄,指考《北征》诗叹曰:"此必传之作也。"时王司寇士禛司理扬州,见密古诗,以为绝伦,而尤爱近体"白马岩中出,黄牛壁上耕","鸟声下杨柳,人语出菰蒲","大江流汉水,孤艇接残春"等句,当时咸谓知言。辛亥,居父丧,悉遵古礼,冠衰皆仿古自制。三原孙枝蔚见之,自谓弗及。服阕,以父遗命,往事孙征君奇逢。一日,论朱、陆异同,密进言:"汉唐先儒有功后世,不可泯灭。"征君大以为然。又与考历代礼制之变。逾月辞归,征君题"吾道其南"四字为赠。丙辰冬,闻孙征君卒,哭于泰州圆通庵,设主受吊,冠细麻,加粗麻一道横于上,衣用白布,二十一日始焚主。出庵,心丧未去怀也。丁巳,入山东提督将军柯永榛幕。会举博学鸿儒,将军屡欲论荐,力辞乃止。乙丑,修《明史》,颇采旧臣遗佚者,密涂泥入都,奉其父行状入史馆,下拜,涕沾襟,在馆诸公皆为感动。己巳,大病寻愈,乃自定生平所著诸书。辛巳六月,病下痢,遂不能起,年七十有七,门人私谥中文先生。

密少遭离乱,经历兵戈,中年迁徙异国,足迹遍天下。晚年穷困,阖户著书,笃守古经,倡明实学,以教及门。尝谓子锡琮、锡璜曰:"我著书皆身经历而后笔之,非敢妄言也!"凡与诸生论经术及古文诗辞,必本之人情事实,不徒高谈性命,为无用之学。天性和平,与人无忤,终身未尝言人过。人有机相向者,淡然处之。村居数十年,著书甚多。自宋人谓周、程接孔、孟,二千年儒者尽黜无一闻道者。密尝为之悲痛,乃上考古经与历代正史,旁采群书,作《中传正纪》百二十卷,序儒者授受源流,为传八百余篇,儒林二千有奇。又作《弘道书》十卷,《弘道书》者,所以广圣人之道也,曰《统典论》,曰《辅弼录论》,明大统必归帝王,不得以儒生参之也;曰《道脉谱论》,明先圣以来七十子传人具在,不可灭没其功也;曰《古经旨论》,曰《原教》,明圣人之道,古经具在,无所谓不传之秘也;曰《圣门育材论》,明圣人取人甚宽,不可举一废百也;曰《祀先圣礼乐旧制议》,曰《先师旧制议》,曰《七十子封爵旧制议》,曰《七十子为后议》,曰《从祀旧制议》,明汉唐以来,学校不可废,先儒不可黜,七十子、汉唐过薄,而宋儒过厚也;曰《先儒传道述》,曰《圣门传道述》,明帝王师儒有旧章,不可杂,不可改易也;曰《吾道述》,明圣教不同于二氏也。并附载诸图,为十卷,是谓《弘道书》。《圣门旧章》六种,共二十四卷。《文集》二十卷,《诗钞》二十卷。《外集》共三十二种,百二十二卷,藏于家。密生平精于古注疏,谓古注言简味深,平实可用,后儒即更新变易,卒不能过。古经之存,专赖此书,变易经文,各自为说,势将不止,深为可惧。次则尤熟《史记》,枕藉其中者八年。于诸子则熟《南华》,于八家则爱昌黎,故所为文浩然如水之无涯,而未尝骋才矜气也。为诗则以深厚为本,以和平为调,以善寄托为妙,常戒雕巧快心之语。教门人及子弟诗文法最精严,不轻许可,故凡闻其余风者,下笔率有法度。书法古劲,人得片纸皆珍之。子二,琮、璜。锡琮字厚蕃,密长子,能诗,有父风,为人慷慨任事,方正不阿。著有《白鹤楼稿》,才气略下滋衡,而声调独绝,品格在皇甫曾上，当时谈艺者推尊如此云。锡璜，字滋衡，密次子也。幼有至性，每念祖墓，潸然出涕。时兵燹甫定，道路榛莽，而新繁遭献屠后，井里尤不堪。璜自扬州还省祖墓，艰苦流离，困顿旅馆，生死瞬顾，卒扫墓封树，以成其志。今经文寺何家巷费氏祖墓尚有树石，皆璜迹也。封树时，流涕呼号，居邻皆不忍见，嘉叹其孝，与父密尝粪事相同，盖父子称孝尤为难得云。学殖宏博，根柢深厚，古诗乐府上接汉魏，苍苍莽莽，古音盎流。以遭际明末，时露肮脏，然其言忠厚，绝无嚣张之气，识者尤当谅之。蜀诗自此度后，璜当为一大宗，近时张云谷有上逼二陆、下揖三昆之赞，陈石村有古艳奇葩、扬马小友之赞，论者比其诗在唐人李颀、崔颢之间，信不诬也。生平豪放不羁，尝登之罘，投其诗于海中，痛哭而还，盖悲其才之不遇而求交于天吴阳侯也，其好奇如此。琮子冕字言祭，璜子轩字执卿，皆以诗名天下，故此度诗传未替。轩弟藻，字方洁，雍正壬子举人；孟入成都籍。以上旧志。

同治《新繁县志》卷十一，清同治十二年（1873）刻本

民国《新繁县志·费嘉诰经虞传》

费嘉诰，万历贡生，大竹县训导。父彦，年九十余为寿官。嘉诰为人诚恕，里居时尝随众出迎督学使者。道旁群丐以杯茗进，众皆唾避，独嘉诰饮而谢之。诸生马毓峨归语其子曰："费公盛德，后必兴矣。"在大竹，以明经训士有法，卒于官。子四，长经国，副榜，官训导。次经世，次经济，皆诸生，张献忠之乱均死于贼。次经虞，经虞字仲若，早孤，事母孝，尝刲臂疗疾，好学敦行，州里重之。崇祯十二年，举于乡。十四年，新繁民变围城，令不能制，在城绅士出谕乱民解散，众不听，以石击。后乱民自言，若费乡宦力担，众当听约。是时经虞以品望重于乡党，于是单骑出城，与众约，缚为首数人，令亦擒衙蠹数人，遂散去。十七年，授云南昆明知县。有江西人选什邡典史，携幼妇偕经虞行，次沅州而典史卒，为出赀殡殓之，妇无所归，欲适经虞，经虞不可，以配士人年少者。明年，土酋吾必奎反，伏诛，俘其徒数百人，下昆明按问，则皆良民。其人絷缚饥困，气息仅属，经虞急释其缚，居之庑下，煮糜食之，而畀蓐使寝处。夜草牒力白其事，上官屡驳，执如初，乃止罪十二人，余皆获免。复给赀遣之，其人歌舞而去。无何土酋沙定洲反，逐

黔国公沐天波而迫巡抚吴兆元令署为都司，群僚惮其凶威，莫敢与抗，独经虞以都司礼之。明年，迁云南府同知。是时蜀中大乱，屡投牒乞归，兆元及巡按御史罗国瓛不许，且荐为广西知府，经虞力辞不得。明年四月，剃发以示必返，乃听之归。甫出境，而大盗孙可望入滇矣。流寓雅州五年始还里。时蜀乱犹未靖，乃转侧入陕，居沔县者又五年。兵戈饥馑，屡濒于危，而经虞读书不废。已乃东游至扬州，遂家焉。闭户纂述，扬州人希得见其面，有《毛诗广义》二十卷、《字学》十卷、《雅伦》二十六卷。年七十三卒，门人私谥曰孝贞。子密，别有传。

民国《新繁县志》卷七，民国三十六年（1947）铅印本

民国《新繁县志·费密传》

费密，字此度，号燕峰，母王氏梦得巨桃而生，密故小字琪桃。六岁从师，目为大器。九岁丧母，哀毁如成人。十岁父经虞为讲《通鉴》，云"盘古氏，相传首出御世之君"，密问"盘古氏以前"，父曰"洪荒未辟"，又问"洪荒以前"，父呵之，然心奇密。年十四，经虞大病，医言尝粪甘苦，可决生死。密尝粪，粪苦，经虞病果起。崇祯甲申，张献忠复犯蜀，经虞方除云南昆明知县，由他道入滇。密年二十，为书上巡按御史刘之勃言四事，练兵一，守险二，蜀王出军饷三，停征十六、十七两年钱粮四。书上，不省，贼遂陷成都。明年乙酉，避贼彭县龙竹坪。丙戌，入什邡高定关，倡义为寨拒贼。都督松潘镇朱化龙给札，署衔团练，号"飞来营"。贼乘间劫营，密设伏待之，贼入隘，闻鼓声疾退，不敢犯，一方赖以安。是时，经虞在滇，闻蜀乱，屡乞归不得。密闻之痛哭，遂去家，只身从兵戈蛮峒中入滇寻亲，卒奉父归蜀。时孙可望已陷云南，乃入建昌卫，过相岭，为凹者蛮所掳。经虞市牛、布、田器赎之还。广元伯杨展方镇嘉定，闻密名，遣使致聘。密说展曰："贼随机数年，民无食，今不屯田，无以救全蜀民，且我亦不能自立。"展乃遣人屯田于雅州龙门。督师阁部吕大器署密为中书舍人。都御史内江范文茨见密文辞，惊曰："始以此度有经济才，不知乃辞客也。"己丑秋，展为降将武大定、袁韬等所害，密与展子璟新整师为复仇计。方是时，璟新营峨眉，裨将某与花溪民殴争，称花溪民下石击吾营，势且反，以激怒璟新。璟新将讨之，密力争曰："花溪，吾民也。方与贼战而杀吾民，彼将

变而从贼,是益贼也。"璟新乃止。密去嘉定,屯田荣经瓦屋山之杨村,旋还成都省墓。至新津,为武大定部所掠,送嘉定,几遇害,乘间得还杨村。壬辰,归新繁,旧宅已为灰烬,乃北行至陕西沔县,因家焉。从刘时雨受医学,究心《内经》《伤寒》《金匮》诸书,为《长沙发挥》。密尝闻二程见人静坐便叹为善学,乃与破山门人通醉论禅,遂入静明寺,杂僧徒静坐。坐七日,心不能定,自厉曰:"百日之坐尚不能定,况大者乎?"立誓不出门。半月余,坐乃定。既满百日,叹曰:"静坐,二氏之旨,吾儒实学,当不在是。"自是益有志古学矣。密客居汉中既久,乃奉父出沔,至扬州。是时常熟钱谦益方以文名天下,密与论诗芙蓉庄,谦益叹密《北征诗》为必传之作。密尝谓:"不读史,不知古人处事,则于古经难亲切,恐成迂疏;历人事久,读古经,然后义味深长,规模宏远也。"于是为《史记补笺》。当时海内名流若孙枝蔚、王士禄、魏禧、屈大均、唐大陶、冒襄、陈维崧、万斯同、朱彝尊、孔尚任等,皆与密交,盛推服其经术文辞。王士禛司理扬州,一时名彦咸投刺造谒,独密不往。后士禛于人家见密诗,惊叹,索全诗读之,极赏其"大江流汉水,孤艇接残春"之句,时人咸以为知言。辛亥,父殁,居丧悉遵古礼,冠麻皆仿古自制,期年犹衰麻如故。小祥后,去负版,始易衣麻之稍细者,孙枝蔚亦自谓弗及。服阕,奉遗命往苏门,受业孙征君奇逢。征君与论朱、陆异同,密进言:"汉唐诸儒,有功后世,不可泯灭。"征君大以为然,又与考证历代礼制之变。逾月辞归,征君题"吾道其南"四字以赠。尝至浙,与吕留良论礼,留良谓人曰:"吾终身未见此人。"已而滇变起,江左震惊,皆纷纷迁避。密乃卜居野田村,闭户著书。孙征君卒,密闻之涕泣,于泰州圆通庵设主受客吊,二十一日始焚主。出庵,而心丧未去怀也。寻入山东,客提督将军柯永蓁幕。会开博学鸿词科,将军屡欲荐密,密力辞乃止。是时,清廷方命儒臣修《明史》,颇采旧臣遗佚者。密乃泥涂入都,奉父《行状》入史馆,见馆内诸公,皆为下拜,涕泣沾襟袖,诸公亦为感动。己巳,大病寻愈,乃自定平生所著诸书。辛巳九月,遂卒,年七十七,门人私谥曰"中文先生"。

密少遭离乱,经历兵戈,中年迁播,足迹半天下,晚岁穷困,冥躬著述,笃守古经,倡明实学,以教及门诸子。尝谓其子锡琮、锡璜曰:"我著书皆身所经历而后笔之,非敢妄言也。"暮年,四方来从游者甚众,才彦盈庭，一时称盛。其讲论经术文辞皆缘人情，本事实，非空谈性命为无用之学者可比也。天性和平，与人无忤，终身未尝言人过失，人有机相向者，皆坦然处之。村居数十年，著书甚多。自宋人谓周、程接孔、孟，二千年儒者尽黜无一闻道者，密尝为先儒悲痛，乃上考古经与历代正史，旁及群书，作《中传正纪》百二十卷，序儒者授受源流，为传八百余篇，儒林二千有奇。又作《弘道书》十卷，以广圣人之道。《圣门旧章》六种，曰《古今笃论》四卷，曰《朝野诤论》四卷，曰《中旨定录》四卷，曰《中旨辨录》四卷，曰《中旨申惑》四卷，共二十四卷。《文集》二十卷，《诗钞》二十卷，《外集》二十九种：《河洛古文》一卷、《尚书说》一卷、《周礼注论》一卷、《二南偶说》一卷、《瓮录》一卷、《中庸大学古文》一卷、《中庸大学驳论》一卷、《太极图纪》八卷、《圣门学脉中旨录》一卷、《古史正》十卷、《史记补笺》十卷、《历代纪年》四卷、《四礼补录》十卷、《古文旨要》一卷、《蚕此遗录》二卷、《奢乱纪略》一卷、《荒书》四卷、《笤箸归来晚暇记》四卷、《历代贡举合议》二卷、《二氏论》一卷、《题跋》六卷、《尺牍》六卷、《诗余》二卷、《杂著》二卷、《费氏家训》四卷、《长沙发挥》二卷、《王氏疹论》一卷、《金匮本草》六卷、《集外杂存》八卷，补《剑阁芳华集》二十卷、《雅伦》二十六卷，共三十二种，百二十卷。外有《春秋虎谈》二卷。密生平精于古注疏，谓古注言简味深，平实可用，后儒即更新变易，卒不能过。古经之存，实赖有是，若乃变易经文，各自为说，则深可惧也。次则熟于《史记》、《庄子》、韩文，故其文辞浩博无涯涘，而未尝务才气。诗则以深厚为本，和平为调，善寄托为妙，常戒雕巧快心之语。诸凡从密为诗古文者，皆有法度可观。书法在钟元常、索靖间，人得片纸，皆珍惜藏之。子二，锡琮、锡璜。

民国《新繁县志》卷八，民国三十六年（1947）铅印本

民国《新繁县志·费锡琮传》

锡琮，字厚蕃，号树栖，工诗古文辞，有父风。为人慷慨磊落，方正不阿。少承家学，绝意仕进，长而出游四方，诗益劲朗。平日研讨子史，旁及百家，尤精长沙《金匮》之旨。每与人辨难今古，盱衡时务，高见卓识，人莫能及。在广众中，言方行秺，才气麇霍，无啜嚅趑趄态。亲

友有事，辄来咨询，锡琮为之决疑定计，策画周详，事每有功。其于后辈言动，必教以礼，见之者皆敬而畏焉。顾以言直，往往不谐于俗，锡琮终独行其志，不稍变。雍正三年乙巳二月，卒于汴梁。著有《白雀楼稿》。长子冕，字延举，中四川癸酉科副榜。次子盉、孙天修，皆能世其学。

民国《新繁县志》卷八，民国三十六年（1947）铅印本

民国《新繁县志·费锡璜传》

锡璜，字滋衡，密次子。幼遵父命，自扬州还乡省墓，时兵燹甫定，道路榛莽，间关万里，不惮艰险，而新繁遭献贼屠后，邑里萧条尤甚，锡璜卒扫墓封树以去。当封树时，涕泗横流，呼号不已，旁舍皆不忍见。生平豪放不羁，遍交大江南北诸名士。合肥李天馥欲以宏博荐，不应。后游燕赵，入大梁，往来皖颍间，卒无所遇。尝登之罘，投其诗于海中，痛哭而还。盖悲其才之不遇，求交于天吴阳侯也，其好奇如此。著有《掣鲸堂诗集》《贯道堂文集》。子轩，字执御。轩弟藻，字芳洁，雍正壬子举人。

民国《新繁县志》卷八，民国三十六年（1947）铅印本

第三节　新繁费氏著述序跋汇编

一　《费氏遗书》

叙　赵熙

大关唐氏怡兰堂多传书，胥秘笈而精刊之，其关于蜀故者，则费君此度之作，好事者求之二百年不得也。费君以诗名，王贻上推高之。今《燕峰诗》甚壮，世传三费诗，则其父经虞先生为得风人之旨，子滋衡固沉悫士所称，疑又犷于燕峰也。《荒书》纪一时寇乱，读史资焉。其考论学术，殷然若不获已者，则《弘道书》为尤繁。其书恫世难，菲明代疏懈之习，举汉以来所治学，迄宋诸儒深造者，衷之圣论，鉴得失之必然，未有顾、阎以前，盖千百中不创闻一二也。士不逢通人，姝姝守一乡先生，以曲学相嬗，陋已。歆心一哄之市，奉身以充下陈，砀而不知其耻，孟子曰："人之所以异于禽兽者几希！"是又向者乡曲之所羞也。费君禀家训，能及孙夏峰之门，故非以陋自囿。晚而播闻江左，不靡其风，尤

古称克自树立者。唐子广而传之,觇其遗绚,宜以厉浇风也。荣县赵熙。

《费氏遗书三种》卷首,大关唐氏《怡兰堂丛书》本

严式海跋

右新繁费此度先生遗书三种,大关唐百川观察鸿学编刻。《燕峰诗钞》旧有刊本,《弘道书》唐君得之新繁杨氏,《荒书》则从曾祖渭春中丞旧藏写本也。中丞公出嗣远宗,著籍新繁,以此度先生为里闬名人,求索其遗著甚勤。而此书关系蜀中文献尤巨,故宝藏之。旧本后有附记字数及刻资若干,盖欲付剞劂而未果。先文学贲园府君喜流传古籍,侨居成都,于蜀故亦颇留意。顾性高狷,与人多忤,于中丞公后兄弟行,晚年或不相闻。使其获睹是书,必夙为刊布矣。丙寅春初,唐氏版片售诸贾人,展转归于式海,重印行之。窃幸有以继中丞公未竟之志而补先文学未见是书之憾,因缀数语于后。至版心题署,悉仍唐氏之旧,以不没其搜辑雠校之功焉。丁卯小暑,渭南严式海识于成都镐乐堂。

《费氏遗书三种》卷末,渭南严氏孝义家塾丛书本

二 《弘道书》

弘道书序　张含章

圣人之道,著在六经,七十子传之,汉唐先儒继之,以实学裁成英俊,各适于用,长久治安也。天纵圣哲,千龄百纪不易觏。古今人才计之,大都非狂则狷者多,不以中道损益,任其所偏,则流放无底而材不达矣,故一归于学。子以四教,文、行、忠、信是也。所处不过饮食男女之间,所习不过兵、农、礼、乐之事,非有高远绝伦、杳渺难知之微妙也。使狂者有卓识宏量之美,而无夸肆虚诞之失,狷者有笃守善道之益,而无胶固僻陋之弊;仕则能为黔首足衣食,明礼义,捍兵革,泽润当时,功贻后世;尧舜以来,用人治天下,不外于此。岂必若后儒高谈无极,静坐穷理,然后谓之道哉。夫切于国计民生,一日不可少者,皆以为余事,即果至静复性,豁然贯通,二氏之徒所能耳,何益于世道,何补于朝廷?此吾师费夫子父子相承著书救弊之大旨也。盖自道德性命之理出而人才失,濂、洛、关、闽之论行而经术变,学者皆弃实就虚,摘埴索涂久矣。童幼专制义,稍长习词赋,所挟持以为立身行道之具者,

宋传而已。其于圣门古经、汉儒中正之学，蒙然莫识也。乙丑秋，遇吾师于窦店野寺，此后时闻绪论。有显者馈章金，章怒挥之。吾师退曰："子之行高矣，未免过峻，非圣人和平之道也。"章惕然于中，痛自贬抑，遂居讲下。十年以来，少闻古人渊源之学，于经济实有裨益，非性命空言、美观饰听已也。吾师早罹离乱，避迹江左四十年，键户村落，不修名誉，今七十一矣。耆齿宿德，正宜讲业齐鲁之都，发挥六经本旨。乃二年前入闽，为岚气所侵，遂得末疾，步履艰难。采辑儒林并论道诸书，以贫不能缮有宗本，章力任之。而量移入滇，尚未能也。方今圣主在上，崇儒重道，而公卿侍从彬彬儒雅，风动四方，章躬逢其盛，岂不大幸欤。康熙乙亥长至，大陵门人张含章敬序。

题辞　蔡廷治

《弘道书》，尊《圣门旧章》之论也。旧章古经存之，所谓道，皆先王政教章程、立国宜家之典。所谓学，悉教孝弟而说诗书。虽上下不齐，易知易能，若行之则为事业，言之则为羽翼经传，并非谈性凿理成幽杳，不可致诘。诸儒力辨已久，散见先辈集中。师翁费孝贞先生始会粹而昌言之，期转后世谈经相率而入于浮虚，还圣门六艺以济实用而已。吾师世其家学，直从古经旧注发明吾道定旨，谓三代而后，汉唐以下，贤主得良臣辅之，皆纲维伦纪，功在天下，序古今有道之君为统典，序古今文武忠义为弼辅录，序录七十子传人为道脉谱，而后汉唐诸儒不致荒弃，容城孙征君称为汉儒知己，三者备而后圣门之学始全，古经之旨始备。合为《中传正纪》，上宣王政，下厚风俗，深潜撰著，未常轻出示人。年老，门人乃得录副本。天下之大，百世之远，好学深思之君子甚众，必有起而公论者矣。康熙辛未春日，门人新安蔡廷治谨书。

以上《弘道书》卷首，大关唐氏怡兰堂《费氏遗书三种》本

唐鸿学跋

右《弘道书》三卷，新繁费此度先生密撰。余得之于其县人杨氏，有门人张含章、蔡廷治二序。盖先生晚岁定本，百年外旧钞也。先生曾受业孙夏峰，观其论述，务求实用，与顾亭林、颜习斋略近，殆师友渐渍为然。至今则知先生之书者鲜矣，乃亟付刻，以广流传。惟旧钞颇蠹坏，而脱讹尤甚。积两年许，力检所藏书，众友朋商榷，改订凡数百字，

有未确然者，别为校记附后。曩德清戴子高纂《费舍人别传》，误此书为十卷，目次亦多颠倒错谬，似据新繁旧志所称，而未见是本也。海内藏书家倘更有精钞赐之是正，则尤此书之幸已。又《燕峰诗钞》一卷，视新繁龙藏寺刊本较多数首，且有异同，兹并付剞劂。合前刻《荒书》，题曰《费氏遗书三种》，意亦蜀中文献之致足矜重者与。庚申立夏，大关唐鸿学记。

《弘道书》卷末，大关唐氏怡兰堂《费氏遗书三种》本

校刻弘道书序　钟炳灵

费氏为吾繁士族之冠，此度先生幼承家学，蔚为当代儒宗，诚非狥曲士夫，见闻不逾百里，名字不出一乡者可跂及也。《县志》叙录先生著述凡二十余种，要以《弘道书》为巨作，惜世无传本，未由籀讽其书。余自是周咨博访，忽忽垂三十年矣。近三载来，馆于唐君百川家，君富藏书，尤多秘笈，适有是书钞本，已授梓人。惟传写讹诡，鲁鱼盈简，赖唐君博考旁搜，精心雠对，是正五百余事，其书乃粲然可观。而余乃天假之缘，获与校雠之末，幸何如耶！刻竣将付印，唐君以序谡诿及余，乃不揣梼昧，属词以弁其首曰：汉唐以降，学术销沉。自宋迄明，士风愈僭。程、朱、陆、王之徒以道统之说互相标榜，自居教父，謑诟先儒，奉语录为金科，诋诗书为玩物，僩六经之故训，剽二氏之绪余，性学昌披，人心挛瘯，援儒入释，道术支离。幸先生不囿于明季士习，辞而辟之，道统归诸君相，经义本诸汉儒，折衷六艺，尚论百家，摈绝玄言，揭橥实用，内圣外王之道，可谓疏通知远矣。抑先生身经国变，尝痛明室之亡，病同南宋，升廷讲《易》，而金人已渡河矣。理学诸臣，东林华士，枝辞蔓衍，迂阔无为，此书所繇发愤而作耶？讫有清以来，硕学大师，若孙夏峰、黄梨洲、阎百诗、顾亭林之外，交章学术，足与王船山、颜习斋鼎足而峙者，厥惟先生。第孙、黄、顾、阎之书，久已家弦户诵，吾无论已。至如船山《遗书》、习斋《学记》，亦经邓显鹤、戴望辈搜辑印行。独先生之书，沈霾尘土，郁而不彰，良可憾也。今唐君不惜重资，于吾繁杨氏购得此本，锓板流传，发潜阐幽，厥功伟矣。又闻杨氏有先生《史记补笺》钞本，凡八厚册，唐君亲见其书，拟以重金购之，旋遭兵祸，遽毁于火，惜哉！岂文章之显晦有时，著述之传不传亦有命欤！

先生为一代通儒，身后遗书经三百余年始见于世，藏诸名山，传之不朽，海内方闻博洽之士，谅不得笑左思为伧父讥、《太玄》覆酱瓿也。且吾繁蕞尔一邑，代鲜闻人，士愿农庞，工侗商愨，即搢绅之家，亦多僿陋。幸先生崛起其间，茂实骞华，抗衡齐鲁，俾当代儒林知吾繁有人，则邑乘为不寂寞已。然尤憾者，今之士夫穷居无聊，索隐行怪，蝇蝓图谶，附会神仙，诡辨荒唐，难与庄论，怵已！倘以是书正之，彼灵场禹步，符祝骖鸾，日以巫道哗世者，犹弱丧而不知归邪。嗟夫！大明一出，爝火无光，如是则冥途暗索者，以此书为枬木烛龙可也。

民国《新繁县志》附《新繁文征》卷五，民国三十六年（1947）铅印本

韩国钧跋一

国钧初得《弘道书》抄本于洪君挥侯沣，仅五篇。继由魏君梅苏家骅从王君聘三乃征处假得蜀中刻本，又由裴君绅之瑾自成都购寄费先生全集，其中《弘道书》与王君借本同。特王君本末有手抄费锡璜所著《费氏家传》等三篇，为刻本所无。锡璜，此度先生之子也，不欲删去，因辑为附录。韩国钧识。

韩国钧跋二

孙夏峰征君年谱载康熙十二年癸丑二月，成都费此度来学。此度名密，自其父仲若得夏峰《岁寒集》夏峰《岁寒集》三十卷，六十以前所著，六十后之文则曰《岁寒续集》。读而悦之，遂令受学。时夏峰居苏门，年九十矣，扫雪亭留之。夏峰艰于听，此度尝以手代口。夏峰有书答云：衰朽少承家学，自先祖沭阳公与阳明高弟邹东郭之子讳美者同举京兆，得闻其家学，故平生口无伪言，身无妄动，以躬行教子若孙。老夫奉父命，从季父成轩公学，此渊源之所自，尤得良友鹿伯顺夹助之力居多。伯顺深得阳明之学者。近见得学问一事，不在寻行数墨较量字句之间。我辈只要眼阔心虚，实求自信，不必拾人颊吻说随人转移耳。予读至斯，掩卷太息，慨然想见国初诸老千里求学，家庭父子之所诵习，师友渊源之所授受，可法可传乃如此风潇雨晦中，有感发兴起于不自觉者矣。此度《弘道书》乃师事夏峰以后所作，书中附载诸图，分上中下三卷。初得手钞本，寥寥数篇。继得王君聘三、裴君绅之蜀刊本，其篇目文字俱与钞本少有异

同，意其为晚定之本欤。而刊本独阙《中行狂狷表》，乃转于钞本得之。其书包蕴甚富，决择甚严，于遗经反复申论，谓汉唐先儒有功后世，不可泯灭，深得圣门忠恕之旨。于宋明儒者异同之辨，则曰圣门无其法，遗经无其旨，圣人之道同而其传异，无损于圣人之道，而亦不害其为传，善哉言乎！此夏峰所谓心虚眼阔，实求自信，不拾人颊吻说随人转移者。王渔洋称此度师夏峰，学益纯正，读兹书益信。此度工诗，少遇张献忠之乱，遁身西域。已乃溯江汉，游吴越，寓泰州老焉。州守知其贤，为除徭役。村居三十年，著书百数十卷。其卒也，葬州之野田庄。予辑《海陵丛刻》，乡哲遗书先后得数十种。此度先生侨寓高贤，仰止弥笃。曩官中州，过苏门，访夏峰征君讲学之所，心向往之。兹得此度先生《弘道书》，载道之文，世所罕见，因为付梓，以广其传，并以王君聘三手钞《贯道堂集》文三篇附录书末。嗟呼！世衰道微，大局云扰，群相竞于功利之途，予之为此，迂矣。民国十三年岁次甲子十月十日，泰县韩国钧谨跋。

以上《弘道书》卷末，民国十三年（1924）江苏泰县韩国钧木刻本

三　《荒书》

序　史照

《荒书》记陕贼乱蜀事，新繁费先生著也。其载事详而明，核而实，俾读之者骇于献贼之暴虐，诸帅之骄蹇，科名之徒媢嫉而鲜筹策；间有奇伟之士，或沉沦于下寮，或受任于鱼烂土崩之秋，力不能以振拔：时不可以有为，虽身首分析，暴骸骨于草泽，危不能扶，颠不能救，此先生触绪而惊心也。先生少负奇伟之才，捍寇御侮，亲戎车，乘壁垒。乙酉之秋，举什邡之义旗，骇白贼之兽心。于斯时也，横尸千里，土旷不辟。广元能收离散之穷黎，屯种饱食，戢彼干戈，备御强敌。先生居广元左右，参赞戎行，戮力苦心，欲稍遂其悃忱而安定蜀人也。乃媢嫉逸构，媒孽芊生，逮夫崩析，此则先生心慷以慨，悲而于邑也。身既无所用于世，退而论著，其所阅历，躯虎搏噬，凭爪牙以逞毒，千古之下，是非、忠奸、黑白于此辨矣。史照读之，爽然太息焉。古者传信之言，务在详明核实，即休明治平之日，犹有党同讹异，史册不可征信。值时

变世易，阳九之厄，国鲜记载，士多窜伏。亲冒矢石者，亦且皇皇然首领之不可保，岂复能执管记忆某时某日为某人之首祸哉！故马迁于七国，于秦楚之际，必因之《国策》《世本》《楚汉春秋》，征其信且实也。向使战国项氏时无传焉，则阙疑者多矣。今先生详识蜀事，如新得其庋刘交绥状。傥后有马迁者，不致叹抢攘之无征也，则是书所系，不亦大哉！康熙六十年岁次辛丑长至，席帽山人史照谨序。

自序　费密

华阳黑水，肇基帝囿，天荒禹甸，乃君鱼凫，始名曰蜀。自谕仪构兵，金牛辟轨，益壤暴秦，财货甲于天下也。井蛙跃马，资之自王，卧龙弼炎，载光汉业。李唐节度，东西两川，昔人所称"扬一蜀二"，"沃野千里，天府之国"也。胜国聿遵古制，于成都行中书省，府治所属，十有六州县。由唐宋以来，各有沿革，而川东西之名遂为定制。谭者以为不典。顾史传体例，书郡县邑，必本昭代所建而名之，然后吏治得失，与夫外夷盗贼，傝扰天纪，其时之治乱，可得而详也。谨按明制蜀舆图，成都、龙安为川西；顺庆、保宁为川北；重庆、夔州、遵义为川东；叙州、马湖、泸州、嘉定、眉、邛、黎、雅、建昌，土夷接壤，设五卫，咸建总兵，为川南。四川所产，则五谷六畜、金银铜铁、丝枲絺纻、绵染盐茶、材木竹箭之饶，丰衍原隰，利擅五方。故世治则豪杰因之屏藩上京，世浊则奸雄盗贼窃据寇攘小民。前车覆辙未泯，后车之轨循之，良可慨也。太祖大启藩封，肇锡壤宇，割内府之珍奇，益蜀都富庶。重宝则天球龙璧，夏鼎商彝，图书则玉笈金题，皇坟帝简，靡有不储。而唐、宋、孟蜀间所创建佛刹道宫之壮丽，暨贤藩六七，二百七十年来锦贝钱刀之骈集，举崇乎上都，艳称于诸夏。俄焉闯贼寇，摇黄盗，献逆毁，历朝古迹，扫地尽矣。溯夫天启辛酉，土酋奢寅，叛乱始兆，然弗半载，旋被戡夷。厥时惟川西州邑，小有焚掠，川东南北，略未有创也，父老犹以为大戚。由今观之，献逆戮人之多，剧于黄巢；戕儒之惨，汰于嬴政。而川东北之民，又俾暴虐于西山寇十三家贼。此固帝囿天荒，西土烝黎未有之奇酷也。密少遭祂离，窜身西域，遁迹蛮荒，浮家东海，晚归桑梓，江山如故，人民全非。二十年来之锦绣封圻，忠臣名将，骈首空城；东西川之义夫贞女，膏脑涂地。青磷白骨，地惨天荒。就愚闻见,采而纪之,下笔不忍,不下笔尤不忍也。他如出身盗贼,屡膺干城,已输腹心,又为戎首,乃如之人,包荒冯河,用以集事,非宽其诛绝也。别书所载,或有异同,盖知者不能言,能言者未能悉,此历代野史稗官,足备正史取材,而密《荒书》所由作也。方今圣人在上,四方余孽,渐次划平。昨已放马止戈,一旦诏修《明史》,庙堂燕许诸名卿,苟刺取当年蜀山遗事,则是编或亦所不废也与!康熙八年春二月。

以上《荒书》卷首,大关唐氏怡兰堂《费氏遗书三种》本

费锡琮跋一

流贼横行,民遭屠毒,蜀僻一隅,受害最深。李自成陷北京,崇祯皇帝殉社稷,南方臣民不忘旧德,因有金陵、闽、越、滇、黔之举,然与蜀人无与也。世祖章皇帝诛自成,登大宝于京师,王师入蜀,灭张献忠,蜀人始知我朝兵至。从前仍奉崇祯年号,蜂起之将各自为政,督师阁部仅有空名。先君少丁离乱,祸患身经,年近六十,始成此书。亲历者多,或闻于同时亲友,间得之老兵余贼。当诏修《明史》时,《荒书》削稿未成,止以先祖大夫行状上之史馆,已而韩公菼、徐公乾学、万先辈斯同及吾蜀樊公泽达、李公先复咸欲构观。锡琮考谷公应泰《纪事本末》谓献忠病死,未载其屠蜀后事;《绥寇纪略》谓诛于盐亭;傅公维鳞《明书》并缺其名;故裁成逆献之传必取事《荒书》。不孝兄弟尝请之先君,但笑而不答。盖古人作述有及身而著者,有历久而传者,先君性恬退,故不乐与人争也。《荒书》名虽传播,闻者甚众,见者绝少。虽一方之事,实一代之事;虽草野之遗闻,亦史册之掌故也。先君见背以来,回思数十年苦心,终使沉湮,则不孝兄弟之罪莫可逭矣。康熙五十五年,长男锡琮谨记。

费锡琮跋二

嗟乎!先君之著《荒书》,盖几劳心矣。初属草时,值乌程难作,不遑终其卷帙。后梦高巾方幅之士抚背而语曰:"子之书何不速成?吾当助子。"康熙十八年,圣祖仁皇帝修《明史》,通行征书。部议曰:"凡官员庶民之家,有纪载明时事迹者,虽有忌讳之语,亦不罪之。尽送史馆。"先君乃哀旧稿,重为涂乙。嘉禾曹公溶读之,曰:"吴中某公死节于蜀,无其姓字,何也?"先君曰:"成都遭逢逆贼张献忠破陷,蜀王靖难。凡

从死臣民知其姓氏者，无不具载。某公未死，贼以为礼部尚书。贼行郊天礼，祝文接处中断，贼腰斩之。后死难诸公仅一日，误传死节，其实非也。何敢获罪鬼神哉！"又吴中某甲借观，背人钞录，截纸为条，编载号数，锡琮幼年亲见，不解其故。某甲自成一书，而冠以范文茨公之笔于首。前太常吕公潜称于先君，先君诘之，某甲语塞，良久曰："为表彰先人，不得不然。"先君谓不孝兄弟曰："若之父实被贼执，死于难，其言亦孝子也。但藏吾书，勿以示人耳。"徐公乾学求《荒书》不得，乃属之泰州镇将钱嘉昆山人，嘉复属之海门诸生成闳中。闳中祖父崇祯时仕于蜀，先祖之房师也。始以书来，先君既不欲以《荒书》示人，而亦不拒人之请，别以"纪奢寅乱蜀事"与之。逾两月复以书来，先君遣其人而不裁答，故至今藏于茆栏风雨之下，败匮蔽筥之中也。长男锡琮重录又记。

费藻跋

嗟乎！伯父直敏公殁于汴梁，书籍在汝宁张郡伯署内。三兄扶榇归田野，躃踊不遑，未能至汝宁取之。已而张公解任，今且二载。藻陆路回川，经汴梁，闻张公将归里，于是辞同行者，只身独骑至汝宁谒张公，取回书籍。检之多残缺，所幸《荒书》尚存耳。此大父中文公之苦心积虑当不没于世耶？是书所关非浅，天不使之沉沦，而藻得至此携归耶？《荒书》其必传矣。《荒书》传，非先人志，非藻之功。《荒书》不传，没先人志，是藻无良也。兹因原本久贮敝筥，多朽蠹，敬缮写成帙，留示子孙。丁未五月，孙藻谨识。

唐鸿学跋

费此度先生《荒书》一卷，诸藏书家均未著录。《四川通志》误作四卷，盖未见原书故也。戊申三月，少坡弟得钞本于新繁严渭春中丞家。余因其久无传刻，遽付梓人。已成读之，嫌有脱误，遂未印行。更留心搜访，闻新繁杨氏藏有旧钞，苦无由见。迄辛亥秋，始展转以重值获之。亟拟校印，世变中辍。今年春乃重取雠对。杨钞意分二卷，其脱文误字过于严本，然亦有可采以补正者，辄录成校记，并略述得书之缘起如此。庚申春，大关唐鸿学识。

以上《荒书》卷末，大关唐氏怡兰堂《费氏遗书三种》本

四 《燕峰诗钞》

壬戌孟夏游新繁，寻费氏明季先墓于丛莽中，凭吊欷歔。既旋成都，为百川世丈题此刻。芒种日旅沈中择并记。

（清）费密：《燕峰诗钞》卷首牌记，大关唐氏怡兰堂《费氏遗书三种》本

《燕峰诗钞》作者费密曾流寓泰州，此本系根据今年得自本市之乾隆钞本所传钞，经与《怡兰堂丛书》内所刊之《燕峰诗钞》互为参校，钞本诗较刊本多至二百余首，而刊本亦有二十余首为钞本所无。又全诗中间有与刊本诗题相同而词句差异者，钞本均仍其旧，兹为充实内容，特将所缺之二十余首增补于后，以供研究者之参考。泰州古旧书店附记，一九六四年。

（清）费密：《燕峰诗钞》卷首，1964 年江苏泰州古旧书店影印清乾隆抄本

燕峰集序　黎士弘

成都费此度先生客临汀，裒其生平所著诗文若干卷，书来，谓弘也阅之。予读之，既又呼子弟共读，至五日七日不能自休，乃起而叹曰：此非今人之文，而后世必传之文也。天下尚文久矣，学士家操笔为文者，亦既尽国而是尽邑而是矣。然考古数今，一代之中传不数人，一人之文传不数篇，世安得传人亦人之精神自为传耳？我不能自为传，而待后人之表章而传，或选定而传，其传之也仅矣。笙竽之激楚也以时计，草木之荣华也以日计、以月计，山水流峙历古今而不斁者，彼固自有恒德之贞而非随耳目为近玩者也。此度之为文何如哉？释经绎史，而不以剿说戾前闻，不以私心诬旧学，原本道德，称述先民，使天地往来生成运会之理，先王之大经大法，皆得体用备见，而不使百家之说竞喙争鸣。下至赠送将贻，亦必人如其言，言如其人，不为伪辞饰说，颠倒是非，以博人之喜悦。嗟夫，此皆当世所不讲之学，所不问之书，此度独专力而好为之。文章公物也，原不争一人之信从，一时之毁誉。即使此度今日一字不存，付之杂烧，投之溷厕，锢之井底，而予终谓此度必传，盖其

精神固在千百世，而岂爱此旦夕为也！昔扬雄书成，谓当世不识，宁待之后世子云，此千古著书人猛心定力，非后人之所敢望。若朝春而暮鹥焉，吾虑其有市心矣。此度以避乱，踉跄出蜀，历尽艰难愁苦之境，居维扬华丽之乡有年，衣冠言动，不改其常，朴貌古心，望之如耕野石农、深山道士，使人可亲而不可狎，敢敬而不敢怜，惟其有此度之人，是以有此度之文也。夫近此度得末疾，扶杖而后能起立，愿此度自爱，久留岁月，为后进典型。予即视此度五年以长，犹将舍所学而愿学焉。公子锡琮，博闻强记，侍此度南来，搜集先代遗贤名字不多为人记忆者，拟人各为立传，以成一代之书，继三唐诗话。夫自为必传之业，而又恐人之失传也，乃急急传之，其为事甚难，而其心绝苦，非有志之士，孰复为之哉！叔皮孟坚、明允子瞻之间，吾不知何以位置公家父子也。康熙癸酉初秋，长汀同学弟黎士弘敬序。

（清）费密：《燕峰诗钞》卷首，1964年江苏泰州古旧书店影印清乾隆抄本

书先人文集后　　费锡璜

文有必传者乎？则《连山》《归藏》不亡，《周礼》之《冬官》不亡，《春秋》邹氏、夹氏不亡，《史》之《武帝本纪》不亡。文无幸传者乎？宋元迄明诸集中，有于道无所明、于事无所纪、于文无所创，而章播于世，不可指数。则传有天焉，不以其书也；不传有天焉，不以其书也。呜呼痛哉！先子中文先生之书，其传乎？其不传乎？令先中文书止为一家文、一家诗、一家纪载，无关于道，则传可、不传可也。先中文书所明者圣门之旧章、古经之本文，所序者七十子之支绪、千五百年之儒林，所辨者七百年之过论。使圣门旧章不当明则不传，古经本文不当复则不传，七十子支绪、千五百年儒林不当序则不传，七百年过论不当辨则不传。如或圣门旧章当明也，古经本文宜复也，七十子传人不可废，千五百年冤抑必当伸，七百年过论终当革也，则乌得而不传！然圣门旧章、古经本文既已紊杂，七十子支绪、千五百年儒林既已剪绝，七百年过论既已锢耳目而胶人心，则先中文虽冒天下之难而作是书，又孰从而信之？孰从而传之？抑或圣门之旧章不即明而有一二事宜明，古经本文不即复而有一二言可采，七十子支绪、千五百年儒林

尚沦而有一二人宜申，七百年过论未宜革而有一二议可参持，则先中文之书经营删缵，积五十年，凡十数易草乃成，虽风气未尽孚，人情不尽洽，必有鬼神将护之，天心默启之，乌能弗传哉！乌能弗传哉！独贱兄弟行能弗肖，踬身草泽，锡璜又目盲而心病，无以光先人遗业，而及先子门者，皆学弘而名未达，或道在而志不伸，是先中文必传之书而未必其终传，是又不肖等之罪也。谨录其目次如右，以布告于世之志古学者。

（清）费锡璜：《贯道堂文集》卷一，清康熙年间刻本

五　《贯道堂文集》

郭嗣龄序

本朝以诗古文名家者特数人，皆前朝遗献，近年且凋丧尽矣。独滋衡费先生承家学，益肆力以集诸家之成。盖其于经传子史之童而习者，钻研数十年，集义而贯通，又嗜学不厌，外以周览于山川风土人物，细之博极草卉禽鱼之属，悉得其性情意趣，故其于文也，理愈精，气愈昌，笔愈健，辩愈雄。往者予得片纸辄指示学者曰："此岿然灵光独存乎！"顾先生不轻出所藏，昨岁之杪，漫举全集畀余。余正忧戚中，又缠俗剧，惟恐置案头童稚污损，必键户屏一切乃启函。讵谓自冬徂春，仅得三日快读，则予之胸填荆莽可知矣。今甫释服，又吏迫将之辇下，且割爱捧以还先生。当鼎鼐而仅染吾指，明珠百斛一耀目即阏之，讵先生之吝于予，亦岂余之惰于承先生？此中缘数，自有浅深，然世之能识先生又力足表章者，固大有人，即余之无能，亦不敢自外，惟存吾志，俟他日力之所至耳。先生文之予人议者，间与考亭夫子有抵牾，就余所见，亦仅论驳词句，非于本原有所攻击，致歧正学也。昔子朱子之于象山，亦每取其说，谓高于南轩、东莱。盖世之盛才气者，往往不欲循涂守辙。使先生及考亭之门，吾知考亭亦必有取焉，又安知先生不直进而入于室也。与同学弟郭嗣龄漫草。

史炤序

君子之立言，非徒言也，言之必使学者开其识，致其用。无足以为世所借资者，君子不言也，则是徒言之无补也。何谓徒言？同声附和之

谓，随俗推移，传无稽以为要妙之谓。之数者，匪徒仅徒言之为已过也。言之流毒于天下，流毒于后世，非君子之不言也，不忍也。其不忍之心，惟恐纤毫之汨没焉，于是言之必本吾识见之明，考稽之慎，触目会心，畅之以辨论，宣之歌诗，一字未安，一意未备，再思三复，求于至当，以发其旨趣。此君子研几索隐，不徒言之心。吾友滋衡所著文章诗歌，本其先子之所学，兢兢焉以求合乎先圣之文，不遗余力，无畏乎世之所共尊，无嫌乎己之所独得，挽之以归于一己之灼见焉。以为世所尊信而不敢私议于其间者，皆学步于邯郸者也。夫读滋衡书而惊怖其言，则步尘于邯郸而眯离其目，胶固于胸者矣。且也滋衡博学多识，北游乎幽陵，西历乎岷峨，言物之粗，论得其精，其于求之所不得其蕴，寻之所不得其真，发于言也，严谨以出之。不期殊特，而骇之以参差于万象也；不期炫耀，而惊之以河汉之无极也。百千万言，何莫精察其识而流光也，足以开斯人传心之的，指以风雅之宗焉，君子之用心而发于言者也。炤也因于先儒之旨，暗于百家之辞，读吾滋衡书，顿坐我于二酉之巅，计其何者为宝，何者非宝，探穴求之，茫乎趑趄而不前，泛乎恍惚而神伤矣。江都史炤谨序。

汪文菁序

文菁从事吾师滋衡夫子二十有年，追随朝夕，见夫子吟诵诗歌，殆无虚日，尝以诗名天下矣。近十数年来，日肆力于古文，所以口不绝吟诵者，不啻如向日之于诗歌也。菁尝请其意，夫子曰："诗主言情，其道犹浅。至于文，大者以明道，其次纪事，其次发抒古今之治乱，政教之偏颇，人物之低昂，与夫一切可悲可诧。人所不能言，必于文以发之，故夫文者，千秋之大业，非一朝一夕之故也。其初以为似之矣，明日视之而非也。其初以似之为难，及其似之，仍未为是也。序事则得实境难，得实境矣而无丰神，不足传也；议事则是非不违于道难，不违于道者，非貌窃《中庸》之语也；辨事则出独识为难，出独识而非今之翻案者比也；行文以自铸语为难，以孤行为难，势整炼而忽散之为难，散之而复整之为尤难。凡此者，皆吾与古人离而未合处也。吾之学为文，年已衰迟，是以日夜夔夔而不能已也。"吾夫子文集成矣，不轻以示人，故海内知之者鲜。去秋，孙子未先生见其集，击节叹赏。菁尝读中文先生《古文旨要》一书，文章之法大备，是夫子之家学有源也。夫子年已近六十，去夏大病始愈。昔昌黎文成于李汉，而朱文公所著书多成于黄榦诸子手。蓍分在弟子之列，乃鸠工梓而传之。凡若干篇，三数月乃成。新安受业汪文蓍拜识。

闵奕佑序

处士立言，于古最重，以言必工而后成文，文必工而后成集，丽其辞者必博其学，纵其说者必精其理。既古之所重，当盛于古，何一代之遥名于世者之不一二数耶？道有师，学有本，通古今，识邪正，语必源于经史，义不缪于圣贤，然后可著书立说。恂恂大雅，名之当身而不朽于后世，斯古之著书者。苟非其人，则藏之名山，愿将以终古已耳。吾友费子滋衡诗集梓后三年，而其门人汪羲尚复出金钱，为刻其文百余首，其义最高，而费子生平之著作始得灿然大备而不忧其散失。噫！成都费氏自费公诗当季汉时名起于蜀，后代有学者，而费氏遂以学世其家。迨前明太守孝贞先生，为滋衡之祖，明亡，贼入于川，乃举家南迁。承平后，遂流寓广陵。当是时，孙征君奇逢方讲学中州，太守公不敢自是其家学，命其子中文先生往受其业，先生因尽得孙氏之学而归。后益励其家学，一时从游受业者甚众，遂与孙后先相望，为昭代盛事云。盖费氏之学，专主经传，以践其实，立功以致其用。穷而在下，斯托之立说，而两世著述，大小杂见于世，今海内新繁费氏之书近百种者皆是。滋衡则中文先生次子也，幼慧，能读书，孝友称于家，行义著于外，独以弱冠即以能诗名于远近，而滋衡生平之文行，反以诗名而稍掩。然吾党之士取实行而称实学者，必群为滋衡先屈一指，历三十年如一日焉。今滋衡集成，犹歉然不足，妄谓余为知言而下问。余尝谓滋衡其文，不矜才负气而闳中肆外，盖得之于自然。道必有师，学必有本，读之益信。费氏之家学代有传人，如滋衡者，其庶几乎。爰述而赠之有如此者。同学弟闵奕佑拜撰。

以上（清）费锡璜《贯道堂文集》卷首，清康熙年间刻本

书《贯道堂文集》后　章学诚

《贯道堂文集》四卷，题为成都费锡璜滋衡著，盖康熙间人，生于新繁。自序为汉费诗后裔，其父密，于鼎革间占籍江都，而本其始生称成

都也。据文，锡璜盖生于康熙三年甲辰，而文中有及其六十余岁之事，则雍正初年尚有其人矣。其父生前明天启六年，卒康熙三十八年，讲陆、王之学，著书甚多，门人私谥为中文先生。锡璜承其家学，亦有著述，诗古文辞，兼擅其名，自称有诗五千，文二百，兹集一百二十九篇，宜得其大概也。诗集今不可见，文则斐然可观，虽不能醇，要于学有所得，能自道其所见，非依附于人而随风气者所为也。

明末姚江末流，入于狂禅理障，殆不可救。国初风尚醇正，程、朱之学复昌，然趋风气而貌为程、朱，其中流别，亦遂不可问矣。费氏父子当风气禅易之际，而卓然有守，能自信之于心，亦可为豪杰士矣。其论经旨，则谓："圣人言事实，不言虚理，《易》言天地，不言天地之先；有物混成，先天地生，圣人之所不知则不言之，所以立教也。九头、五龙之纪，开皇、龙汉之年，百家非不有述，删《书》断自唐、虞，知其所可知也。"论古书则云："开元五经，往往以俗字易其旧文。然颜之推谓葛洪《字苑》加乡于景，而世改《周礼》《尚书》，则变易经文不始于开元矣，《孟子》中'知'作'智'，'伯'作'霸'，'弟'作'悌'，'彊'作'强'，尤俗。"因于徐氏《经解》中得薛氏书古文训，欲致力于此。此近日风气所开，彼时一二魁儒创论而未有知者，费氏已见及此，可谓卓矣！其论儒术谓："儒贵能治天下，犹工贵能治木也。宋儒崇性命而薄事功，以讲治术为粗，是犹见工之操绳墨斧斤，斥以为粗，而使究木理之何以作酸，何以克土，何以生火，何以生东方而主甲乙也，终身探索，未有尽期，而大不能为宫室，小不能为轮辕，尚可以为工乎？则徒讲性命之非儒术，亦可喻矣。"此尤切宋儒以后之痼疾。其《务知》篇谓"求知当知所务"，《是非》篇谓"欲定是非，不可偏执己见"，纵横博辨，闳肆而有绳准，周秦诸子，无以过之；而又切中时弊，理较诸子为醇，在集中高出他文不啻寻丈也。其有补于政事者，言："《月令》季夏命渔师伐蛟，窃疑蛟不可伐，历代亦无其制，而蛟变为害甚大，无如之何。及入楚豫，闻山中人言，地将出蛟，蒸蒸暖于他处，冬不积雪，常时木竹叶尽卷。猎者知之，即掘入数丈，有物若脂膏，积数十石，煎之可燎；或形已具者，甲鳞鳞然，除之则绝蛟害。凡正月蛇与雉交生卵，遇雷即入土中数丈，成蛇形，数百年后为蛟。乃悟伐蛟当在未出之际；先王之制久废，儒者又亡其义，今幸民间尚有其法，似可著律令而悬赏募,则永绝其害矣。"其论古事,谓:"《明太宗实录》,载方正学伏地乞哀,出于史臣诬罔。"此亦有人辨之矣。至甲申之变受贼刑拷诸臣,史传皆指为降辱,锡璜独谓:"当时贼聚诸公问之,从者冠带以去,否则极刑随之。南都阮大铖主国,欲报逆案之辱,所仇中有为贼夹毙者,大铖目为顺案,不以死节予之;于是陈演、方岳贡、邱瑜、魏藻德以下,皆诬以从贼为辱。自古未有受贼刑戮而称辱者,自阮大铖始创,岂可为据!"是言极有关系,不特立意忠厚已也。费氏父子生当其时,其言必有所受,非可诬也。至刑拷诸臣中,原有灼然失节,费氏亦未尝不分别言之,读者可自择耳。余尝见邱瑜、李国桢别本传记,与史载绝异,似非尽无据者,必有受诬者矣。但费氏生于《明史》未成之前,其有已经史馆审定,无可疑者,尚未与闻;如建文出亡及从亡诸臣,尚谓必有其人其事,则未与史局诸老一发覆耳。又其学不甚富,而震于杨升庵名,且为乡曲过推,言至失实,转自形其浅陋。升庵虽为诸家指摘,其博赡自不易得;然附会缘饰,英雄欺人,其书实亦不免。今乃谓:"升庵所释《禹碑》《石鼓》《延陵》碑字,所引多人间不经见之书。"又云:"在滇四十年,读诸土司书,土司多周、汉世家,藏书皆非世有。"则因升庵伪造《秘辛》,假托土司藏本以欺天下,费君又受升庵之欺而推广之,不知君子可欺以方,而是说之不可通于方也。"一言以为不知",此之谓矣。《延陵》《禹碑》,不待识者而知其伪,《石鼓》亦多介疑似之间,至云明代土司尚有周、汉旧书,未入中朝,则是委巷之言,不但日本《尚书》之诞也。他不具论,即如升庵论古人避讳,以谓必取同音,史迁讳"谈"为"同",以"谈""同"古音同也;明帝讳"庄"易"严",以"严""庄"古音同也。毋论所证古音确否,试问高帝讳"邦"称"国",岂"邦""国"古音同乎?武帝讳"彻"称"通",岂"通""彻"古音同乎?又如升庵引古诗"尺素如霜雪,叠成双鲤鱼,要知心里事,但看腹中书",以解十九首中古诗"客从远方来,遗我双鲤鱼"之句,谓"古人寄书,叠绢素为鱼形,诗云双鲤者,乃绢素,非真鱼也,昧者作真鱼解,可笑"。此言明白,不必出于未见书也。然此诗二句下文即接云"呼童烹鲤鱼,中有尺素书"云云,岂绢素叠成之鱼,又可烹耶?夫以一例讳字,明见史策,而顾此失彼,其说不能自掩。人人所见之古诗,而强解上句,不顾下句文理之安,则其附会缘饰,触处皆是,何必求解于未见之书哉!

书苟非在天上，人间必有能见之者，何以数百年来，升庵所见之书，更无他人见耶？

又传经之学，自东京以后，即不能一一究其受授渊源，观《儒林》诸传，可知大略。即宋人所谓不传之绝学，其授受后人，亦至元代而止。其所为某家之学，某氏之传，多是得于遗书，如欧文之学韩，陆诗之师杜，非有人受之于韩、杜而转授于欧、陆也。即如姓氏谱系，乃一家血脉相承，最为有据，尚且不能追至千载以上，间有详者，多出六朝附会，识者不以取征；此即费氏所云"《易》不言太极，圣人不言不可知之理"也。乃其为父密作传，叙乃父受学于孙征君，谓征君之学出于阳明，为第五世，已多事矣。阳明之学，再世失传，李贽狂僻，耿氏之佛，顾氏之仙，皆称王学，岂足以辱阳明，而何所争于世次！然孙君出于东廓，其学不失师法，犹之可也；至叙乃父著《中传正纪》百二十卷，序儒者授受源流，为传八百余篇，儒林二千有奇，自推其学出于子夏七十二传，则妄诞不经甚矣。费氏出于子夏，不知所得何传，传者如何相授。又谓先圣以来，七十子传人具在，则尤梦中说梦。七十子自《家语》《史记》纷纷著录，同异分合，已不能齐，其未见《语》《孟》记传者，强半若明若灭。今无端推出七十二家之学，且分七十二家之传，此岂必待见书而知为妄哉！况密以阳明五世为师，自命阳明第六传也，阳明未尝自命其学为出子夏之六十六传，则密又安从而溯七十二邪？今有祖所未能定支系者，而孙乃直自居为几十几世，天下有是理乎？佛氏宗门，惠能而后，歧分为五；沩仰、云门、法眼皆绝，临济、曹洞二宗，至今流行，彼为几十几世，则披剃有师，摩戒有印，度牒衣钵有传，虽不知于教何得，而授受实不可诬。今费氏所传，分支别派，各注源流，欺天乎，抑欺人乎？自以为儒而辟佛氏，不知佛氏五宗，绝者不可续而传者不可诬。若以子夏七十二传及七十子宗派皆有传人，质之彼教，无此妄矣。此二事皆费氏之大谬戾者，其故出于不甚学而喜穿凿也。其余琐细得失，不足深校，观者不以瑕瑜相掩可也。又其论《史记·封禅书》所谓三神山者为方士之隐语："蓬莱者，蓬蒿草莱也；曰方壶，曰方丈者，棺之形也；曰圆峤者，墓之象也；曰瀛洲，曰弱水者，黄泉也，至则溺焉，故曰，反居水下，其物尽白者，丧之仪也。盖言世之好神仙者，必至于是而后甘心，其未至是，则可望而不可即也，及至是，则又与世人绝，是生人终不可至也。"虽近附会，然可为惑者解。《贯道》一集之得失，尽于此矣。

（清）章学诚著，仓修良编注：《文史通义新编新注》，浙江古籍出版社2005年版，第561—568页

六 《掣鲸堂诗集》

序　汪玉玑

成都滋衡费先生与兄厚蕃先生，并以诗古文辞，缵承尊人燕峰先生世绪，故论西川名宿父子文章擅天下者，眉山苏氏后，竞推费氏。费氏之东来也，以明季流孽肆毒。燕峰先生避贼氛，移家于扬，卜筑著述，启翼后昆。滋衡先生幼仰家学，于诗旨趣尤妙夙成。壮岁游历京华，名公钜卿争相推挽。先生淡于仕进，旋归就舍，与厚蕃先生肆力交劘，所诣益邃。偶有感触，慨忼飞扬，悉于诗歌发之。至乐府一体，直入汉魏，目短曹刘，生平尤有独造。其全稿不下四千余首，晚年自定心得如千首，同人请梓以公好，此《掣鲸堂诗》所由不胫而走海内也。寒家与费氏交联四世，大阮行暨诸伯兄皆从先生游。先生神思渊懿，议论超映，玑于末座窃闻挥麈，殊为神豁。历诵先生之诗，大抵早年沉雄高浑，当于近代岭南三家割取一席，晚岁入蜀而还，恢宕疏老，逾无迹象可求，其余帙未登梨枣者，宇内方共颙望。嗣君执御克荷家教，近以季弟宾南客籍摧伤，慨然发归蜀之想，将捃拾存稿以行。夫自诗学波颓，虫鸣蚓唱，妄纷大雅，非得先生黄钟振响，一扫靡靡，无以正旨宗而维风教。先生所存坊本不供远迩购求，异日搜取无遗，难免人往风微之喟。爰请梓本，留贮广陵，并存所遗余稿行卜，与厚蕃先生《白雀楼集》合锓行世。庶源流不息，非独抚遗编如亲道范，且俾有志问津者不伥伥歧途。其斯道之幸，亦世风之幸与。时辛酉小阳，后学汪玉玑拜题。

（清）费锡璜：《掣鲸堂诗集》卷首，清康熙年间存素堂刻本

诗集自序　费锡璜

癸巳秋，锡璜自定前后所撰诗，乃叹曰：吾诗，他人知之不若自知为明也，与他人序之不若自序为得也。锡璜八岁时，先子尝命与家兄赋牡丹、桃花诗，开口成理，先子为色喜。年十七八，表兄杨先令寓吾家，

先令自许能辨古今诗不爽，尔时欲胜其口，即与先令约，以指掐唐诗一叶，或取古人二句，或口占二句得失赌酒，乃故摘古人稍闲冷句诵之，已又刻意肖古人句诵之，先令卒不能辨，且时倒置，于是先令大惊曰："汝必以诗名世矣。"自是锡璜视诗道颇易，岁辄为数篇，然无常课。戊辰己巳间，先子命余兄弟学诗，日课一篇，法甚严，作数十篇，不取一篇，篇不取一句。既得句，然后命诸人同下一字，常至二十余字，必求至当乃已，故锡璜作诗，常凛凛如将兵临敌也。至己巳夏，锡璜发愤取古今诗陈之，日夜沉酣详味，赋诗至二百余篇，乃悟篇有定格，句有定字，字定句乃就，句合篇乃成，如棋子在格眼，字不可易也。先子喜曰：汝兄弟诗成矣。壬申，刻诗三百篇，颇用意高浑，然七古七律苦曼弱，气不足以驭之。丙子、丁丑，游京师，所遇皆一世名流，然争趋新调，私心不为之动。戊寅、己卯，端意作七古七律，亦至数百篇，而气始滑滑然动矣。是五六年间，颇知诗贵真，以身心所至为诗，不徒貌窃古人。丙戌，计前后约二千九百余篇。癸巳，更计约四千五百余篇，乃自评曰：始步武严饬，然未绝规模；继颇纵横自喜，如吾意所欲言，能取实境而畅发之，然格调亦稍稍自放矣，且夫古人以诗名一代者，不徒以声律字句已也，必其所为有他人不能至而一人独至者，方其至之也。作者亦不知其然而然，若有物焉，使之至者此反身不能喻，而况可喻之于他人也乎。或曰：子之诗可传乎，应之曰：吾诗必不传也，曰：子之诗未及传者乎？应之曰：三百年传者之诗，吾可几也，而吾无名无位，安望其传。吾少负倔强，不能屈意当世，附人成名，若真知吾诗而传之，其俟之异世人耶！癸巳孟秋，费锡璜书。

（清）费锡璜：《贯道堂文集》卷一，清康熙年间刻本

陈乃乾跋

此《掣鲸堂诗》原刻本，极不易得，惜卷末阙附刻三百余首，不知海内尚有足本否。近蜀中新刻本乃李雨村所删选，仅原本三之一耳。当是刻书时未见原刻，故即以选本刻之。卷首汪玉玑序两本字句不同，岂一为初稿，一为定本耶？培孙先生新获是书，出以见示，匆匆展阅，尚未暇详考也。乙丑长至，陈乃乾。

（清）费锡璜：《掣鲸堂诗集》卷首，上海图书馆藏影抄本

七 《掣鲸诗稿》

冯雄跋

费滋衡诗,郫县孙氏古棠书屋所刻乃是选本,此成都樊氏钞本,乃据康熙时扬州刻本誊写,惜残缺过多,然原刻本流传绝罕,得此亦可慰情矣。民国二十九年四月廿九日,强斋。

(清)费锡璜:《掣鲸堂稿》卷首,上海图书馆藏抄本

八 《雅伦》

序 王棫

昔先君子与成都费燕峰先生交数十年,王棫方就塾师,即得奉教先生。后先君子没,先生视王棫故人子,常往来,主王棫家甚久,乃日益亲其微言绪论,每相期望,谓他日必能自树立,克绍先君子之风,王棫则谢不敢任也。一日,顾谓王棫曰:"《雅伦》一书,汝他日其为我付之剞劂。"不肖谨志于心者数年。己丑春,先生长君厚蕃、次君滋衡过留耕草堂,问及《雅伦》,言尚未就梓。予因不胜感叹焉,既乃请其书读之。淹博精深,上极黄农,下该近代,无体不搜,无法不备。议论则要之中和,工力必极其严刻,诚学者之津梁,诗家之衡鉴。播之海内,传于将来,其有裨于风雅,岂浅鲜哉!盖鲜民先生创为之于前,燕峰先生广益之于后,再世相承,始克成书也。乃与两世兄序次而传之。顾予学殖荒疏,未能窥其奥妙,敬志先生遗言以弁于卷首。庚寅仲春,江都后学于王棫拜撰。

雅伦自序 费经虞

圣人善天下后世者,道也。道之所归,六经载之,《诗》居其一。《雅》《颂》之音,王者制作礼乐,盛德成功,歌咏洋溢,所以节宣八风,和流四序,荐天神而礼地只,昭格宗庙,燕享群爪,受天百禄者也。《风》虽民俗歌谣,而优游闲适,享升平,乐熙皞,故巡狩肆觐,则列国以献,太史陈之,斟酌中和,邦国乡人,皆可为用,亦以安协上下,驯致祯祥,诗之所系巨矣哉!先圣孔子乃删为经,兴起学者。自汉以来,讲授不绝,而历代才人俊士,咏歌情性,词赋递迁递变,体格渐降焉。

经虞性鲁劣,未能承先人之学,惟手诗传注,家世旧业,少诵习之。年十八,颇好古学,遂稍用志经史。在诸生间二十余年甫得待次公车,邀一命,远宦南荒。遽丁世变,解组还蜀,行年五十矣。还蜀数载,乱不可存,乃避地远出,羁旅沔县。客中为饔餐计,复授徒村塾,经书之外,无可观者。逾年,褒城张氏迎中男密训其子。张氏膏腴之族,家多藏书。密他日持海盐胡氏所辑《诗法统宗》归。经虞竟阅,训密曰:"先哲高论,人为一编,亦云备矣。若合而次之,更定义例,部分州聚,除削芜猥,收存精要,博稽旁证,使理事昭灿,开卷爽豁,诚风雅巨观也。"老耄不复著述。为指授大略而去。月余密病,遂累月不瘳,以书来上请定,乃为脱稿,八阅月甫就。序之曰:

声音之道,上通于天;《赓歌》遗文,载在《尚书》;《雅》《颂》篇什,录采三代。不求其源,何以知所自始?故序源本为书首。时不同风,人不一性,各出微情,悉谐灵诣,故序体调为第二。体众则规殊,情赜则法变,根据可援,方为典要,故序格式为第三。镕金写物,得范乃成;裁锦为衣,入度始合,故序制作为第四。深诠绝谛,入理丛谈,统具兼资,不可端属,故序合论为第五。凝神极化,非可浅浮,追古垂今,安能卒致?故序工力为第六。圣人删定以后,国史民间咏叹废绝者累数百年,西京创五言之端,邺中诸子继之,六朝因之,下逮隋、唐以至今日,风气相别,辞旨不齐,而媺恶具在,故序时代为第七。人罹疢疾,则药石以攻之;学多疵类,则论说以救之,故序针砭为第八。古人风骨,不可强同,而远致宏词,通微涵妙,各有其本,别为标目,故序品衡为第九。负手行歌,望远送目,披卷偶获,辄有短言,亦可佐《骚》《雅》之鼓吹,使谈论而解颐,故序琐语为第十。长江返照,带之草色而后佳;杨柳夹堤,映以蝉声而多致,故序题引为第十一。包容众汇,本出圣贤,异乎群情,具有厚德,故序盛事为第十二。自江左制韵,守为玉科,然流传久误,众议不同;且一统偏方,声音乖互,故序音韵为第十三。而以诗余附其后为十四。《书》云:"无相夺伦,神人以和。"遂以"雅伦"名焉。夫先王以《诗》经夫妇,成孝敬,人伦教化,移情易俗,虽变风变雅,亦先王之泽也,非徒以弘文丽藻,铺扬盛事,咏歌自适而已。则后世学士大夫与德行高流之言诗者,皆当正其大旨,综以词华,探历根源,参详殊变,是非不谬于圣人,风教可贻于后世。若徒矜才资高敏,记闻广博，杂撰篇章，六义荡然，实时所宗尚，君子亦何所取耶？乃序其旨归，授密藏之。经虞性识椎鄙，见闻陋隘，义理无尽，神解有人，世不乏贤哲，他日观之，补定脱遗，驳正谬误，则愚之愿也夫。成都费经虞撰。顺治乙未春日，中男密谨录于褒中乡塾。

重修雅伦跋　汪玉球

费氏著书三十余种，其登诸梨枣者，如《荷衣集》《汉诗说》《掣鲸堂集》《贯道堂集》诸书，已不胫而遍宇内矣。《雅伦》一书，尤为当世艳称。成于孝贞、中文两先生之手，刻于康熙庚寅间。忆甫成时，余亦曾为校定点画。今夏，费氏文孙执御、邦采两世兄过余斋中，共于尔喈、杨敬一、管颖士、郭万石、罗次岸、洪涉渊、余弟南鸣、侄松庵、醉石，尚论诗歌。余则曰："诗歌之科律，莫《雅伦》若矣。"执御因悚然起曰："年来薄游四方，先世之遗稿未能毕举而问世。《雅伦》所镌，半属春梨，已就脱落。"余闻之，悄然而思，其何能以前贤之手泽，不令之源远流长耶？因命工补缀之，不半月顿还旧观。羽陵之蠹复完，河东之亡再觏，鲁国之玉，雷氏之剑，奚足道哉！时雍正四年六月望日，竹庐拜跋。

叙　汪玉珂

间尝致力比兴，上下往古，窃叹诗之不可苟作，而伪体之亟当裁也。当宋之世，立鲁直为主子而祢工部。赖严羽卿力为振作，挽西江既倒之狂澜，遂开明诗之风气。嗣如明卿、于鳞所选订，亦皆仅仅自守，未敢移易，虽窠臼未离，而卒赖之。兴朝以来，浸浸日盛，才人髦士，直可輘轹唐、宋，度越往昔。然不先河后江，穷源溯流，而伪体不穷，别裁之能事亦出。《书》曰："诗言志，歌永言。"诗不言志，非诗也；歌不永言，非歌也。宣己谕物，言志之方也；文从字顺，永言之则也。故诗宁质而无佻，宁正而无倾；宁为长天晴日，无为别风淮雨；宁为清渠细流，无为浊沙恶渣；宁为鹑衣短褐之萧条，无为天星紫凤之补圻；宁为粗粝之果腹，无为荼堇之螫唇。余尝心识其旨，未见触发。今春侍家严归里，复来邗上。时当盛夏，拂簟梧阴，取费氏所著《雅伦》，得纵观阅，见其溯洄风骚，盘踞古今，胪列盛事，诚有先得我心者焉。然未尝敢狗人封己，少矜所得，举唯人之采择焉而已。后之学者，识所依归，希风尚友，扬抢研摩，更以之针砭俗学，而别裁伪体焉，岂涉鲜哉？时雍正四年夏六月六日,后学汪玉珂拜题。

以上(清)费经虞《雅伦》卷首,雍正五年(1727)汪玉球重修本

雅伦序　许承家

《传》曰:兴于诗。兴者,出乎性情,通乎政教,感人心而天下和平之谓也,故先王重之。夏忠殷质,文未大著,至周二南,乃开房中之乐,而十五国卿大夫与庶士游女之音方达于太史,朝聘燕享皆取用之。圣人删以为经。下迨战国,久废不讲。两汉而后,五言乐府肇焉。自此以还,魏晋六朝,风华益茂,唐室尤盛。宋元近代,著述斐然而体格迁变,议论互陈。当时高流名论,倾动一时,传流后世者,惟见钟嵘《诗品》,然就人而述,非所谓诗话也。若魏文帝《诗格》之类,恐后人拟作。诗话盖起于唐之中叶,两宋最夥,元明以来,古今诗话遂百有余种。为说滋多于古矣,然人为一编,各有所长,各有所短,或得此失彼,或存甲缺乙,或高者孤峻,使人易阻而难从,或平者广收,使人志杂而易滥,未有集诗法之大成者。成都费鲜民先生之《雅伦》出,而后古今体格、名辈才华始兼而不遗。自二帝三王至于晚近,大之郊庙燕享之文,小之杯酒俳谐之语,广之草木鸟兽之观,内之深闺曲闼之思,外之游仙偈颂之旨,靡所不包,无乎不尽,诚艺苑之大观而风雅之渊薮也。其尤关系者,序录盛事,上有资于君德,下欲起于士风;论二氏,详其自来;训帘帷,导所宜止;历陈覆棘之诬,深诫虚谬之害。从文藻之中具劝惩之意,皆本于先王仁义立教,圣门忠恕为传,宁仅以词采美观听与?是书当与《昭明文选》《文苑英华》同不朽矣。先生以避乱来居江都十余年,退处村落,邑中荐绅长老不见先生之面,不闻先生之名。先生没后,交长君此度,乃得见斯编,因叹前辈士大夫深潜纯粹若此。《雅伦》议论精博,不能备述,聊序其大略焉。江都许承家拜撰。

(清)费经虞:《雅伦》卷首,清康熙年间刻本

费经虞叙

《雅伦》成于汉中,所见典籍犹少。既举族而南居于江都,姻戚杨公研涟架上卷轴甚富,遂得遍观。儿子复时时假于亲友,再加补葺,更七八载,比前颇备。迩来风尚,才人佳句,刻摹片纸,转以相遗,文采风流,始悟圣人学诗之旨。盖六经虽皆作自圣人,然通性情而不固,播声

歌而可兴，惟《诗》为最善。当时列国卿大夫相见赋诗，本源于此。六朝以来，名流雅作，并登乐府，唐律曼声，悉有调叶，自宋词曲盛，而诗歌熄矣。今之诗笺，即唐人行卷也，虽不入歌，章平辞短，中材可及，以之适兴，以之颂祷，以之登山邻水，宴会赠答，军中闺阁，无不宜者，此圣人所以谆谆命小子也。观历代篇什文章，与气运相为盛衰，力学君子其毋忽诸。鲜民老人又叙。康熙戊申，中男密谨录于广陵江村野屋。

费密跋

《雅伦》一书，先子孝贞先生客沔县时乡塾中编次以训密者也。密年十六，临川诸生吴其元入蜀，见密赋咏，为说近体沾律格式，其后遇乱，遂岁岁作之，都不知古人矩度，率意狂怪。先子一见辄颦蹙，密授徒褒中张氏，乃见《诗法统宗》，稍稍就绳墨。先子为著此书，朝夕把玩，更与名流讲究，而后晓黄鲁直所谓"欲作锦，必得锦机"也。今已多年，而密诗未进，览是书辄太息不胜。辛亥钞副本，中男密谨记。

以上（清）费经虞《雅伦》卷末，清康熙年间刻本

九 《蜀诗》

《蜀诗》权舆有明洪武迄崇祯，计共得蜀人二百六十四家，选诗一千一百七十六首，旧编二十五卷，今合为十五卷。鹅溪孙氏藏板。

序 孙澍

帝王画州分土，风四民以节义，有一州之山川，必有一州之人物，有一州之人物，相与成一代之文章。固山川亘古不易，而人物文章恒视节义为污隆。古昔十五国之风，贞淫正变不同，圣人著之为经，而民俗奢娱俭啬亦异，诵其诗则其政可知，知其政则贤人君子所以维持其邪者，列国之风由此其采矣。自后世大一统，唐人以诗取士，而体制偏于赋，固当时有初盛中晚之分，而无东西朔南之别，世故谓雕红刻翠而诗纤，月露风云而诗靡，作者虽多授之以政，举不达也。然犹幸赖李、杜、韩、白诸大家，以经时识世之才，为雄博绝丽之学，上窥四始，下明五至，使风雅之源可寻，姬孔之教不坠，虽元宝、长庆辀轩无闻，而庙谟得失，吏治臧否，异代缀学之士舍正史外，犹可按声律得略考镜其盛衰。嗟乎！由周而来，《诗》亡而后《春秋》作；自唐以降，诗盛而

古风微。然流传至今，莫之或废者，非以其忠孝节义俾补于世道人心风俗耶！有明二百七十载，匡时弼义，蜀中率多伟人。贤藩六七，又皆恭敬秉礼，稽古右文，培养元气；名家巨手，金尚志节，懋经济，兼求立功名于时。新都杨用修尤英年早达，著书立言，嫥雅一代，视诗为余事，源本六朝、初唐，以矫李、何诸子竭声尽情、发扬踔厉之失。后力议大礼，远谪滇云，傅粉佯狂，终老荒遐，而忠孝节义，豪情飚流，不可掩遏。家兄瘦石曩尝选订其集，尊为西土大宗，诚有见也。明季桂林太守新繁费经虞仲若辑蜀诗，权舆太祖，迄于思陵，厥子密此度续纂，历国朝顺治、康熙初元，题曰《剑阁芳华集》。近绵州李雨村观察藉为蓝本，订《蜀雅》，炳炳烺烺，具井络英灵之盛。惟取遂宁吕大器、井研胡世安，冠冕三巴。夫世安，崇祯进士也，实逮事我世祖，官至大学士，列其诗，其人之本末具见；若大器，则功业彪炳，卒于王事，详载《明史》。雨村重其人欤，则胜国之孤臣不当与新命之元老共称；重其诗欤，则西山薇蕨之歌不闻与牧野檀车之什并著。若谓讴吟不关事实，将一州之人物无所成名，而操觚之士不免妄作，节义之志荒，山川亦黯无色矣。故予于仲若是编斤斤焉为之校量者，诚以一代之文献无征不信，而蜀风之盛，自汉以来昔人所谓几于齐鲁者，洵非诬云。道光癸巳八月，鹅溪孙澍序。

孙鎮序

文章之作也，广博而取精多；其传也，行序而言有物。言有物矣，尤必待人而后行。有明文章之盛，经义为宗，次则歌诗。江左燕师名公巨手，崇尚台阁，标榜风华，虽规抚之痕未泯而复古之功居多，此其概也。若夫西蜀，天末一隅，惟杨用修之才藻艳人耳目，他或无传。嗟乎，周南之什兼载野人沧浪之歌，不遗童子，苟弗得人为之撰述，使一州之民俗风谣漫漶澌灭，丑于荒烟蔓草也，岂不大可叹哉？然志于古而域于无征之不信，与考据详而谬于雅俗之不择者，亦不足以永文章之传。今费君仲若掞渊云之才，丁板荡之日，逋秦寇，遁烽火，化离沅汉，羁栖江左，乃浩然发奋，肇初洪武，攸卒崇祯，提椠怀铅，不遗耳目。盖自乱离以来，大惧岷峨玉垒间文献将坠，不得已远搜幽索，寓恭敬桑梓之深情。后暨厥子此度，又从而肯构焉，补苴焉，或得诸片纸，全豹未窥；或列鼎当前，一脔自足，去取不尽详审，而井络肤敏，剑阁芳华，显则因诗见事，微亦托事存诗。凡厥哲人，窃尝覆棋《明史》，其功业彪炳者无不符合，而山林遗逸、异代孤臣，与夫畸士潜夫、思姬怨女、方外黄冠羽客，名篇单词，亦随附见，辑为卷帙。其父缵子继，用心与力之勤，盖云伟矣。曩未尝付梓，蜀中人士鲜闻知。道光十二年岁次壬辰，雒张玉泉孝廉以其尊人云谷所钞藏副本见贻。锟近治学，声律益疏，病弗能校，舍弟子皋时司铎渝南，因转寄勷补并错简是正。明年春，子皋告养，回鹅溪村舍，杜门却轨，晨昏余力，东西老屋，风雨一编，相与联床讨论，又历半载而书始成，肆俾梓人聿攻坚木。予嘉厥志，为言曰：是编也，可谓广博而取精多矣；撰次蜀人之行，可谓有序而不紊矣；采撷蜀人之言而衷诸忠孝节义，可谓有物矣。独是迹关一代，阅三百年，入国朝，又阅二百年，俶克传世，虽方隅之幸，亦胜国文章得失大凡也。若谓待人而行，虽后生前贤里闬相望，则有不敢自信者矣。海内大人先生其教之，是又匪独予弟兄之幸也夫。癸巳小除夕，岷阳孙锟撰。

序　汪玉玑

蜀郡新繁滋衡费先生与厥兄厚蕃，并以诗歌名海内。二君趋庭早，承其尊人此度绪论，故艺林至今称之无异词。在昔有宋蜀父子兄弟文章擅天下者，惟眉山苏氏。苏氏后，近推费氏。费氏之东也，以明季献闯二逆祸蜀，故此度避贼氛，移家维扬，转徙江左。此度胜国奇士高人，忠孝知名，诗骚彪炳。滋衡凤慧少成，英伟迈俗，加之以敏壮岁值本朝龙兴，灭流贼，翦三藩，康九围，修典礼，正雅乐，稽古右文。先生游览京师，一时名公卿争相推挽，顾淡于仕进，旋归南旅。左右高堂与兄厚蕃，一门互相师友，诣力交劂，坚险毕造。寒家与费氏四世论交，大阮行暨诸伯兄皆从滋衡游。玑于末座，窃闻至训，渊懿超映，有古风人之遗。其所为篇，大抵早年沉雄高浑，当于近人岭南三家中高据一席。晚岁奉尊人命还蜀省墓，维时流贼草杀之余，巫峡云岩连峰绝壑，莽苍千里弥望，无复人烟。日稷虎啸猿蹄，春来归燕巢于林木，俱于行役诸作见之，益苍凉悲壮，凄恻动人。固作诗也愈多，而于律也愈细，盖不独江山之助，要其遭际使之然与。吾侪末学方共企传诵，先生谦让，什袭蕴存维谨,不肯轻出示人。兹嗣君执御近以壤弟宾南,客籍催伤,维时西土砥平,川涂方轨,执御慨然发首邱之思,校刊全集,贻别南乡,甚盛举也。慨自诗学毕靡,后生细儒虫辩蚓唱,妄分宋唐,非得大雅如先生者,无以尊正宗而维颓俗也。他日人往风微,世之留意风雅及私淑才子,于何观法焉?爰请执御镂板,存贮广陵,并所余遗稿行与厚蕃《白雀楼诗》合锓行世,庶几栾城长公不得专美于前,此天下文章之幸,要亦我国家文教昌明、风气反古之征也已。康熙辛酉十月,后学汪玉玑撰。

以上(清)费经虞、(清)费密编《蜀诗》卷首,道光十三年(1833)鹅溪孙氏古棠书屋本

十 《汉诗说》

汉诗说序　费锡琮

屈平后《三百篇》而赋《离骚》,诗之大变也。秦有仙真人诗,而五言作。汉代继者不一人,作者不一体。孝武之世,创立乐府,而体制大备,诏诸儒作为乐章,间亦采风于士庶。然当其时,善五经者始能解说,一经之士不能通晓。汉乐府即汉人之诗也,其不载入乐府者,十九首及苏李诸篇耳。汉诗多不署作者之名,故不能次其时代递降。而曹氏父子、建安七子,其体调又变焉。再降而骈丽之辞,则古朴之气衰。唐去汉未远,陈子昂已发道丧之叹,况至今日,沿习近体,置六经典雅博奥之文于不讲,取汉古词求之不得者。或置之,或以解近体者解之,又乐工割裂词章以就律吕,或为删易,或取他词窜入字句,或杂以声艳闲字,传之既久,不能分晰。说汉诗者愈说而愈失,愈失而愈不可解。不知者之议论与知者之言并传,既未合于古人,实贻误于来祀。余与舍弟滋衡常持是以相砥砺,而沈子方舟与舍弟有同志,乃前断自秦,后断自魏,上至郊庙,下至杂曲谣谚,毕取而陈说问难,精究其旨趣,求合于古人,以显示于学者,原不与一时之人絜长量力,夸词逞斗。前有千祀,后有方将,能读汉诗者自起而论定之。

沈用济序

余初读汉诗,未能通其义,后得交费子滋衡,刀玉磨砻,始渐有所

人，然未敢笔之书也。己丑夏，归自京师，访滋衡于邗江。见时流竞趋新异，六朝暨唐概置不讲，何论于汉，相与叹息。夫诗不深入汉魏乐府，破其阃奥，而徒寻摘宋元字句之间，是犹溯水而不穷其源，登山而不极其巅，宜乎去雅而就郑，见伪而不见真也。正今之失，非汉诗不可，因各抒所见，名《汉诗说》。世之论乐府者曰不知乐不当作乐府，考于古人，作者未尝歌，歌者亦不能作，为此言者非真知乐府者也。乐府之声亡而音未亡，声亡者，歌伶之节奏无传；音未亡者，文之缠绵慷慨终古长在也。余学殖荒落，未能窥测古人奥旨。滋衡承屡世家学，寝处此中者积数十年，识力独有所到，故立说多本滋衡，世有好学深思之士读是书，亦可知余两人之用心矣。钱塘沈用济撰。

费锡璜序

五七言诗兴于汉，至梁、陈乃衰；陈子昂起而振之，而唐诗以兴，至五代复衰；欧阳修起而振之，而宋诗以兴，至元复衰；李梦阳起而振之，而明诗以兴。诗道兴衰正变，盖亦多故矣。举其大，则有是三者焉。振之在人，诚不可阙，然有善者，有未尽善者。昔子昂赋《感遇诗》，复汉魏风，继之者有李、杜诸公，声雄而实亦茂，骨健而味亦永。开元、天宝之作，几比隆于汉，可不谓盛哉？元祐间，庐陵盛推太白，临川专尊少陵，苏、黄别嗜昌黎，数公之意多在盛唐，不甚称汉魏。以数公之才，仅差胜于西昆，才调独成宋体，而偏杂之气亦所不免也。空同、大复则谓古诗必自汉魏，近体必自盛唐。此诚卓识，然其入汉魏似不及入唐之深，故气雄而味实浅，语健而致不深，能守不能化，未及百年，天下掊击而复衰。唐振之最善，宋明振之未尽善矣。尽善者，其诗于汉人邃；未尽善者，其诗于汉人疏也。鼎革后，诗无专宗，汉魏唐宋，人各有师，互相讥讪。先子中文先生常教诸门人及不肖兄弟，诗必命之读汉人。锡璜初读不深解，尝雪夜泊舟洪泽湖，十日冰不解行，匣中惟携汉诗，日夜读之，颇有悟入，乃叹向之言汉诗者，多似是实非。尝欲说汉诗，天下无和者，钱唐沈子方舟闻予言，独深嗜之，盖方舟于此亦数十年矣。乃酷暑入方舟寓楼，网窗尘壁间共成此书。嗟乎！汉诗之废，千有余年，余两人淹沦草泽，无名位以张大之，而欲此书之传，救一世流弊，如蚊负山岳，发系钧石，用力劳而不克胜矣。虽然，不可不罄吾所知以告天下也。昔太史公传五帝事，曰："百家言黄帝事，其文不雅驯，荐绅先生难言之。"又曰："书缺有间，其轶乃时时见于他说。非好学深思，心知其意，难为浅见寡闻者道。"是知上古之事，文虽难言，必好学深思，心通其意，乌可置而弗讲乎？余乃取冯惟讷、梅禹金、李因笃诸前辈旧本，稍加增益，论次而传之，要皆发吾心思，告学者从入之路。不务诠释，往往不同旧说，知我罪我，听之天下也。其所未备，别见所著《诗坛破的》中。成都费锡璜书。

（清）沈用济：《汉诗说》卷首，清康熙年间刻本

毛奇龄跋

老卧山中，去城四十里，便不能晋接，未免怅惋。间别许久，未见新著，承示《汉诗论鹗》一卷，知我兄近作定当诣极。今人日把宋诗，即三唐亦未窥及，敢言汉耶？少观李沧溟乐府，似全未讲究，视诸乐题为金元曲子牌名，可笑孰甚。今得钟嵘畅言之，品目之中，力阐奥义。此卷一行，庶长安高髻，藉之小减，末流之挽，应不在鲁阳挥戈下矣。何日图晤，念之念之。弟毛奇龄顿首。

王源跋

尝谓旨隐词微，诗之教也。白香山，使老婢能解，尚有诗乎？宋人以香山为宗，以易解耳。且夫风人之词，亦何难解？顾言近指远，未易穷也。六义变化无方，体也，楚骚因之，以极其变，岂老婢能解者哉？后代近古者，莫若汉、六朝，气骨虽漓，作者自能追古。唐人体格虽变，初、盛尚有流风，中、晚乃澌灭耳。宋人率晚唐流弊，今之宗宋，不过以其易解。使人读吾诗者亦欲其易解，不知初、盛，何论风雅？吾子与滋衡发汉诗之蕴以示人，识高论确，上之可溯楚骚，下之不失初、盛之规，真救时之良剂、后学之津梁也。但老婢之学痼弊已深，若不悉蹊径门户，直达堂奥以示之，恐人之心解旁通、闻一知二者亦难矣。吾子以为何如？同学弟王源顿首。

以上（清）沈用济、（清）费锡璜《汉诗说》卷末，清康熙年间刻本

汉诗总说跋

《汉诗说》十卷，新繁费滋衡与钱塘沈方舟同撰。前列总说数十条，自抒心得，直凑单微，洵能发前人所未发。滋衡为燕峰山人之子，燕峰

以蜀人流寓吴陵，擅诗名于江左。家学渊源，良不愧也。乙亥仲夏，震泽杨复吉识。

（清）费锡璜：《汉诗总说》卷末，《昭代丛书》本

十一 《费燕峰先生年谱》

序 孙树馨

余读《扬州府志》《渔洋诗话》等书，知北乡野田村有成都费燕峰先生隐居于此，及交田君与九、费君漱泉先生之裔孙，益知先生为非常人也。去岁冬，与九携先生致及门于咸受丹源手卷墨迹贻余，苍健浑朴，如见古衣冠人物。今又从漱泉处假得先生《年谱》四卷，为其孙天修讳冕先生所编，余不禁狂喜，穷日夜抄之，阅旬日始成。观此《年谱》，则先生之生平行事、师友往来、著述游历，均可知其梗概。据十世孙让泉先生云，先生《弘道书》及手绘诸图，尚散见于北乡一带，余拟与田、费两君更当竭力搜集，庶不致将先生之心血荡为荒烟蔓草，则幸矣。中华民国十四年十月二十日，江都白沙孙树馨谨识。

（清）费天修：《费燕峰先生年谱》卷首，1984年扬州古籍书店传抄本

十二 《费氏诗钞》

序 刘景伯

咸丰六年岁次丙辰二月朔，雪堂上人以新刻费氏诗示余，且曰："吾乡费氏三传皆工诗，滋衡举鸿博不就，遁世无闷之意与仲若、此度同，其诗为蜀中一大宗。晚投东海，谓天下无人知其诗，实谓天下无人知其为遗民者。今录其集并仲若、此度、厚蕃之诗，俾读费氏诗者益重。费氏当时一德，逃名不仕，窜隐山水，流寓秦扬，其感时抚事之见于诗者，大半消磨于荒榛墟莽、风霜冰火之间，谨录所及见者，题曰《费氏诗钞》。"予题之，肃然起敬曰：国家承平二百年，贤士大夫以诗名家者后先相望，或自刊集，或朋友代刊，惟罗江李雨村有《蜀雅》之选，郫县孙子皋有《蜀明诗》之刻，从未有梓乡先辈诗而意主于廉顽立懦者。士君子行已立身，自有本末，后之诵诗读书者论其世，知其人。乃雨村《蜀雅》编费氏父子于本朝，子皋明诗选仲若、此度而略滋衡；沈归愚，

江南名士也，亦编滋衡于本朝而不入明诗之选，非雪堂是编，滋衡竟淹没于二百年后。雪堂为破山十世孙，有戒行，又精戒律，于天地民物之大、古今成败兴亡得失之变，无一芥蒂其胸中；又生值升平，无麦秀黍离之感，何至以孤云野鹤而求知交于二百年前，又何至以槁木死灰鸣咽流涕于断简残编，岂多情乃佛心欤，抑扶植纲常，无古今儒释之间欤？汉安刘景伯撰。

（清）释含澈编：《费氏诗钞》卷首，清咸丰四年（1854）刻本

第四节　新繁费氏交往评论资料汇编

一　孙奇逢

孙征君手书一已下并见先生江都第十四代孙炳庠编辑《费氏家乘》

老夫年忽九十，耳目气血衰耗，无以益吾子远来就正之意。念衰朽少承家学，先祖沐阳公与阳明高弟邹东郭之子讳美者同举京兆，得闻其家学，平生口无伪言，身无妄动，以躬行教子若孙。老夫奉父命从季父成轩公学，此渊源之所自，而尤得良友鹿伯顺之力居多，伯顺深得阳明之学者也。老夫近见得学问一事，原不在寻常数墨较量字句之间。建安、青田、姚江皆效法孔孟，虽不尽同，俱非立异。我辈只要眼阔心虚，实求自信，不必拾人颊吻，随人转移尔。癸丑春中，夏峰九十叟孙奇逢手书，答此度及门。

孙征君手书二

此度留兼山草堂旬余矣，素不闻其师事者何人，友事者何人。今阅其著书，闻其持论，若久在江村侍讲席者。其论朱陆异同，阳明之效，诤论于紫阳，皆确有所见，不随人口吻。至论汉唐诸儒有功于圣人，且有功于宋人，可谓汉儒知己。然此皆往事，犹有人论说，其论目前人，谓某非谏官，持论亦不必太激；某某当国，而令小人溃决至此，亦未免不学无术，此皆予在江村四十年前所论说，此度若习闻之。此度既能世其家学，自能光大师说，老夫拭目望之矣。启泰氏又书。

孙征君手书三

王文成公之学，邹文庄公得之，传其子昌泉公讳美。先大父敬所公

讳臣与昌泉公同举嘉靖辛酉京兆榜，得闻其家学暨其著述，以授先季父司训公讳丕基。不肖逢奉父命从受学，尤得吾友鹿忠节讳善继切磋之力。成都费密事予山中，因述付之。癸丑春日，夏峰九十叟孙奇逢授命，季子博雅敬书。

孙征君手书四

从来聚首之难，然同此覆载照临，犹比屋而居也。此度勉之。临路手书，启泰。

以上《弘道书》卷后，大唐关氏怡兰堂《费氏遗书三种》本

题费此度中传论

《中传论》取子贡"识大识小，莫不有文武之道"一句做主，而兼取诸儒之说以辅之，反复辩晰，甚为详赡。其中以毛血明水、后稷文武为喻，尤令人心折，可谓汉唐诸儒知己。老夫《理学宗传》于董子、毛公、文中子、韩文公诸儒皆不敢遗，亦先辈之绪言也。湛虚张公常与老夫言：汉儒大有功于圣门，其去圣人不远，传义悉有所授，即宋儒寻求坠绪，皆赖汉儒之力，谓其茫无所知，此亦未可尽以为凭也。惜湛虚已往，不得睹此度之论，令一抉耳。

（清）孙奇逢：《夏峰先生集》卷五，清道光二十五年（1845）大梁书院刻本

送费生南还

成都费密此度游燕赵间，得予《岁寒居集》，其尊人鲜民公阅之而有合也，令其徒步事予于空山清寂之中，予愧无以益此度，而感鲜民公有知己之言，于其归也，口占一首送之。

若翁遗命令从游，北地南天喜应求。闻所闻兮见所见，归携何物慰冥幽。

（清）卓尔堪辑：《遗民诗》卷二，清康熙年间刻本

二　王大经

复费此度问丧礼书

大经白此度足下，闻此度名藉甚。称此度者，皆谓此度诗古文辞直

欲颉颃古人，此其自命不小。独恨枯守一隅，未获识此度之面，与此度把臂联床一快谭天下事耳。顷更留心典制，欿然以丧礼下问。嗟乎！丧礼道废，世之不讲久矣。非仁孝豪伟以名教为己任，岂能慕古惩俗，毅然求其礼之正者而守之哉？来示谓古礼与会典不同，然先辈有一定之称，今《家礼》只有孤子、哀子、孤哀子，而《家礼》所无者，后人妄以己见为称，宜考隆、万间先辈所行以补之，甚善甚善。愚谓古人制礼，本缘人情，即起古人于今日，亦不过斟酌损益于人情之间。故曰："礼非由天降，非从地出，入情而已矣。"虽隆、万间先辈所行，亦有合有不合，未可悉依以为据。至于《礼记》中《丧服小记》《祭义》《祭统》，多出汉儒之杂，惟《仪礼》犹然圣经，而情文不备，故后世考古者无所折衷。今就明问，于每条之下各疏所见，惟此度采焉。

明问礼父殁有继母，前母、继母俱有子，古何称？愚以前母之子宜避继母之嫌，而去其哀子之称，盖继母亦母也，亦宜服三年，亦宜称哀子，故当其生存而嫌不敢不避。惟前母之子在母丧中，未及终三年而临父丧，则与继母所生之子异称焉可也。异称者或兼称曰孤哀，或止称曰孤，盖各据其见在所遭而道其实也。

明问父殁数日后祖父殁，古何称？祖父殁数日后父殁，古何称？愚意二者均宜称承重孤子，《丧礼》孙为祖父正服祇期年，父殁则承重，若父殁祖父存而祖母殁者，厌于祖父，礼不得承重，众孙、庶孙不得为祖父承重，虽庶孙当为父后者承重。夫父殁孙为祖父承重者，以父当为其祖服三年，今以殁在先，则未得尽其情，未得尽其情，则是为父者不得其子之报，而为子者亦遂不报其父，生者死者均有遗憾于其心，非所以教孝，故令为之孙者代为之服，以申乃父罔极之思也云尔。传曰："夫孝者，善继人之志，善述人之事。"孙为祖承重，则代父报祖，固所以成父之孝，而成父之孝即所以孝于其父也，故二者均宜称承重孤子。但父殁在先者，先除父服，仍服承重，以终祖父之余日。其未除父服也，称承重孤子，及乎既除父服，则但称承重孙已尔。祖殁在先者，先除承重，仍服父服，以终其余日。其未除承重也，称承重孤子，迨乎既除承重，则但称孤子已尔。然此其自称于灵座神主之前者为然也。若逾乎三月而概施于交际，亦只宜如近世一制字可耳。盖终丧王制也，承重亦王制也，故但一制字可概之，又何事过为区别乎？至于祖母殁数日后父殁祖父存，孙既厌祖父而不承重，则称之期服孤子，夫岂有议焉？若无父之庶子，嫡母存而遇生母之丧，斟量其称，亦曰不孝子而已。《礼》父妾之有子者，众子为之服缌麻，言众子则嫡子亦在其中矣。嫡子且为之服缌麻，则众庶子为有子之庶母服缌麻，固不问其嫡母之存与不存也。称名于古无可证，即浑称缌服，似亦无伤耳。凡丧服之得以其人存亡异制者，独指三年大故有关尊卑名分者设耳，外此则无庸禁矣，所以不必问其嫡母之存否也。

最后乃问及于继续之一事，谓为人后已生子而其本生父母无他子，复归宗，所生之子未同归宗而为所后之人之孙，若所后之人殁，归宗之子见存，而所生之子为人孙，为后之人又无他子，古何称？愚则直以一言断之，以当同归其宗而已矣。是何也？业出继为人后，本生父母无子而礼得许其归宗者，不忍绝其本生父母而嗣他人也。使此归宗之子而有二子三子焉，于其所生所继分嗣而两传其绪，是诚情礼之允当者矣。若止一子而乃不挈之同归，则其本生父母仍绝无传也，又何取于归宗哉！然则如其嗣父何？曰父子同归而姑留其子以终所后父母之养，俟其殁而殡敛葬祭以礼焉。至于服，则一准乎本人亲疏之当然，如绝远无服，则但素服以襄其事。所后之人大率为其祖父行，有服则称某服侄孙某，无服则直称侄孙某，事竣而后返其宗，是亦恩义两全之道也。

来示又问麻冠衰衣，服满藏何处，及父在子殁有孙，立主否？主袝庙否？按《丧礼》第四日大敛，乃成服，期而小祥，设次陈练服，再期大祥，设次陈禫服，服除，断杖弃之屏处。杖与麻冠衰衣固类也，杖可以断而弃之，则服终之麻冠衰衣非古人之所重也明矣。其言杖而不及麻冠衰衣与练服禫服者，非略也，言弃则可惜，言藏则贮之无用，非若祭冠祭服之当致敬而守也，故不若阙之，以听后人之自便已耳。古人既葬，皆题主，使父在而孙不得为子立主，神于何依乎？但止祀于家而不得袝于庙。庙也者，祖宗之所在，其父四时当祭告，而其子之神主俨然倨其上，其谓之何？必俟父殁而后袝庙焉，亦礼也。愚所见如此，非敢谓于礼有当，遂深信而不疑，特不欲虚明问，故据臆直抒其管测，以备采择尔。若有好古博学，深悉典礼，更有加详于此者，愚虽不敏，愿伫俟明教，以匡我不逮，幸甚！草复不尽，大经顿首。

（清）王大经：《独善堂文集》卷一，清嘉庆二十二年（1817）春晖堂刻本

三　冯煦

蜀费此度先生，明季贞士，辟地广陵，清操朴学，为遗老之冠。著述极夥，半归散佚。有《弘道书》三卷，力破宋儒学统之说，旁稽博采以为之证。而宗宋儒者深不满之，蕲水陈仁先侍郎其一也，其从子尚诠诋之尤力。同年王病山布政蜀人也，服习是编，奉为圭臬，有与尚诠书曰：

归后诵手示，敬悉一一。令叔于《弘道书》必格不相入，仆前函言之矣。今足下所批，亦皆衍令叔之言而益求抵牾者。此书翻异千数百年学案，欲求折衷一是，诚未易得其人，然苟虚心研理，不为诸儒语录之说所锢蔽，未尝无离合得失之可求。如必暖暖姝姝，守一先生之言，曰令叔之意，似尤以今日世界更不当议程朱者。其实今世界方将废六经，黜周孔，又岂仅推崇程朱能挽之耶？正恐因拘守程朱之说而道不能宏，反为周孔累耳。孔子之道独传于程朱，程朱之说悉符于孔，背程朱无异于背孔，子则□此书□可也。仆于此书未尝悉谓惬当，要之凡所条议，大都为国朝诸儒习见之说，费先生特荟萃而发明其义。所引据者，经所左证者，史所参考者，前人之论箸，决非妄肆胸臆、放言高论可以一笔抹煞者。比其视程朱，皆人品甚高而纠正其学说之不可从者，乃自比于诤臣诤子之列，苦心孤诣，亦已较然诚于此。欲加争议，平心静气，蕴义正宏，今乃仍执程朱学说与程朱一脉之传所墨守不易者，推崇张大，务为凌折而压服之，又蔽以一言，曰诋谬，曰敢为大言，所谓不求其端，不讯其末，而惟异己之言是除，门户之见是徇者，加之此书，期期窃谓不可。天下惟禅宗之学，其高僧数人，动言坐断天下古今人舌头，盖其理本玄奥，慧自天通，未至其境者，无从置喙。若孔子之道，根柢六经，明白简易，人人其见其闻，反求于心而皆得其安焉。有执数卷《语录》为铁案，遽欲封断天下后世人言学之口者，且如道统之说，上扫七十子，下扫汉唐数十百贤儒，而以私淑之程子，直接思孟，天下古今之大言，宜无若朱子者。今忘朱子为大言，而斥夫求为诤臣诤子者为大言，则毋乃习焉不察也。又足下所批，尚有两处尤令人愕然者。一为论杨子云，往年湘人王龙文著刊散文二册，曾见称于散原，因索得观之，其中痛骂杨子云甚多。因面质散原，略谓自汉至唐，皆推尊子云无异词，更无议

费密学案

其失节者，谓汉唐之贤皆不知名节，可乎？自莽大夫之书法出，而后人人以骂子云为能，此事恐须平议。凡《剧秦美新》之为他人伪托，与《法言》安汉公一条之为后人窜入，考据家言之详矣。即就班史观之，本传有褒无贬，其始为郎，因年次转秩大夫，而所职止于校书，投阁之后，已谢病去矣，及莽复召为大夫，当不过仍充校书之职，其下文即叙其家贫嗜饮，赖好事者载酒问字事。此其禄之微薄，职之闲冗，可以概见。此汉唐人所由不以失节责之也。散原极为赞同谓王文谈理疵颣甚多，所称者别有在耳。今阅《弘道书》，乃知鄙见适与暗合，至子云当日是否畏祸不去，史文既略，尚当阙疑。而费氏必以畏祸为解，已可不必，又引及孔子之仕鲁，于措词稍似过当，要之于平议子云大意无害也。大约古人论名节，不如后世之苛而隘，其节义之烈者，未尝不矜而异之，否亦不专以失节罪人，如齐庄之难，荆蒯驰归而死，《左传》及《韩诗外传》俱称之，晏子则曰："非其私昵，谁能死之。"是褒荆蒯，未尝必诛晏子也。微子、箕子，殷之三仁，而受封于宋、于朝鲜，以后世之论，则贰臣矣。又孔子许管仲之仁而不答其不死，亦可相参。足下于费氏之申辨子云至责为名节扫地，而曰议论宗旨如是，无复足讥，此已非仆所能喻。又极而推之，以樊某之仕袁贼为比，夫樊之为人及其仕贼，可与子云同日语乎？费书之辨杨又可移之以辨樊乎？其引费书一遇乱离及饥饿一段，此段大意极论空言之学不能救世，而引生平亲历之境所感触者发其端。覆按文字，并无疵颣，谓其时虽心在腔子，即物穷理，致良知，何补救世，是明其实空言，不能救世。理最易明，何必待乱离饥饿时始能悟及？先生议论，必求透辟，求质实，故述所身历者言之，究之于文，又何害耶？指空言无实用，目睹弱肉强食尚不能救，此与因穷饿而遂至隳名丧节之人，有何干涉？足下乃断章取义，谓一遇穷饥，心中无守，遇黠寇出示安民，亦将颂之。如此推勘，既已奇绝，乃又引而伸之，极而斥之，曰观其所言，不过穷斯滥矣之小人，何足言学。此等骂法，直与原书之文若不相蒙。陈同甫《上孝宗书》有曰：始悟今世之儒士，自以为得诚意正心之学者，皆风痹不知痛痒之人也。举一世安于君父之雠，而方低头拱手以谈性命乎？此正与费氏书同旨，而词尤激。同甫与朱子至交而异趣，有往复辨学书凡七，具在两贤集中。又前人曾讥符离之战所死卅万人，而南轩述乃父是时在军中，能不动心，以此为称美。此二说皆可与费书参看者。此二处，皆闻之咋舌。夫费先生，贤儒也，本传具在书中。能读群书人也。其针砭程朱离合得失，当非我辈能判。要之，有志经世之学，为孔子所不废，断断然也。孟子谓："说诗者，不以辞害意。"足下前半所批，仆虽不谓然，所争犹在义理。若此两处，寻章摘句，吹毛索瘢，乃至丑诋毒詈，若有深仇夙憾者然，宜不至此。吁，何其甚耶！仆之浅陋，乌足论学，又素日畏阅《语录》，如足下所引，多未寓目，更乌足与贤竹林论学？比因阅费书，私谓足资讨论，因本陶诗赏奇析疑之语，述之足下。既彼此所见判然，固当默尔而息，各从所好。前函因有暂从搁置之请，不息必争，如朱陆，皆大贤，而鹅湖之会，几无复儒者气象，此何为者耶？乃足下三次手书，言之不已，尊批必责以答复，遂不得不率臆以对。然言之冗长，徒添枝蔓，而无益商榷，殊不如寒夜一灯，同打诗钟之有兴味也。

（清）冯煦：《蒿叟随笔》，《近代中国史料丛刊》第七辑，文海出版社 1973 年版，第 372—379 页

四 王士禛

费密

费密，字此度，成都人。少遇逆献之乱，窜身西域不毛之地，已乃溯汉江，下游吴楚，居淮南老焉。常寓泰州，泰州守知其贤，为除徭役。予曾见友人几上一卷，偶取视之，其首篇云："大江流汉水，孤艇接残春。"询之，乃密作也。遂赋诗与定交。密跛一足，后往苏门谒孙钟元，称弟子。著《鹿峰集》。

（清）王士禛：《池北偶谈》卷十一，清文渊阁《四库全书》本

余在广陵，偶见成都费密字此度诗，极击节。赋诗云："成都跛道士，万里下峨岷。虎口身曾拔，蚕丛句有神。大江流汉水，孤艇接残春二句即密诗。十字须千古，胡为失此人。"密遂来定交，如平生欢。

（清）王士禛：《渔洋诗话》卷上，清文渊阁《四库全书》本

读费密诗

成都跛道士，万里下峨岷。虎口身曾拔，蚕丛句有神。大江流汉水，孤艇接残春二句密诗。十字须千古。何为失此人。

（清）王士禛：《渔洋山人精华录》卷六，《四部丛刊》景林佶写刻本

送杨东子孝廉归广陵兼寄费此度

淮南三月春江绿，游子归帆指江曲。客路惊逢黄鸟新，到家正及樱

桃熟。杨郎风调绝世殊，少年能读等身书。手将玉麈都无别，琼树瑶林定不如。去年壮游轻万里，滟滪瞿唐片帆耳。峥嵘赤甲罗胸中，突兀黄牛压篷底。司马桥头驷马归，杜陵花发试春衣。长安官舍一杯酒，却忆扬州初见时。扬州城西蜀冈路，犹记当年冶游处。归语成都卖卜人，乘查欲访支机去。杨、费皆成都人，寓淮南。

（清）王士禛：《带经堂集》卷二〇，清康熙五十年（1711）程哲七略书堂刻本

寄怀费此度

避地彭门叟，高踪市令稀。著书东海曲，秋水闭柴扉。灌口家何在，灵关戍不归。岷江来万里，西望苦沾衣。

（清）王士禛：《带经堂集》卷三〇，清康熙五十年（1711）程哲七略书堂刻本

野田途中

辘辘车声转毂忙，霏霏细雨湿衣裳。不见成都费此度，春风吹送野田庄。

费家信：《明清学者费此度》，《江都文史资料选编》1987年第4辑

五 孔尚任

成都费此度屡访论学

孤踪野服世难宜，避乱江干发浩悲。垂老名成随社懒，经春雪大出村迟。夔州奥句家能诵，洙水真源世少知。同坐春风花好处，忘言却到古皇时。孝威云：句句燕峰心事，以健笔写出，删尽时蹊。

（清）孔尚任：《湖海集》卷四，清康熙间介安堂刻本

答费此度

暑天劳步，未得罄欢而别。承示学术指归，洞若观火，已书绅服膺，永佩高贤之教矣。乐律深邃精微，非狂鄙所能窥，但凤承家学，幸有备官遗器，存什一于千百。二十年来，悉心考证，已试之于阙里，行之于雍宫，仍恐讹谬相沿，失古人良法美意。新秋凉爽，肯命驾相商，期于尽是，汇成一书，以垂示后学，则仆之苦志得先生而甘矣。

与费此度

昨晚快论，各发胸臆，虽不能不稍有异同，然皆真知确见，非依旁附和之谈。直，谅，多闻，正可彼此相借耳。归来细思先生之论，主于尊经，乃圣学之津梁。街南之论，主于诚意，亦人心之砥柱。而愚见主于格物者，乃小学末艺，譬诸洒扫应对，盖亦恐人驰骛高远，将耳目所及者，毫不经意，未免又趋于省事一路，故不惮于最粗最浅者。触类旁通，必求无疑而始慊，此下学上达、困知勉行之次第，况《大学》齐治均平皆始于格物，愚何敢躐等以自谬于家学，且背两先生尊经诚意之旨也。区区鄙见，故又及之。

以上（清）孔尚任《湖海集》卷一二，清康熙间介安堂刻本

六　冒襄

腊月既望得费此度寄札并诗四首病不能答口授五字诗二首即用移居登楼原韵

辟地娱亲志，迁居乐古风。诗书随分内，仁孝在其中。缩地还思蜀，信天聊作翁。邻楼宜眺望，应见海云红。

良书来雪夜，伏枕不能回。许与片言重，诗篇老境开。腊残情迫促，春早兴方来。寄语东邻友，同登百尺台。

（明末清初）冒襄：《巢民诗文集》卷三五言律，清康熙年间刻本

七　陈维崧

赠成都费密

三载扬州城，逢人问费密。朝出问里儿，暮归问驿卒。扬州风俗夸轻肥，何人能知老布衣。或云成都跛道士，少年缚屋青城里。五字能为石鼎诗，一足颇类习凿齿。或云密也磊块人，意气孤岸尤难亲。摄衣直上公子座，膝席岂避诸侯嗔。其余十问九不应，中心然疑莫能定。今秋我复来芜城，有客怀刺通平生。乍见姓氏已相贺，复睹状貌还趣迎。七月已至六月破，扬州城中秋水大。为言锦城十万家，乱后巴童余几个。葭萌关上大杀伤，褒斜谷中多战场。笮间袅袅绝鸟雀，栈外杳杳无牛羊。公孙楼橹只衰草，丞相祠堂空夕阳。蚕丛径仄路难取，秭归往往啼

瞿塘。白帝城高水云白,只今漂泊离乡国。木棉花发几回红,十度思归归不得。又言生平事读书,负大志,开口不习二代书。结发人言管乐器,每逢知已必缠绵。十日要当九见诣,出门疾若千里驹。行步昂藏真丈夫,乃知识君苦未易。向客所言何不类,劝君何必居扬州,扬州里儿难与谋。

（明末清初）陈维崧：《湖海楼诗集》卷二,清刻本

八 杨宾

所思二十九首·燕峰

见说乡关梦可怜,来春欲上峡江船。人生何必成都好,旧日南阳今野田。

（清）杨宾：《晞发堂诗集》卷四,《杨宾集》,第40页

亡友·费燕峰名密,字此度,成都布衣

巴蜀多文人,燕峰此其一。学自姚江来,文从汉唐出。传经数十家,著书百余帙。野田长蓬蒿,燕峰流寓泰州之野田。人指仲蔚室。

（清）杨宾：《晞发堂诗集》卷七,《杨宾集》,第76页

九 吕潜

寄费燕峰野田村居

野田烟水深,作客遂高吟。江海冥鸿侣,乾坤老骥心。秋怀惟独喻,乡梦许重寻。短剑光如拭,应无塞雪侵。

其二

幽居贫自好,道在不求知。力学星霜苦,忧时鬓发垂。避人疏旧事,慰我出新诗。欲载吴陵酒,云深拨棹迟。

其三

剑外从军罢,蹉跎三十秋。先人遗迹在,战血满西州。书记方年少,家山占上游。一从烟雾散,犹幸接风流。

其四

经术传先世,辞家忽远游。一灯泗上业,万里杜陵愁。吟入兼葭暮,

篱开薜荔幽。谁怜头半白,旧梦起沧州。

《诗书画大家吕潜》,现代出版社 2016 年版,第 41—42 页

十　刘道开

和费此度杂诗

闻说吾生亦有涯,野人微尚在烟霞。墙东便是王君宅,谷口原宜郑子家。无事焚香常读易,有时汲水自烹茶。柴门昼掩容谁叩,只许风来扫落花。

（清）卓尔堪辑:《遗民诗》卷三,清康熙年间刻本

十一　赵司铉

拜将台和费此度韵

高台遥指碧流斜,何处东陵可种瓜。荒砌有烟笼远树,空江无雁落残霞。登台事已成千古,守冢人谁置万家。曾向淮阴寻钓址,断堤衰柳宿寒鸦。

（清）卓尔堪辑:《遗民诗》卷七,清康熙年间刻本

十二　龚贤

与费密登清凉台

与尔倾杯酒,闲登山上台。台高出城阙,一望大江开。日入牛羊下,天空鸿雁来。六朝无废址,满地是苍苔。

（清）卓尔堪辑:《遗民诗》卷八,清康熙年间刻本

十三　王璲

赠费此度

莫惊大雅未能陈,自古文章信有神。忽遇成都费此度,眼前犹见读书人。

十四　郭奎先

赠费此度

舟行同费密,一路苦高吟。精绘禽鱼理,清闻山水音。瘦腰怜沈约,

妙檄压陈琳。岭外多形胜，探奇子独深。

以上（清）费经虞、（清）费密辑《剑阁芳华集》卷一五，清抄本

十五　李先复

赠费此度先生

大雅高名夺彩霞，凌云健笔自成家。故乡乱后遗音在，异国春来归梦赊。石室钟灵起八代，金声嗣响振三巴。邢襄别后亲綦履，培塿无能仰太华。

（清）费经虞、（清）费密辑：《剑阁芳华集》卷一七，清抄本

十六　张以正

赠费此度生日

久旅尘嚣□不欢，著书遥起并欧韩。还卿辅嗣能谈易，似薄韩非与说难。五维五经期自寿，江花江月共人看。传来家学袍衿在，好付诸儿作舞襕。

难营一壑办栖幽，狂顾江天四望周。闲赏偶寻梅岭伴，长吟姑赠蜀冈酬。林间药裹芝苓健，物外胸怀泉石幽。王气一消南渡后，含悽空阅岁华流。

（清）费经虞、（清）费密辑：《剑阁芳华集》卷一八，清抄本

十七　范文茨

峨眉山万年寺送此度往荣经省觐

敝衣犹剩老莱斑，负米虽归不是还。世到乱时都作客，途当险处更间关。几年草檄伸孤愤，累月移家近百蛮。瓦屋峨眉俱历过，满头风雪当游山。

十八　张注庆

濯足仙女潭同费此度作

濯足仙女潭，潭水清且洁。轻条出其间，后先悉成列。长此浥寒流，

芳饵非所悦。日暮望山云，渔歌两岸彻。我友醉浊醪，为探冯夷穴。载咏吴隐诗，不见心如结。

十九　冷时中

汉中柬此度

偃仰他乡客，君无一草堂。青年甘隐逸，白雪见文章。归计贫难定，孤怀醉易伤。暇时须过我，暂得慰愁肠。

二〇　邱履程

寄费二参军此度嘉州

刀鋋初出骨空存，又曳轻裾上将门。才略自能追越石，旌旗谁复似桓温。芙蓉丽发新文藻，薜荔衣香旧梦魂。志士何妨聊袖手，不如归去听啼猿。

二一　姚英逊

过野田访费燕峰前辈

每忆扬雄宅，春晴戴酒过。抱门溪水曲，隔树鸟声和。作客依淮海，传经卧薜萝。锦江离乱后，不是旧山河。

二二　胡羽鹏

寄此度先生

先生偃仰卧茅茨，水满菰蒲石满芝。镇日注经绛帐屋，终身谈道白牛溪。儒林序录人惊盛，实业铺陈世始知。索米养亲归未得，一编长跽在何时。

二三　蔡治

野田省燕峰夫子

隐逸存耆旧，东陵自力田。野花迷榻外，短竹拂阶前。细录遗经注，长留古史编。追随鸡黍治，直似到斜川。

二四　陆御

燕峰先生谒容城孙征君受易还

成都费夫子，问道入中原。秋水黄河注，寒沙白日昏。深心存礼乐，古学见渊源。自拜征君后，归来又闭门。

二五　郎新枝

赠此度先生时招游彭城

江东灵秀擅升州，数载携家作卧游。自许名山藏著述，岂弹长铗说穷愁。千秋功业乌衣巷，六代风烟白鹭洲。拾得茅君新枕秘，还来篯里问丹邱。

二六　于澣

送费此度之秦邮

客况浑疑梦，愁心懒问家。半年从旅病，一棹及桃花。水国鱼虾贱，邮亭竹树赊。好寻淮海迹，长啸是生涯。

寄此度先生

昨岁乍分手，今秋尚离群。梦回燕市月，人隔海天云。去日囊无物，归装篋有文。何时来把读，醇饮醉斜曛。

二七　于王臣

怀燕峰先生

蓟北天寒日，南中客思深。渐当花欲发，常对酒空吟。羁旅孤城夜，征途万里心。近闻传绝学，鸾啸有知音。

二八　于王栋

送燕峰先生往苏门山谒孙征君

千里忽命驾，独为河北行。要存吾道在，不敢惮长征。学易成三绝，遗贤备五更。归来尊酒罢，细问鲁诸生。

以上《燕峰诗钞》卷末《天下名家赠此度先生诗》，二自山房抄本

二九　孙淦

维扬访费此度先生

浣花野老住邗沟，不负春风几日留。家祸未平难闭户，世情学涉偶维舟。峰头榻接苏门啸，江上书分太子楼。欲借高谈频剪烛，携归聊当锦官游。

（清）孙淦：《担峰诗》卷一，清康熙年间刻本

三〇　张坦

邗上迟费燕峰先生不至

遥想城南水竹居，沧桑历遍近何如。兴酣载酒难留客，贫到关门只著书。芳岸飞花闲画舸，朔风吹雪阻柴车。相逢共蹑金山顶，万里江天落照余。

（清）陶樑：《国朝畿辅诗传》卷二五，清道光十九年（1839）红豆树馆刻本

三一　杨岱

费燕峰姊丈五十生日

自我依夫子，谭红二十年。盛名长自退，有道孰能先。夜雨荒村酒，秋衣野树烟。太常因革礼，重与后苍传。

故国驱青犊，参车旧紫微。当时传气节，我辈尽光辉。曲罢琼箫歇，春残杜宇飞。耕耘藏大略，藜藿着深衣。

费此度移家海陵

先生闻道早，近海入孤村。竹密飞禽满，云寒过水昏。全家安藿食，学易闭柴门。故国八千里，归心不可论。

以上民国《新繁县志》附《新繁文征》卷一五，民国三十六年（1947）铅印本

三二　张潜

哭费燕峰夫子

卜宅东陵上，飘然作隐沦。霜毫征逸事，黄发见遗民。风雨孤村夜，

莺花故国春。伤心淮水侧，千古未归人。

（清）曾燠：《江西诗征》卷六八，清嘉庆九年（1804）刻本

醒言曰：成都杨东子尝问诗法于费燕峰先生，乃曰：先贤有个微妙精深的秘诀，今以遗子，善守勿失。一起便一落，一露便一藏，一到便一转，一过便一舍。起落者势也，露藏者意也，到转者篇法也，过舍者句法也。知起不知落则失势，知露不知藏则失意，知到不知转则失篇，知过不知舍则失句。起要陡，落要捷，露要含蓄，藏要了然，到要实在，转要透脱，过要轻妙，舍要断绝。此四语原相为用，各自成局，一首或全有其法，或不全有其法。千岐万派多不出此四语，所谓啮镞良岐，苟非其人，莫妄传授。

（清）张潜：《诗法醒言》卷二，清乾隆年间刻本

王右淇曰：国朝诗虽无定体，约而言之，如钱牧斋、费燕峰之温柔敦厚，龚芝麓、周栎园之高宏博硕，吴梅村、费苇罾之风华飘逸、和平温厚，皆足以媲美唐贤。

（清）张潜：《诗法醒言》卷一〇，清乾隆年间刻本

三三　周仪

费苇自成都归携草堂石刻杜少陵像集同人拜观共赋

成都诗老来故乡，手携一卷松煤香。开缄获瞻子杜子，遗像肃穆生幽光。饭颗之嘲殊不尔，高颧广颡神清扬。范金丝绣曷足贵，片石摹刻同球琅。忆昔青骡蜀山走，拾遗麻鞵衣露肘。老臣扈跸万里从，豺虎纵横龙在薮。草堂寄迹何穷孤，忧时愤俗诗千首。杜鹃再拜陈苦词，却与离骚同一手。君家诗律法少陵，诵法时时不离口。瓣香从此得神交，俎豆斯图传不朽。

三四　于璠

送费厚蕃之楚

蝉鸣秋已暮，之子独南征。残月天涯梦，孤舟江上情。楚云断吴岫，巴水接方城。料得停桡处，江枫落叶声。

以上（清）阮元辑《淮海英灵集》丙集卷三，清嘉庆三年（1798）小琅嬛仙馆刻本

三五　朱玉蛟

送费滋衡

晓云急西飞，为有清风速。柳色映离筵，酌君尊酒绿。

（清）朱玉蛟：《白松草堂诗钞》卷六，清乾隆年间刻本

三六　屈大均

西蜀费锡璜数枉书来自称私淑弟子赋以答之

诗歌岂敢作人师，私淑如君乃不疑。风雅只今谁丽则，不才多祖楚骚辞。

古诗源向汉京寻，十九情同三百深。唱叹泠然清庙瑟，朱弦疏越有遗音。

开元大历十余公，总在高才变化中。谁复光芒真万丈，谪仙犹让浣花翁。

（清）屈大均：《屈翁山诗集》卷八，清康熙年间李肇元等刻本

三七　沈德潜

题万里归蜀图费此度因张献忠之乱，自成都徙扬，后欲归未果，子若孙相继还，成先志也。

蜀道乱枭獍，移家淮海滨。百年怀水木，三世梦峨岷。子越千重嶂，孙抽万里身。滋衡先归省墓，侄元举继之。后先能继志，不负锦江春。

峡里船凭缆，危崖百丈牵。千层穿白浪，一线上青天。烟火疑城堡，松云想墓田。到家偿夙愿，洗眼认山川。

（清）沈德潜：《归愚诗钞余集》卷二，清乾隆年间刻本

题繁川春远图送费滋衡归蜀省墓

春云渺渺繁川路，万里归人此中去。澄江巴字向天回，约略云安郭边树。淮海飘零五十年，故乡城邑尚依然。知君瞻拜松楸道，落日空山闻杜鹃。

（清）沈德潜：《归愚诗钞》卷八，清刻本

[费锡琮] 克传家学，五言亦有"大江流汉水，孤艇接残春"之概，

新城王尚书惜未见其。

［费滋衡］熟古乐府，诗中苍苍莽莽，时有古音，然亦不无粗率处，淘汰之，取其古而近雅者，迥异时流。

（清）沈德潜辑：《清诗别裁集》卷二五，清乾隆二十五年（1760）教忠堂刻本

三八　陈宝璋

题费氏先墓

城头东望晚烟迷，垂柳垂杨夕照低。遥指费家先垄在，残碑断碣草萋萋。

烽烟一自靖中华，几见扬州客转家。惆怅年年寒食节，墓门闲杀野桃花。

民国《新繁县志》附《新繁文征》卷二〇，民国三十六年（1947）铅印本

三九　吴邦治

题费滋衡先茔图

有客东海来，停舟烟波里。囊携千首诗，手持一卷纸。石公妙兹墨，貌其先茔垒。激湍带郭斜，松柏刺天起。斯境何境中，井□难具拟。削壁一万层，危峰几千里。中有雄波澜，奔雷吼未已。杜老行不得，五言存地纪。白也道之难，诗标万一耳。孝心发中夜，为副先人旨。艰险任男儿，危途从此始。皇天乐善行，佑助固在尔。何限富豪人，甘心作肉鄙。舞衣浪晴霞，朱弦咽皓齿。岂无丘与墓，荒榛不轻履。咄哉万里行，吾爱费夫子。

（清）吴邦治：《鹤关诗集》，清康熙年间刻本

四〇　杨钟羲

新繁费氏仲若、此度、滋衡三世工诗，滋衡子轩，字执御，能以诗世其家。《春闺》云："豆蔻风微二月时，曲栏亭畔雨丝丝。梨花半树将成雪，下着珠帘总不知。"《红桥柳色》云："画舫春归酒易销，丝丝牵恨

说前朝。翦刀风里初开叶,魂断扬州第几桥。"风流蕴藉,不减樊川。蜀人诗如岳威信《中秋》云:"百岁人生将过半,一年秋色恰当中。"张鹤林《生日忆家》云:"三十吾生一弹指,五千客路九回肠。"皆在船山未出以前。

(清)杨钟羲:《雪桥诗话》卷七,民国《求恕斋丛书》本

四一 王培荀

费锡璜为蜀诗家巨擘,二子皆能诗。轩字执御,《春闺》云:"豆蔻风微二月时,曲栏亭畔雨丝丝。梨花半树将成雪,下着珠帘总不知。"此种风致,殊不易得。

(清)王培荀:《听雨楼随笔》卷八,清道光二十五年(1845)刻本

四二 杨桢

新繁诗略序

延及启祯,数丁阳九。费氏父子祖孙身经乱离,激为吟咏,上攀骚雅,下孕唐宋,得少陵之沈郁,兼遗山之悲慨,奄有千古,出自一门。繁虽偏隅,诗歌之盛遂炳焉与中原江左同风。

民国《新繁县志》附民国《新繁文征》卷五,民国三十六年(1947)铅印本

四三 邓汉仪

此度诗矫岸自异,不食人间烟火,按之格律,无不谐合,是于波靡中屹然砥柱者。

(清)邓汉仪:《诗观》初集,清康熙年间慎墨堂刻本

四四 李调元

安庆昝抱雪与费此度论诗云:"论诗何所据,人各有诗肠。但悟十分活,先除一字忙。云烟无卤莽,花鸟费商量。真意果能得,知希亦不妨。"此度答云:"老去才华尽,篇章久不关。群公出高论,使我一开颜。彩笔从时变,遗篇未易扳。只愁年代远,更复几经删。"观二公诗,深得

旨蕴。

（清）李调元：《雨村诗话》卷一，嘉庆六年（1801）《续函海》本

国初蜀诗人，王阮亭最赏新繁费此度密"大江流汉水，孤艇接残春"。余以为不如"故国不可到，春风吹闭门"神气高古。

（清）李调元：《雨村诗话》卷三，嘉庆六年（1801）《续函海》本

四五　平步青

费鹿峰诗笺

新繁费此度密《朝天峡》之"大江流汉水，孤艇接残春"十字为渔洋所激赏，归愚尚书采入《别裁》，其《鹿峰集》今鲜传本。友人宋锡廷藏有费诗笺一草书，十二行，字仿大王，云："暂辞鹓鹭护吴西，全郡平宁秩转跻。青琐高名传四国，朱轮回轸镇三齐。长留父老思膏泽，竚见公卿贲紫泥。他日从公观海曲，春原沙路马频嘶。太守蒋公以侍从出守吉安，近迁山左监司，密游匡庐，居公署中，赋一首奉送，辛酉中秋书，费密。"稿下有"费密"长方阳文印章一。泛然酬应之作，犹是七子遗响，集未必存，威凤片羽亦不可轻弃也。又有七绝一纸，行书，云："不愁伏枥起长嗟，不羡空群向客夸。柳下清阴方草地，闲调玉勒为看花。礼华主人徐步云。"下有"礼华居士"阳文方章一。礼华，兴化人，乾隆壬午召试中书，充军机章京。戊子以两淮提引案与王兰泉、赵损持同罢官者。

（清）平步青：《霞外攟屑》卷八下，民国六年（1917）《香雪崦丛书》本

四六　钱林

费密，字此度，成都人，流寓泰州，州守为除徭役，有《鹿峰集》。密少遇逆献之乱，窜身西域不毛之地，已乃溯汉江下，游吴越，居淮南老焉。跛一足，后往苏门谒孙钟元，称弟子。有《朝天峡》云："一过朝天峡，巴山断入秦。大江流汉水，孤艇接残春。暮色偏悲客，风光易感人。明年在何处，妻子共沾巾。"王士禛为扬州推官，见友人几上一卷，偶取视之，即首篇也。问之，乃密所作，遂赋诗与定交。其

《泾县杂诗》云："棹歌起清夜，野服过秋城。"又云："市人群鹿豕，村路出烟霄。"又《翟村》云："更欲求佳处，何能胜此山。"又《平居》云："云移峰顶寺，花落雨中村。"又《听解二弹琴》云："溪溜潺春雪，松风出暮林。"又《冬菊》云："寒枝当北牖，野色耐霜天。"子锡琮、锡璜皆工诗。锡琮《登北固山》云："潮来徐福岛，山出寄奴城。"锡璜有《子夜变歌》云："东门杨柳枝，早晚遭攀折。今日是相逢，明日是离别。"

（清）钱林：《文献征存录》卷一〇，清咸丰八年（1858）有嘉树轩刻本

四七　袁枚

奇鬼眼生背上

费密，字此度，四川布衣，有"大江流汉水，孤艇接残春"之句，为阮亭尚书所称荐。与杨将军名展者从征四川，过成都，寓察院楼中。人相传此楼有怪，杨与李副将俱不信，拉费同宿。费不能无疑，张灯按剑，端坐帐中。三鼓后，楼下橐橐有声，一怪蹑梯而上，灯下视之，有头面，无眉目，如枯柴一段，直立帐前。费拔剑斫之，怪退缩数步，转身而走。有一眼竖生背上，长尺许，金光射人，渐行至杨将军卧所，揭其帐，转背放光射之，忽见将军两鼻孔中亦有白气二条，与怪所吐之光相为抵拒，白气愈大，则金光愈小，旋滚至楼下而灭。杨将军终不知也。未几，又闻梯响，怪仍上楼，趋李副将所，副将方熟睡，鼾声如雷，费以为彼更勇猛，尤可无虞，忽闻大叫一声，视之，七窍流血死矣。

（清）袁枚编：《新齐谐》卷一二，清乾隆嘉庆间刻随园三十种本

树怪

费此度从征西蜀，到三峡涧，有树孑立，存枯枝而无花叶，兵过其下辄死，死者三人。费怒，自往视之，其树枝如鸟爪，见有人过，便来攫拿，费以利剑斫之，株落血流，此后行人无恙。

（清）袁枚编：《新齐谐》卷一九，清乾隆嘉庆间刻随园三十种本

四八　蒋士铨

题费处士密遗像

上书无益起义兵，壮士自结飞来营。高定关中十万户，贼不敢犯人长生。司命三军费孝子，剪发辞官父归里。携儿避乱陷凹蛮，黄金竟赎全家死。杨展镇蜀真英雄，孝子入幕参元戎。青神江底沈贼锢，谁贼之锢张献忠。得贼资粮即拒贼，雅州屯田孝子力。幕僚才辟杜樊川，叛将阴□张益德。六郎奋起报雠军，孝子独赦花溪民。展转兵戈逐亡命，故乡焚掠无荆榛。折节治经三十八，换尽沧桑逃劫杀。支筇五岳不谈兵，倚马千言看给札。著书等身百廿卷，诏举鸿儒力辞免。几度题诗压谢陶，平生卖药师卢扁。心喜扬州好墓田，老来栖息大江边。姓名已入遗民录，著作分藏石室编。深衣幅巾写遗像，独立苍茫空倚傍。那须静坐习枯禅，可惜儒冠老名将。升平埋骨野田村，七十七翁流寓身。① 谁为乱世文中子，翁是成都跛道人。

　　　　　《弘道书》卷首，大关唐氏怡兰堂《费氏遗书三种》本

四九　陈田

此度诗格律老苍，才笔雄骏，集中长篇有杜老《北征》遗意。李雨村称为"蜀中巨灵手"，有以也。

　　　　　（清）陈田：《明诗纪事》卷一四，清陈氏听诗斋刻本

五〇　吴仰贤

新繁费滋衡锡璜为此度先生次子，蜀人推为本朝诗家一大宗。其实诗学北地，仅得其皮。如《关侯庙中大铁刀歌》："勿谓此刀侯所持，杀人已比他刀众。安得官府毁此刀，铸作铧犁杂耕种。"阅之不觉失笑，一刀之铁几何，非如金人十二也，即铸铧犁何益农务？此诗人好为大言而不自知其杀风景也。又《少年行》云："战罢归来血满裙，吴姬缓舞劝微醺。"夫劝酒者劝其醉耳，未有劝其微醺者。上句粗豪，下句文怯，语殊

---

① 后一"七"字，蒋士铨《忠雅堂文集》（清嘉庆刻本）所收该诗作"老"。

不类。北地诗云："战罢归来血洗刀，白日不动苍天高。"看他何等魄力。

（清）吴仰贤：《小匏庵诗话》卷三，清光绪年间刻本

五一　吴虞

谒费此度祠

老共苏门赋采薇，差言杀贼马如飞。江湖满地遗民泪，三百年中此布衣。（新繁文学自任叔本、朱桃椎、梅公仪及费氏后无著者）

一门词赋几名家，明月扬州老岁华。传得二南风雅派，诗人从古爱桃花。（《县志》载，先生旧居种桃花千余株，今不可考矣）

《吴虞集》，四川人民出版社 1985 年版，第 341 页

谒此度费处士祠感而吊之

功名独为兴亡苦，文章自许江山主。少微星高隔生平，空复相思感今古。当时群盗正纷如，惟君好兵同望诸。投笔偶试黄石术，便由灶上期骚除。那知世事难如意，常因慷慨成憔悴。苌叔违天剧可悲，梦梦幡怜帝终醉。从兹跛足走江湖，潦倒长嗟气谊孤。未能肝胆报君国，聊将姓字混屠沽。老去惊看朝野变，无限繁华付飞雁。莺花社稷易伤心，欲赋江南几哀怨。更怜高韵弗销沉，大匹相逢赏倍深。妙曲争传郢中调，清音遥契海上琴。虞也不才羞碌碌，小隐繁江结茅屋。三春幽卉满园新，四时流水当门绿。卜居闲写畔牢愁，乾坤俯仰情悠悠。私喜同乡得君在，山川仿佛灵之游。任（末）逝朱（桃椎）亡怅谁及，念君难谢斯文责。风雅寥寥三百年，广陵散绝增悲惜。空祠再拜荐馨香，讵堪才命互相妨。归来不见华表鹤，大招无那恨微茫。青史曾闻逸民重，采薇歌罢幽怀动。陈轸终身痛越吟，侯芭何处成扬冢。蜀水吴山恨莫论，传家犹幸有儿孙。桃花满眼春萧瑟，杜宇声声枉断魂。

《吴虞集》，四川人民出版社 1985 年版，第 342 页

致青木正儿信

同邑费此度先生（密），清初之学者也。其著述以《弘道书》为最精采，而其书久绝于世。敝国云南大关唐君百川，宦游蜀中，藏籍充栋，尤嗜校刻。曩者搜得先生《弘道书》旧钞本，亟精刊之，今年完工出书。适其世兄敝门生唐术伯负笈京华，就学北大，携其书来京，觅虞代呈一

部，奉赠贵社，并乞在贵报力为广播。唐氏父子，皆雅而好学者也，故乐介之足下。外有胡适之《费密学说》，刊载《晨报》，亦附呈一份。书到请照收为荷。有暇望常赐教益。匆此，即颂道安。弟吴虞拜启，民国十年十二月十二号。

《吴虞集》，四川人民出版社1985年版，第395—396页

五二 杨则民

费密之医学著作

中国医好以儒医自任，实则金元以后，以通儒而习医者，为数甚鲜。元有朱丹溪，明有喻西昌、张景岳，清有尤在泾、徐灵胎、柯韵伯，如此而已。夫此诸贤，皆理解通明，绝无影响模棱之辞，遗著之为人传诵，非偶然已。但明清之交，其说开颜李之先导，以余力读医，著有长沙发挥一卷，王氏诊论一卷，金匮本草六卷，伤寒口义二卷，共计十卷。惜无刻本行世。以费先生之学识衡之，其于医学，必有卓然可观者，而宝玉秘藏，竟未明世，殊足慨焉？先生名密，字此度。号燕峰。生于明天启五年，卒康熙三十八年。四川新繁人。

杨则民：《潜厂医话》，人民卫生出版社1985年版，第251页

五三 马裕霖

费公祠碑记

余少时读王阮亭诗，知费此度先生为国初遗老，窃尝慨想其人。今年春来权邑篆，因欲访其子孙与所遗书。而后嗣寥落，鲜有识之者。询诸邑人士，则先生独有一孙，目不识丁，贫老无子，奉母鳏居于丛冢中，有墓田十亩，久已典与他姓。盖百余年来，子孙之式微甚矣。按先生尝从苏门孙征君受业，为征君入室弟子，归而讲理学于蜀，著书宏道，诗固其余也。其二子琮、璜为诗，皆有家法，而璜尤奇特，有汉魏人风味。自后蜀之谈诗者，以费氏为大宗。又皆克敦古道，见重于时，与先生同祀乡贤。江汉多才如先生父子者，其犹有眉山苏氏之风欤。余惟先生以文章闻海内，以高德式乡间，谈道接闽洛之正传，当有专祠祀之。时楚北潘湘门太史奉命视学于蜀，与余文字相洽，以故交最笃，因以祠先生

之事请诸太史。太史曰可，遂各捐金为倡，邑人士皆踊跃从事，相与筹得若干金，赎还其墓田，创祠于城之东南隅，以祀先生。祠为学宫地，不待购诸居民，且以先生旧家于城内也。又访得先生有裔孙居成都市服他役，有子焉，年十二矣，急招之来，令弃故艺读书，以书院中膏火予之二分，送入学署，属广文马君择师课之。先生之祀自此无惧其斩，而贤达有后或且由此而昌大矣。顾独念先生著书三十余种，蜀中自杨升庵而外，惟先生著作最富，而论说精粹，皆身心得力有关学道治世之言，不徒综览旧闻，高谈性命，迄于今乃至求其一种而不可得者，何哉？邑人士咸云：国初严藏禁书，其后人惧其书中或有违碍语，拉杂烧之，不遗一字。又邑中刘生锡九所居，先生故宅也，作池掘得石匣，封缄甚固，启视之，则皆书卷。时其家无读书者，亲故来观，知为先生书，则各取之去，其家固不甚爱惜，遂渐散逸。厥后罗江李雨村观察辑《函海》一书，遍搜先生著作，所得尚不少，后其书楼毁于火，先生之书至是遂无复存者，独《蜀雅》中尚有先生父子诗百余首而已。呜呼惜哉！岂著作之传亦有命耶？不然，何一再厄之甚也。夫先生少遭离乱，崎岖戎马，乃能励志古学，及从苏门归，所学益粹。今观其书目，尚能得其生平大略及学问渊源，惜乎其无一存也。先生之著作，其毁于火者不可复得矣，闻散逸自刘氏者，其断简残篇，尚可于士大夫藏书之家搜辑之。余摄篆将及一载，当受代去，网罗散失，是所望于邑人士之爱古者矣。

民国《新繁县志》卷一，民国三十六年（1947）铅印本

五四　何元普

繁川费氏先茔十八冢记

繁川之东为明末诗人费此度先生之故里，亦名费家营。先生旧宅不可考，闻其族甚众，地亦甚广，向有费氏祖墓在。当其家未入秦时，墓门左右皆种松柏，桃花相望数里，每值春游，士女如云辐辏，称一时佳话。嗣去秦，寓江北，怀归不得，为《繁川春远图》，嘱石涛画师设色，借写其乡思。厚藩公客豫不返，滋衡、竹林先后来省祖墓。越今二百余年，昔时抔土不惟拱木荡然，亦且丰碑沉没矣。星五参军乃偕其邑阐幽之诸君子，搜考于荒烟蔓草中，得费氏先茔十八冢，其垄阡之为他人有

者，捐金赎还，更植梅花数本，以播芳徽；又为先生立祠，与三贤常遥峙，一如西湖祀逋仙故事，诚盛举也。余尝见雪堂老衲刻《费氏诗钞》，窃叹先生父子祖孙皆诗人，为有明蜀诗一大宗。蕴抱经济，不遇于世，独洁身避乱，转徙天涯，旷代风流，歘歔欲绝，而顾不意诗人之遗爱，犹推泽及先若斯之长也。《春远图》为先生自题，李次星明府得之，欲赠雪堂，转被杨海琴索去，岂先生之灵爽觅赏音于异地，不留遗墨于故里耶？所幸词坛诸君，情深访古，既荐寒泉，复传彤管。嗟乎！吊吟魂而长往，梦断山青；展古墓以为邻，酒浇松翠。跛道士有知，当亦眺繁川而哑然破涕也。兹因参军征诗及余，故援笔记之，记后更赘一诗：西方有诗人，南去竟不返。饱食吴江鲈，杜鹃啼旧馆。惯吟二分月，寓公游屐懒。青山隔梦寐，黄土悲离散。孤艇汉江流，春草繁川远。石涛老画师，园林出妙腕。雪堂老辩才，心血收断简。先生有禅缘，旷代犹相感。累累十八冢，风木泪常洗。千秋一怅望，多才任偃蹇。穷病著书身，蜀道魂归晚。淮南布衣客，名已京华满。遂令乡后进，采苹拭碑藓。邓尉何风雅，补梅兴不浅。索我怀古题，胜迹惜未览。试问避秦人，桃源路几转。

按：民国《新繁县志》云："贺氏先墓在治南六百三十步费家坝，同治《新繁志》云在治东十五里费家营，今据《江都费氏族谱》改正。"

五五　顾复初

摸鱼子词题费此度先生先垄图，为雪堂和尚、星五上舍作

忆高吟、大江孤艇，千秋十字奇警。飞云落日群峰外，踪迹飘然薸梗。江路永。怅荒陇。牛羊零乱桃花影。幽怀耿耿。祇湔水波长，繁田春远，天地寄孤迥。谁管领。手护荻蒿三径。诗僧逸士高韵。伤怀我亦江南客，廿载墓田烟冷。清泪迸。叹刼火。红羊此恨同君饮。画图再省。算纱縠前贤，永昌遗老，身世略相等。

五六　《繁川春远图》诸题跋

民国《新繁县志》卷一云："按，《繁川春远图》昔为杨翰海琴所得，今归内江张大千。邑中刘氏借观，记其图式，并录诸家题跋，今具载于左。"

费氏先茔图记

《费氏先茔图》卷子一名《繁川春远图》，纸本宽营造尺九寸又半，长四尺强，图占其七，而跋语居其一焉，右上方《费氏先茔图》隶书五字，图为淡青绿色。春来景物盎然，纸上谯楼高耸，实为县之南门。城内屋舍栉比，间以竹树雉堞透迤而西，烟树迷茫，不可穷极。其尽处折向东北，远山数点，当在天彭诸峰间矣。河流蜿蜒，堤柳新绿，一望无际。墓在其左，丰碑矗立，松柏环之，杂树著花，拱侍其前；疏林野屋，远树闲亭，缀饰于后。款题一诗并序，署年壬午，则为康熙四十一年，清湘明之宗室，故只书甲子云。刘传贤记。

此度先生生前乞予为《先茔图》，孝子之用心也。然规制本末，予不可知。先生将自写其心目所及，为之向导，予乃从事笔墨焉。三数月后而先生之讣闻于我矣。令子匍伏携草稿，请速成之，以副先君子之志，因呵冻作此，灵其鉴之。故家生世旧成都，丘墓新繁万里余。俎豆淹留徒往事，兵戈阻绝走鸿儒。传经奕叶心期切，削迹荒乡岁莫孤。何意野田便永诀，不堪吾老哭潜夫。

清湘同学弟大涤子拜稿 壬午上元后五日

郁郁幽宫护碧苔，销魂劫火画图开。啼鹃声里文孙拜，濯锦江边诗老回。万里鹤归华表月，一时乌攫纸钱灰。遥知祖德多称述，响答松风众壑哀。

小诗送苇槽学长先生展墓成都，即题清湘画卷并求教正，晚耕同学弟周仪

沧桑何处问家园，春雨秋霜寄泪痕。心史两朝归一炬，书香三世泣孤村。巴西水泛梅花岭，锦里山连五丈原。遥望松楸颜色老，白云深处见啼猿。

君家古墓老春秋，大孝元孙特访求。云逐马蹄分落照，烟销驿路冷荒坵。情牵旧梦一抔土，诗压奚囊万斛愁。此去川江多古迹，莫将血泪洒吴钩。

系舟张绍基

游子风吹衣，霜毛泪两面。何处盼丘垄，行装时展卷。痛昔避贼初，玄黄血酣战。生儿老异乡，不识新繁县。万里乍言归，归人及春荐。松

柏兆浸荒,堂斧眼惊见。承先贻后昆,磨砻石一片。城草叠如蓑,江波明若练。去住永哀号,啼鹃绕芳甸。

题正苇檐先生,柘园弟张师孔

锦江玉垒推成都,美并六合掩八区。一从胜国遭丧乱,属邑往往多榛芜。何缘宰树尚无恙,柳下之垄谁樵苏。旧封依稀寄马鬣,丰碑突兀留龟趺。繁川春远望不极,忾然费氏先茔图。忆昔尊公去乡井,脱身虎口良艰虞。蜀冈避地殆非偶,恋兹故国名常俱。魂应久返华表鹤,目难终瞑首丘狐。荒坟再扫竟何日,遗志克遂惟诸孤。勇哉我友信诚孝,一朝万里轻川涂。舟穿滟滪讵知险,杖蹑井络宁云劬。到及清明急展墓,林稀触鹿皆驯乌。明粢清酒纵薄物,神冈恫怨弥欢娱。里间闻者争叹息,慰劳老幼相携扶。此行辛苦亦堪羡,岂必负弩夸前驱。君不见老翁山下青松三万株,苍髯白甲归期无用坡公诗语。

苇檐学长兄属题《繁川春远图》,即奉送旋蜀省墓,并呈教定。旧水同砚弟程元愈稿具。

避地南方长子孙,先人已作未归魂。一声杜宇催归去,泪洒荒阡染血痕。

迢递乡关乏羽翰,松楸能免未摧残。寸心日日思千里,蜀道云难不谓难。

承平异昔乱纷纷,好立新碑易旧文。此后三泉应有喜,蜀人争识费家坟。

送苇檐学兄旋蜀省墓,并求教正。同砚弟王棠

游子思故乡,先垄不忍弃。阻绝怆离魂,后贤宜继志。费氏系繁川,先人盛冠帔。哀哉国步艰,宝玦污泥渍。避寇哭于墓,两世广陵寄。我友时未生,生后复三世。占籍久江乡,故乡翻梦寐。尊公忆在时,犹子余侧侍。苦道背先垄,子孙近生遂。生遂亦何乐,子孙思自出。清湘遗老人,怜许命图绘。誓未及黄泉,重茧繁川界。我友竦立听,凄恻双垂泪。黍浆荒岁时,荆榛横墓隧。嗟哉图未成,亲年逝不再。恸哭日为昏,衔悲鹤助唳。庐墓迄三年,心魂役天外。春花无朝荣,秋月失夕媚。抱此西顾忧,跬步负芒刺。匍伏丐老人,老人泪如沸。为子亲绘图,图成唯子在。蜀道势盘回,蜀鸟声憔悴。万里肩一囊,百折蚕丛地。先垄在何所,松楸莽难记。穹碑尚无恙,此图同不坠。缅彼泉下人,嘘吸本一

气。春荐墓门新，冥漠重忻慰。笃志若我友，肃然起一喟。径尺省墓图，仁孝民所视。

同学世弟朱沄

春风芳草忆王孙，滟滪瞿塘对剑门。入望松楸千里远，青羊宫冷月黄昏。首句谓石公。

慈竹疏梅过百年，生刍麦饭隔重泉。寝门云护残碑蚀，恰有人归拜杜鹃。

雪翳峨眉万仞青，若翁久隐少微星。大江孤艇佳诗句，爱煞渔洋王阮亭。

万里蚕丛梦到家，丘园无恙老桃花。前行好访支矶石，稳泛天河贯月槎。

苇槽学长兄属题祈正，弟汪逵 原名颖

繁县城西树郁葱，墓田知有瑞云笼。蜀冈高处频回首，图画何曾去袖中。

君家家学掩眉山，山气钟灵圣脉关。尊公燕峰先生著有《圣门学脉》。那怕蚕丛猿两岸，寻源今始慰先颜。

入春几日便离家，作客乡园事可夸。一路江花与江水，往来赢得锦囊奢。

真江弟张钿

孤帆乱海甸，万里拜先茔。古圹重林绕，荒原一水横。干戈余短碣，草木带空城。追远陈牲洁，思源奠醑清。先民随物化，新燕逐年生。聊欲寻乡井，翻如在客程。春山狐兔泣，夜雨杜鹃声。若不观图画，谁能识此情。

果园世弟张潜具稿

城郭烟墟画满前，成行松槚已参天。君归展墓思先德，一览丰碑已惘然。之一

杜老佳篇半蜀中，岷山源发思何穷。知君鼓棹瞿塘后，诗格文心又不同。之二

题《繁川春远图》奉送苇槽社长先生旋蜀省墓，并请教正，狷斋弟汪文璧

展墓空悬两世心，蚕丛何处白云深。独乘春水人初去，万里魂知喜

· 243 ·

不禁。

　　此身不得过成都，怀袖常愁卷画图。今日临行重开看，泪痕墨渖久模糊。

冶堂弟萧旸拜题

　　蜀国三年忆昔游，广陵万里送归舟。江融积雪浮春水，山带繁花照驿楼。感物思乡劳远瞩，披荆展墓结新愁。少陵诗苦高千载，此去搜吟合比侔。

竹村弟王文范

　　西国君家久擅名，森森古木荫佳城。蜀冈遥忆春山远，指点图中景更清。

　　归时正值早春天，杨柳成阴到墓田。休惮蚕丛山路险，如君方不愧前贤。

白岳弟蔡一球

　　一任扬州歌吹繁，梦魂长绕费家村。孝思谁复如君切，万里程途省墓原。

　　不管人言蜀道难，一肩行李向云端。往还赚得新诗句，敢作寻常游览看。

俚句奉送莾檖学长兄并正，海阳弟汪名

　　风雨偕游十五年，常闻省墓往西川。春来始遂当时志，鸟道羊肠独向前。

　　兵戈旧事已成尘，孝子能归俎豆新。遥想锦江芳草绿，佳城另有一番春。

颖村弟汪斌

　　万里人归省墓田，巴山春雨草芊芊。崎岖漫道贫兼老，梦里吞声四十年。

　　图中碑碣费家茔，屈指孤舟几月程。此去莫愁无旧识，锦江花鸟亦相迎。

奉送莾檖夫子，门人汪玉枢

　　人言蜀道最难行，为体亲心万里程。冢上青青皆宿草，春来可似昔年情。

　　故里松楸一卷中，时时展玩意忡忡。亲身酹酒临碑碣，不与从前见画同。

题送苇槽先生回蜀省墓并求教正，同学弟汪玉树

童时曾上锦江船，老见君归倍黯然。麟冢未荒碑版在，休将佳句写啼鹃。

旧倚先人与若翁，白云黄鹤去匆匆。君今万里承亲志，未折垂杨泪已红。

俚句题赠滋翁世长兄先生归蜀展墓，请教正，江都同学弟杜乘

朝夕思归数十年，挑灯展卷泪潺湲。如今不惮关山远，继志何须让古贤。

先茔万里在新繁，不避崎岖返故园。天外乡关云漠漠，旋披青草酹松根。

奉送苇槽夫子，门人汪馥

欃枪西亘黄巾起，纷纷屠割人如虮。玉垒纵横白骨撑，锦江腥血成江水。可怜高士将安归，何处西山赋采薇。窜身鬼窟荆榛底，月黑惊乌绕树飞。茱萸湾下春波绿，牵萝旋葺三间屋。牙签十万出娜嬛，闭门四世挑灯读。乡山迢递杳难通，肠断王孙画卷中。祇今海宇承平久，梦里还愁说献忠。罡风忽陨少微星，从此啼鹃不再听。嗣君捧图续遗志，不辞万里身伶俜。闻道丰碑俨然在，俎豆重陈申僾忾。送别休歌蜀道难，瞿塘水定为君退。

若庵弟程庭

《渔洋诗话》载：余在广陵偶见成都费密此度诗，击节赏叹，赋诗云"成都跛道士，万里下峨岷。虎口身曾拔，蚕丛句有神。大江流汉水，孤艇接残春。十字须千古，胡为失此人"云云。窃考此度为人倜傥不凡，平生颇以方略自诩，王阮亭尝荐之。从军著伟绩，客广陵时，深为诸名士所重，尤与大涤子相友善。大涤子于其没后，追写此图，贻嗣子苇槽，从其志也。死生契阔，情见乎辞，卷后又为苇槽旋蜀觐墓时人题赠之什，亦多彪炳可观。余昔从家野云叔论画，先生画法原本石公遗迹，余所习见，此卷气势浑成，笔墨洒落，知为石公得意之作。余于癸巳初冬在灵石同获两卷，其一小者为李十三鹤生索去，独留此卷，固当什袭珍之。惜野翁已归道山，不得与之共赏也。嗟夫！

道光十有八年岁在戊戌五月上澣，纫秋外史朱其兰识于东雍旅舍之省庵

叔季人情见大都，论交直到死生余。高僧翰墨传遗老，孝子心怀异腐儒。展画如亲先墓拜，征诗不患客囊孤。偶拈汉水残春句，岂是寻常小丈夫。

纫秋再笔

绿到先生墓上杨，姓名终古不磨香。拼将热血埋幽径，留得丹心咏夕阳。水色山光频触拨，生前死后作商量。墓云追忆延陵剑，芳草天涯句短长。

藜乙桂青谨

跋共四纸，题者凡二十二人。前三纸与图本长相埒，尾纸减一尺。自周仪至王棠，五人为一纸，次则朱沄至蔡一球八人，又次则汪名至程庭七人，末仅纫秋及桂青二人而已。朱、桂两跋外，余纸尚多，尾有识一行，为"民国十八年购于厂肆吉珍斋大文"十四字，大文姓周氏，曾任北平市长。二十八年元旦，新繁刘传贤抄讫再记。

按《江都费氏族谱》云：第一代祖洪葬县南郭门外西社坛前方西向。又云：在县南门外六百三十步。地名费家坝。洪次子嗒，葬县南门郭外西南隅新茔，坐辛向乙。茔后建一土山，如椅之形，茔前又为土山二，一圆一方，墓前有丰碑，明万历壬辰年立。嗒次子嘉诰，葬椅山外右方中穴，去祖茔三十步。据此则费氏先墓确在南门外，旧称在东门外费家营者，实误。惜南门外诸墓，今皆不可考矣。

以上民国《新繁县志》卷一，民国三十六年（1947）铅印本

五七 《四库全书总目》

《燕峰文钞》一卷

江苏巡抚采进本，国朝费密撰。

密字此度，成都人。遭张献忠之乱，弃家为道士，流寓吴江以终。王士禛诗所谓"成都跛道士，万里下峨岷"者是也。士禛盛称其诗，而其文不甚著。今观是集，不涉王李之摹拟，亦不涉袁钟之纤仄，奇矫自喜，颇有可观。然往往好持异论，如《春秋论》谓春秋为三桓而作，则举一废百。《明堂配上帝论》兼斥郑康成、王肃之说，而以上帝为上世之帝，则经典从无此称。《鲁用天子礼乐辨》兼斥程子及杨慎所引《吕览》

之说，而谓周公有王者之功，宜用王者之礼乐，成王之赐，未足为非，鲁人用之于群庙，乃为僭上。不知惟名与器不可假人。有王者之功，宜用王者之礼乐，然则有王者之功亦可用王者之名号乎？是率天下而乱也。

（清）永瑢等：《四库全书总目》卷一八一，中华书局1965年版，第1637—1638页

《唐宫闺诗》二卷

内府藏本，国朝费密编。

密有《燕峰文钞》，已著录。是编录唐代女子之作，颇有别裁，然皆习见。

（清）永瑢等：《四库全书总目》卷一八一，中华书局1965年版，第1767页

《汉诗说》十卷

浙江巡抚采进本，国朝费锡璜、沈用济同编。

锡璜字滋衡，吴江人，自署曰成都，盖其父费密自成都避乱，家于江南，锡璜犹署其故里也。用济，字方舟，钱塘人。是编因冯惟讷《诗纪》、梅鼎祚《诗乘》所录汉诗，略为评释。卷首有《凡例》，持论似高，而所说殊草草。如汉人铙歌鼓吹诸曲，沈约《宋书·乐志》明言声词合写，不可复辨，本无文义可推，而必求其说以通之，遂横生穿凿。又本词与入乐之词截然有别，如《白头吟》中"郭东亦有樵"诸句，乃伶工增入以谐律，亦曲为之解，更嫌附会。至《铎舞曲》之《圣人制礼乐》篇，不过以字记声，亦录之以为诗式，又不考据宋志，明其句读，尤进退无据。其中仍冯氏《诗纪》、梅氏《诗乘》之谬，皆不及订正，他姑勿论。如庞德公《于忽操》三章，本王禹偁所拟，今载于《宋文鉴》中，而列于汉诗之内，一例推尊，茫无鉴别，是可云识曲听真乎？

（清）永瑢等：《四库全书总目》卷一八一，中华书局1965年版，第1775页

《雅论》二十六卷

安徽巡抚采进本，明费经虞撰，其子密又增补之。

经虞字仲若，新繁人。密有《燕峰文钞》，已著录。是书详论历代之诗，分源本、体调、格式、制作、合论、工力、时代、针砭、品衡、盛

事、题引、琐语、音韵十三门，自序称以诗余附后为十四，而目录及书中皆无之，盖欲为之而未成也。经虞著作不概见，密则以"大江流汉水，孤艇接残春"一联，为王士禛所称，有"十字须千古"之目。而编次此书，乃未为精密，如源本类中论诗句所始一条，乃挚虞《文章流别》之文，今尚载《太平御览》中，而引为孔颖达诗疏。葛天八阕一条，乃刘勰《文心雕龙》之文，乃引为梅鼎祚《古乐苑》。《左传》载浑良夫被发而噪，乃呼噪之噪，而以噪为诗之一体，谓始于浑良夫。杨慎虽有五言律祖，然齐梁但有永明体、宫体之名，无律之名，而以五言律诗始见齐梁。排律之名始于杨士宏之《唐音》，古无是称，而以为始见于唐。体调类中《西昆酬唱》，乃杨亿、刘子仪诸人，亿序可证，而以为西昆乃唐李义山、温飞卿，又并韩偓入之，而段成式乃别立一体。王素有效阮公体诗，李商隐、杜牧均有拟沈下贤体诗，以及宋末四灵、江湖诸体，明末竟陵、公安诸体，皆漏不载，而别撰一才调体。格式类中每一体选录数篇，既非该举其源流，又非简择其精粹，殊为挂漏。又因齐己风骚旨格，益为推衍，多立名目，而漫无根据。制作类中，所选名句，率摭拾诗话，然如何逊"金粟裹搔头"句，见黄伯思《东观余论》，乃引作考证，非谓此句之工，一概列之，殊未深考。所列对偶之法尤繁碎，合论、工力、时代、针砭四类亦皆杂取陈言。品衡类中分十六格，各选古诗以实之，而皆不惬当。盛事类中多挂漏，亦多泛滥。题引类中论近人制题不雅，颇中其病，然所引诸式分类标目，实以古题，则多未惬当。琐语类中皆经虞之笔记，间有可取之语，大致于古宗沧浪，于近人宗弇州也。音韵类中冗琐与格式门同，且即格式中之一，别出一门，亦无体例。其《礼部韵略》一卷，但有字而无注，题曰《雅论礼部韵略》，殆不成文。观其附记，盖经虞有此言，而其孙锡璜补入者。经虞又言吴棫补叶、杨慎转注亦当收采，而此本无之，则又不知何意也。大抵意欲求多。而昧于持择，如游艺诗法入门所载律诗平仄一三五不论，二四六分明之类，亦均收入，宜其劳而鲜功矣。

（清）永瑢等：《四库全书总目》卷一八一，中华书局 1965 年版，第 1804 页

五八 《淮海英灵续集》

费锡璜，字滋衡，江都布衣，此度次子。著《贯道堂文集》《掣鲸堂诗集》。滋衡作乐府一阕名"落雀"，或以呈勤郡王，王乃集名辈读之，多不能句度，一时李唐思辈皆为拟作。在都中，李合肥留居贞松堂，时人常有太白之目。与黄叔威、刘静伯倡古诗社，为时所宗。屈山人赠诗云："开元大历十余公，尽在高才变化中。谁复光芒真万丈，谪仙犹让浣花翁。"其倾倒如此。沈文悫云：古乐府苍苍莽莽，时有古音，然亦不无粗率处，陶汰之，取其古而近雅者，迥异时流。见《盟鸥淑笔谈》。

（清）王豫、（清）阮亨辑：《淮海英灵续集》卷二，清道光年间刻本

五九 嘉庆《四川通志》

《遗民集》云：此度性纯孝，读书讲学，生徒济济。每有嘉言高论，必曰吾闻父训如此。为诗淋漓歌啸，精炼之语，峻远之格，人所推服，又能谦下，北平韩畕为涂乙诗草，感而为之立传。隐居野田，子锡琮、锡璜，俱能读父书。

嘉庆《四川通志》卷一八七，清嘉庆二十一年（1816）木刻本

六〇 民国《新繁县志》

费公祠

在治城东南。清道光八年，知县马裕霖建，祀费此度密。杨世佐联云：举高定义旗敢以孤军百战，诵大江佳句果然十字千秋。潘光藻联云：半间祠屋齐工部，一代风骚拜阮亭。程祖润联云：三亩空留悬磬室，一生中有苦心诗。程祥栋联云：浇墓野田村文字因缘应识我，沉舟锦江水艰难时势每思君。民国某年斥为民屋。三十四年，邑人马绍祺重建于县南福善桥之北。林思进联云：春梦绕繁田十世两朝尚有高僧识先垄，仪行征列传一家四集长留文献在乡邦。

民国《新繁县志》卷一，民国三十六年（1947）铅印本

费氏四世祠，在东湖内，民国十一年建，祀明费嘉诰、费经虞、费经世，清费密、费锡琮、费锡璜。岁以花朝致祭，祝词曰：伏维儒林文

苑，是名臣循吏之源；人杰地灵，有孝子贤孙之瑞。虽无老成，尚有典型；岂无他人，不如同姓。每怀经训，辄念邦耆。维我费氏四世六先生者，钟日星河岳之灵，秉诗礼簪缨之教。一门孝秀，有称洱海之青天；万里峨岷，继隐扬州之白屋。痛三百年景运，遭剧变于甲申；绀七十子微言，拜遗经于庚子。人能弘道，书著等身。水尚知归，行嗟跛足。咏孤艇残春之句，意在言中；画繁田先垄之图，魂归天上。观谪麐之别传，未赴征车；披掣鲸之遗诗，曾归上冢。双丁二到，逊箕裘奕叶之传；两宋三苏，少烽火平生之戚。问费雷陈三家之后，只此儒门；沟汉唐宋一贯之传，斯真道统。群推德业，合荐馨香。兹届花朝，聿修芹献。过镜雪堂而南望，已阙专祠；循城霞阁之西端，尚堪殷祭。精灵未泯，拜祖孙父子于一堂；忾僾如闻，启忠孝文章于百代。务祈昭格，式鉴愚忱。尚飨。

民国《新繁县志》卷四，民国三十六年（1947）铅印本

按新繁费氏，前无闻。明时有名彦者，万历中年九十余，为寿官。子嘉诰，万历中贡生，大竹县训导，以德望乡里。子四人，长经国，副榜，官训导。次经世，次经济，皆庠生。献贼之乱，贼将与经世有旧，欲官之，不可，与经国、经济俱遇害。次经虞，举人，云南同知。经虞子密，承其父学，遂为世大儒。子二，锡琮、锡璜。锡琮子二人，冕、盉。锡璜子二人，轩、藻。俱以文学世其家。语见人物列传中。密避乱，奉父侨寓扬州之野田村，其后至今尚存。

民国《新繁县志》卷五，民国三十六年（1947）铅印本

参考文献

一　古籍

（清）陈鼎：《留溪外传》，清康熙三十七年（1698）自刻本。

（清）陈田：《明诗纪事》，上海古籍出版社1993年版。

（清）陈维崧：《湖海楼诗集》，清刻本。

（清）戴纶喆：《四川儒林文苑传》，民国十一年（1922）綦江东溪慈善会刻本。

（清）戴望：《谪麐堂遗集》，清宣统三年（1911）邓氏风雨楼丛书本。

（清）邓汉仪：《诗观》初集，清康熙年间慎墨堂刻本。

（清）邓之诚：《清诗纪事初编》，上海古籍出版社1984年版。

（清）方守道、（清）高赓恩：《蜀学编》，清光绪二十七年（1901）锦江书局重刻本。

（清）费经虞：《剑阁芳华集》，清抄本。

（清）费经虞：《雅伦》，清康熙年间刻本。

（清）费经虞：《雅伦》，清雍正五年（1727）汪玉球重修本。

（清）费经虞：《蜀诗》，清道光十三年鹅溪孙氏古棠书屋本。

（清）费密：《费氏遗书三种》，民国九年大关唐氏《怡兰堂丛书》本。

（清）费密：《弘道书》，民国十三年江苏泰县韩国钧木刻本。

（清）费密著，刘锋晋点校：《弘道书》，《新都文史》第20辑，2007年。

（清）费密：《燕峰诗钞》，1964年江苏泰州古旧书店影印清乾隆抄本。

（清）费锡琮、费锡璜：《阶庭偕咏》，清康熙年间刻本。

（清）费锡璜：《贯道堂文集》，清康熙年间刻本。

· 251 ·

（清）费锡璜：《掣鲸堂诗集》，清康熙年间存素堂刻本。

（清）费锡璜：《掣鲸堂诗集》，上海图书馆藏影抄本。

（清）费锡璜：《掣鲸堂诗选》，清道光年间鹅溪孙氏《古棠书屋丛书》本。

（清）费锡璜：《掣鲸堂诗选》，清光绪九年汗青簃刻本。

（清）费锡璜：《汉诗总说》，《昭代丛书》本。

（清）费天修：《费燕峰先生年谱》，1984 年扬州古籍书店传抄本。

（清）冯辰、（清）刘调赞著，陈祖武点校：《李塨年谱》，中华书局 1988 年版。

（清）冯煦：《蒿叟随笔》，《近代中国史料丛刊》第七辑，文海出版社 1973 年版。

（清）黄宗羲、全祖望：《宋元学案》，中华书局 1986 年版。

（清）黄宗羲：《明儒学案》，中华书局 1985 年版。

（清）江藩：《国朝汉学师承记》，中华书局 1983 年版。

（清）焦循：《扬州足征录》，广陵书社 2004 年版。

（清）孔尚任：《孔尚任诗文集》，中华书局 1962 年版。

（清）李斗：《扬州画舫录》，清乾隆六十年（1795）自然盦刻本。

（清）李孚青：《野香亭集》，清康熙年间刻本。

（清）李调元：《蜀雅》，《函海》本。

（清）李调元著，詹杭伦、沈时蓉校正：《雨村诗话校正》，巴蜀书社 2006 年版。

（清）刘景伯：《蜀龟鉴》，清咸丰刻本。

（清）刘云份辑：《唐宫闺诗》，民国交通图书馆影印清康熙梦香阁刻本。

（清）冒襄：《巢民诗文集》，清康熙年间刻本。

（清）平步青：《霞外攟屑》，中华书局 1959 年版。

（清）钱林：《文献征存录》，清咸丰八年（1858）有嘉树轩刻本。

（清）屈大均：《屈翁山诗集》，清康熙年间李肇元等刻本。

（清）阮元：《广陵诗事》，广陵书社 2005 年版。

（清）阮元辑：《淮海英灵集》，清嘉庆三年（1798）小琅嬛仙馆刻本。

（清）沈用济：《汉诗说》，清康熙年间刻本。

（清）释含澈：《费氏诗钞》，清咸丰六年刻本。

（清）孙奇逢：《孙奇逢集》，中州古籍出版社 2003 年版。

（清）孙奇逢：《孙征君日谱录存》，清光绪十一年（1885）刻本。

（清）孙洤：《担峰诗》，清康熙年间刻本。

（清）孙桐生：《国朝全蜀诗钞》，巴蜀书社1985年版。

（清）沈德潜：《归愚诗钞余集》，清乾隆年间刻本。

（清）沈德潜：《归愚诗钞》，清刻本。

（清）沈德潜等：《明诗别裁集》，上海古籍出版社1979年版。

（清）沈德潜等：《清诗别裁集》，中华书局1975年版。

（清）汤斌：《征君孙先生年谱》，清康熙间刻道光、光绪间增刻《孙夏峰全集》本。

（清）陶樑：《国朝畿辅诗传》，清道光十九年（1839）红豆树馆刻本。

（清）王大经：《独善堂文集》，清嘉庆二十二年（1817）春晖堂刻本。

（清）王培荀：《听雨楼随笔》，清道光二十五年（1845）刻本。

（清）王士禛：《王士禛全集》，齐鲁书社2007年版。

（清）王豫、阮亨辑：《淮海英灵续集》，清道光年间刻本。

（清）温睿临：《南疆逸史》，清傅氏长恩阁抄本。

（清）吴邦治：《鹤关诗集》，清康熙年间刻本。

（清）吴世济、费密：《太和县御寇始末 荒书》，浙江人民出版社1983年版。

（清）吴仰贤：《小匏庵诗话》，清光绪年间刻本。

（清）夏荃：《退庵笔记》，《海陵丛刻》本。

（清）杨凤苞：《秋室集》，清光绪十一年（1885）陆心源刻本。

（清）杨宾：《杨宾集》，浙江古籍出版社2012年版。

（清）杨钟义：《雪桥诗话全编》，人民文学出版社2011年版。

（清）佚名：《清史列传》，中华书局1987年版。

（清）永瑢等：《四库全书总目》，中华书局1965年版。

（清）袁枚：《新齐谐》，清乾隆嘉庆间刻随园三十种本。

（清）袁枚：《子不语》，上海古籍出版社1998年版。

（清）张邦伸：《锦里新编》，清嘉庆五年敦彝堂刻本。

（清）张邦伸辑：《全蜀诗汇》，清刻本。

（清）张潜：《诗法醒言》，清乾隆年间刻本。

（清）张廷玉等：《明史》，中华书局1974年版。

（清）张维屏：《国朝诗人征略初编》，中山大学出版社 2004 年版。
（清）章学诚著，仓修良编注：《文史通义新编新注》，浙江古籍出版社 2005 年版。
（清）赵尔巽等：《清史稿》，中华书局 1977 年版。
（清）朱彝尊：《曝书亭全集》，吉林文史出版社 2009 年版。
（清）朱彝尊：《经义考》，中华书局 1956 年版。
（清）朱玉蛟：《白松草堂诗钞》，清乾隆年间刻本。
（清）卓尔堪：《明遗民诗》，中华书局 1961 年版。
钱仲联主编《清诗纪事》，江苏古籍出版社 1987 年版。
吴文治主编《明诗话全编》，江苏古籍出版社 1997 年版。
徐世昌：《清儒学案》，人民出版社 2010 年版。
徐世昌：《晚晴簃诗汇》，中华书局 1990 年版。
徐世昌：《颜李师承记》，周骏富辑《清代传记丛刊》，明文书局 1985 年版。
周维德：《全明诗话》，齐鲁书社 2005 年版。
康熙《云南府志》，清康熙年间刻本。
康熙《扬州府志》，清康熙年间刻本。
康熙《江都县志》，清康熙五十六年（1717）刻本。
雍正《扬州府志》，清雍正十一年（1733）刻本。
乾隆《江南通志》，清文渊阁《四库全书》本。
乾隆《江都县志》，清乾隆八年（1743）刻光绪七年（1881）重刻本。
嘉庆《四川通志》，清嘉庆二十一年（1816）木刻本。
嘉庆《江都县续志》，清光绪六年（1880）重刻本。
嘉庆《新繁县志》，嘉庆十九年（1814）刻本。
同治《新繁县志》，清同治十二年（1873）刻本。
民国《新繁县志》，民国三十六年（1947）铅印本。

二　专著

蔡方鹿：《宋明理学专题研究》，未刊稿。
蔡方鹿：《中国经学与宋明理学研究》，人民出版社 2011 年版。
蔡方鹿：《中华道统思想发展史》，四川人民出版社 2003 年版。

参考文献

陈鼓应、辛冠洁、葛荣晋：《明清实学思潮史》，齐鲁书社1989年版。

陈祖武：《清初学术思辨录》，中国社会科学出版社1992年版。

陈祖武：《清儒学术拾零》，湖南人民出版社1999年版。

陈祖武：《中国学案史》，文津出版社1994年版。

杜泽逊：《四库存目标注》，上海古籍出版社2007年版。

方克立、李锦全主编《现代新儒家学案》，中国社会科学出版社1995年版。

傅德岷主编《巴蜀散文史稿》，重庆出版社2001年版。

何崇文等：《巴蜀文苑英华》，四川人民出版社1984年版。

何冠彪：《明末清初学术思想研究》，台湾学生书局1991年版。

何龄修、张捷夫主编《清代人物传稿》，中华书局1991年版。

胡传淮、陈名扬主编《诗书画大家吕潜》，现代出版社2016年版。

贾顺先、戴大禄主编《四川思想家》，巴蜀书社1988年版。

江庆柏：《清代人物生卒年表》，人民文学出版社2005年版。

姜广辉：《中国经学思想史》（1—4），中国社会科学出版社2003—2011年版。

蒋寅：《清诗话考》，中华书局2005年版。

《近代巴蜀诗钞》编委会：《近代巴蜀诗抄》，巴蜀书社2005年版。

南京师范大学古文献整理研究所编《江苏艺文志·扬州卷》，江苏人民出版社1995年版。

柯愈春：《清代诗文集总目提要》，北京古籍出版社2001年版。

李纪祥：《明末清初儒学之发展》，文津出版社1992年版。

李灵年、杨忠：《清人别集总目》，安徽教育出版社2000年版。

李圣华：《冷斋诗话》，上海古籍出版社2007年版。

李一氓：《一氓题跋》，生活·读书·新知三联书店1981年版。

梁启超：《清代学术概论》，上海古籍出版社1998年版。

梁启超：《中国近三百年学术史》，中华书局1937年版。

刘海粟主编，王道云编注：《龚贤研究集》，江苏美术出版社1988年版。

刘兴淑：《学案体研究》，吉林人民出版社2011年版。

刘毓庆、贾培俊：《历代诗经著述考》，中华书局2008年版。

蒙文通：《古地甄微》，《蒙文通文集》第4卷，巴蜀书社1998年版。

潘承玉：《清初诗坛：卓尔堪与〈遗民诗〉研究》，中华书局 2004 年版。
潘志锋：《清初道统观研究》，社会科学文献出版社 2016 年版。
钱穆：《朱子新学案》，台湾三民书局 1989 年版。
沈乾一编《丛书书目汇编》，文海出版社 1970 年版。
舒大刚主编《儒学文献通论》，福建人民出版社 2012 年版。
松树昂：《清诗总集一三一种解题》，大阪经济大学中国文艺研究会，1989 年。
苏州大学图书馆：《耆献写真：苏州大学图书馆藏清代人物图像选》，中国人民大学出版社 2008 年版。
孙立：《明末清初诗论研究》，广东高等教育出版社 1999 年版。
汤一介、李中华主编《中国儒学史》，北京大学出版社 2011 年版。
唐君毅：《中国哲学原论——原教篇》，《唐君毅先生全集》第 19 卷，台湾学生书局 1984 年版。
汪学群：《明代遗民思想研究》，中国社会科学出版社 2012 年版。
王汎森：《权力的毛细管作用：清代的思想、学术与心态》，北京大学出版社 2015 年版。
王绍曾：《清史稿艺文志拾遗》，中华书局 2000 年版。
王晓波主编《清代蜀人著述总目》，四川大学出版社 2009 年版。
吴洪泽：《巴蜀地方总集研究》，巴蜀书社 2020 年版。
吴虞：《吴虞集》，四川人民出版社 1985 年版。
吴志达主编《中华大典·文学典·明清文学分典》，凤凰出版社 2005 年版。
萧萐父、许苏民：《明清启蒙学术流变》，人民出版社 2013 年版。
谢国桢：《明末清初的学风》，上海书店出版社 2006 年版。
谢正光：《明遗民传记索引》，上海古籍出版社 1992 年版。
谢正光：《明遗民录汇辑》，南京大学出版社 1995 年版。
谢正光：《清初诗文与士大夫交游考》，南京大学出版社 2001 年版。
谢正光、佘汝丰：《清初人选清诗汇考》，南京大学出版社 1998 年版。
杨世明：《巴蜀文学史》，巴蜀书社 2003 年版。
杨世文：《魏晋学案》，人民出版社 2013 年版。
杨向奎：《清儒学案新编》，齐鲁书社 1988 年版。

杨则民：《潜厂医话》，人民卫生出版社1985年版。

尹继佐、周山：《中国学术思潮史》，上海社会科学出版社2006年版。

鱼宏亮：《知识与救世：明清之际经世之学研究》，北京大学出版社2008年版。

袁行云：《清人诗集叙录》，文化艺术出版社1994年版。

詹海云：《清初学术论文集》，文津出版社1992年版。

张健：《清代诗学研究》，北京大学出版社1999年版。

张立文主编《中国学术通史》，人民出版社2004年版。

张岂之主编《中国学术思想编年》，陕西师范大学出版社2005年版。

张舜徽：《清人文集别录》，中华书局1963年版。

章钰、武作成等：《清史稿艺文志及补编》，中华书局1982年版。

赵园：《明清之际士大夫研究》，北京大学出版社1999年版。

郑家治、李咏梅：《明清巴蜀诗学研究》，巴蜀书社2008年版。

郑宗义：《明清儒学转型探析：从刘蕺山到戴东原》，中文大学出版社2000年版。

中国古籍善本书目编辑委员会编《中国古籍善本书目》，上海古籍出版社1989年版。

中国古籍总目编纂委员会编《中国古籍总目》，中华书局、上海古籍出版社2010年版。

［美］恒慕义主编《清代名人传略》，青海人民出版社1995年版。

三　论文

蔡方鹿：《巴蜀哲学、蜀学、巴蜀经学概论》，《地方文化研究辑刊》第6辑，巴蜀书社2013年版。

杜国庠：《玄虚不是中国哲学的精神》，《便桥集——哲学论文集》，广东人民出版社1960年版。

何冠彪：《晚明理学家三考》，《明清人物与著述》，香港教育图书公司1996年版。

胡适：《费经虞与费密——清学的两个先驱者》，《胡适文存》二集，亚东图书馆1924年版。

胡昭曦：《蜀学与蜀学研究刍议》，《蜀学》第1辑，巴蜀书社2006年版。

刘锋晋：《谈费密的〈弘道书〉》，《蜀学》第2辑，巴蜀书社2007年版。

刘师培：《蔡廷治传》，《论中国近三百年学术史》，上海古籍出版社2006年版。

刘智鹏：《费密与清代经典诠释的论争》，郑吉雄编《东亚视域中的近世儒学文献与思想》，华东师范大学出版社2008年版。

潘光哲：《费密的"发现"与胡适对近代中国"反理学"思想系谱的建构》，《胡适与近代中国的追寻：纪念"五四"九十周年学术研讨会》，"中央研究院"近代史研究所2009年版。

舒大刚：《南轩"孝悌"学案》，《宋代文化研究》第21辑，四川大学出版社2014年版。

王永波：《近代蜀人别集知见录》，《蜀学》第3辑，巴蜀书社2008年版。

杨世文、舒大刚：《〈历代学案〉小序》，《儒藏论坛》第1辑，四川大学出版社2006年版。

杨向奎：《论费密》，《清史论丛》第6辑，中华书局1985年版。

张宇声：《王渔洋扬州文学活动评述》，《桓台王渔洋讨论会论文集》，山东大学出版社1995年版。

郑家治：《费锡璜诗学思想初探》，《蜀学》第6辑，巴蜀书社2011年版。

郑家治：《〈雅伦〉：一部被埋没的诗学百科全书——兼析四库馆臣对〈雅伦〉的批评》，《地方文化研究辑刊》第1辑，天地出版社2008年版。

蔡方鹿：《费密的反理学思想初探》，《四川师院学报》（社会科学版）1984年第1期。

蔡方鹿、刘俊哲、金生杨：《巴蜀哲学的特点、历史地位和影响》，《四川大学学报》（哲学社会科学版）2012年第4期。

曹方林：《费锡璜及其诗》，《成都师专学报》1992年第1期。

陈祖武：《费密的〈弘道书〉》，《文史知识》1993年第1期。

费家信：《明清学者费此度》，《江都文史资料选编》1987年第4辑。

郭齐：《说黄宗羲〈明儒学案〉晚年定本》，《史学史研究》2003年第2期。

胡适：《记费密的学说：读费氏〈弘道书〉的笔记》，《晨报副镌》1921年10月12至15、17日。

《孔尚任与泰州》，《泰州文史资料》第 4 辑，1988 年。

黎春林：《费密〈任瀚传〉辨误二则》，《四川大学学报》（哲学社会科学版）2006 年第 3 期。

李朝正：《费密著作散佚考核》，《四川图书馆学报》1994 年第 4 期。

李纪祥：《费密及其"王统论"》，《史学集刊》1990 年第 16 期。

李义让、贺锡玉：《费密的教育思想》，《四川师范大学学报》（哲学社会科学版）1989 年第 4 期。

梁启超：《近代学风之地理的分布》，《清华学报》1924 年第 1 期。

刘锋晋：《费密父子的生平及著述》，《成都师专学报》1988 年第 1 期。

刘智鹏：《费密著述考》，《四川师范大学学报》（社会科学版）2004 年第 6 期。

刘智鹏：《关于〈费燕峰先生年谱〉的作者》，《四川大学学报》（哲学社会科学版）1992 年第 3 期。

刘智鹏：《黄鹭来曾在成都师事费密说质疑》，《中国史研究》1987 年第 3 期。

陆学松：《费密诗集考》，《扬州大学学报》（人文社会科学版）2009 年第 4 期。

马里千：《读书札记二则·〈汉诗说〉作者费锡璜籍贯》，《中华文史论丛》1982 年第 3 辑。

潘志锋：《费密的"道统、道脉"说》，《广州大学学报》（社会科学版）2003 年第 11 期。

钱穆：《清儒学案序》，《四川省立图书馆集刊》1942 年第 3 期。

钱仲联：《顺康雍诗坛点将录》，《苏州大学学报》（哲学社会科学版）1991 年第 1 期。

舒大刚：《巴蜀文献：中华文明的重要记录》，《光明日报》2011 年 7 月 18 日第 5 版。

唐本：《点校〈剑阁芳华集〉随笔》，《成都师专学报》1989 年第 2 期。

唐振常：《吴虞与青木正儿》，《中华文史论丛》1981 年第 3 辑。

王进、杜明甫、周平：《访费密故居》，《江都文史资料选编》1987 年第 4 辑。

肖钢：《费密的"中实之道"与明清之际的反理学思潮》，《华南师范大学学报》（社会科学版）1989 年第 2 期。

肖钢：《费密对理学"道统"论的批判》，《湘潭大学学报》（社会科学版）1990 年第 1 期。

肖钢：《论费密的反理学思想》，《湘潭大学学报》（社会科学版）1988 年第 1 期。

谢伏琛：《夜读札记》，《学术月刊》1979 年第 11 期。

胥端甫：《清初父子诗人费密》，《中国世纪》1961 年第 35 卷。

胥端甫：《清初蜀中父子诗人费密》，《四川文献》1967 年第 57 卷。

徐以进：《费密事略》，《扬州文史资料》2003 年第 23 辑。

杨世文：《清代四川经学考述》，《西华大学学报》（哲学社会科学版）2010 年第 2 期。

杨世文：《清代四川经学著述简目》，《儒藏论坛》2007 年第 2 辑。

余光贵：《费密的反理学思想和哲学思想》，《四川大学学报》（哲学社会科学版）1985 年第 4 期。

余英时：《清代学术思想史重要观念通释》，《史学评论》1983 年第 5 辑。

曾加荣、王方：《费密的〈弘道论〉与胡适的实用主义哲学》，《中华文化论坛》2011 年第 5 期。

张斐著、刘玉才整理：《莽苍园诗稿余》，《域外汉籍研究集刊》2007 年第 3 辑。

张枫林：《费密思想谱系探析》，《河南师范大学学报》（哲学社会科学版）2012 年第 6 期。

张寿林：《清代诗经著述考略》，《燕京大学图报》第 50 期，1933 年 5 月 15 日第 2 版。

谷宝成：《费密的经学和道统论研究》，硕士学位论文，中国人民大学，2008 年。

林新萍：《清初诗人费锡璜研究》，硕士学位论文，福建师范大学，2016 年。

刘智鹏：《费密思想述评》，硕士学位论文，香港大学，1987 年。

陆学松：《费密诗歌研究》，硕士学位论文，扬州大学，2007 年。

申国福：《费密思想研究》，硕士学位论文，台湾中山大学，2000 年。

郑雅平：《费密〈弘道书〉的道统论及其影响》，硕士学位论文，台湾世新大学，2008年。

[日]小岛祐马：《费密の遗书》，《支那学》2卷6号，1922年，载《日本汉学研究论文集》，中华丛书编审委员会，1960年。

后　记

　　自从2014年博士毕业，到四川大学古籍整理研究所工作，至今已匆匆走过近十年时光。刚进所时，全所的科研重心已经集中于《巴蜀全书》编纂。面对这个稍显陌生的研究领域，我尝试着从梳理历代蜀人著述入手，准备进行专人专作的整理研究。当时想的是，最好选择一位基础文献还未被充分整理的人物，以便能做出新意。循着这个思路爬梳文献，偶然间看到清人张邦伸评价费密的一句话："蜀中著述之富，自杨升庵后，未有如密者。杨主综览旧闻，密则独摅己见，较杨更精。"明人著述之富，首推杨慎，之前闻所未闻的费密竟能够与其比论，这使我对这位生活在明末清初、著述宏富、思想独特、生于巴蜀、流寓东南的人物产生了浓厚的兴趣。

　　后来进入川大中国史博士后流动站，跟随舒大刚先生学习，舒师当时正准备开启"巴蜀学案"的研究计划，以学案体展现蜀学的发展演变和独特成就。我们前后脚进站的几位博士后便相约加入其中，选择某位巴蜀人物，为其编纂学案，作为博士后阶段的研究工作。我则借着前期对费密的关注，决定编纂一部《费密学案》。

　　费密一生著述虽多，流传却少，每使人生出文献无征的感叹，因此学案编纂首先从搜集费密的零缣断楮开始，逐次关注到他的家学、师承、交往、学术等。学案重在文献勾稽，力求全面占有相关文献资料，呈现费密为人为学的整体面貌。但在文献搜集过程中，由于客观条件的约束，有些费氏著述虽经过各种努力，仍未能寓目。随着交稿日期迫近，只能选择阙文，以待来日，是为一憾。

后　记

　　本书能够顺利完成并出版，要特别感谢舒师的点拨开示，舒师对巴蜀文化有精深的研究、综贯的把握、周详的规划，此书作为"巴蜀学案"之一种，其立意选题、框架结构、内容主旨都离不开舒师的指导；感谢张晓英、秦际明、陈旭辉、申圣超等博士后同伴的督促帮扶，尤记得大家一起商量体例、互相鼓励的热闹场面；感谢责任编辑郝玉明老师的辛勤付出，她的认真负责，为本书增色良多。感谢博士后报告评阅专家廖可斌、蔡方鹿、郭齐、杨世文、彭华等诸位先生的悉心指点，先生们提出了许多中肯的修改意见，无奈本人愚笨，未能完全贯彻执行，是为又一憾事。

　　记得2015年曾去新繁东湖公园，寻访费氏遗迹。园中有"四费祠"，见于方志记载，可惜去时正在维修，未能瞻仰先贤。今年中秋国庆假期，北上游玩，因避高速堵车，取道新都，行车途中，忽见"新繁"路标，不禁忆及当年的未竟之愿。于是临时改变行程，再次来到东湖公园，终于如愿拜谒了"四费祠"，也算为持续数年的费氏"缘分"画了一个休止符。希望此书的出版，对新繁费氏研究有所助力。书中疏误，在所难免，尚祈博雅君子教而正之。

杜春雷

2023年10月17日于川大文科楼